1923—2018
东北大学 建校95周年
The 95th Anniversary of
Northeastern University

聚力与筑梦

东北大学师生建设浑南校区七年心路历程

主编　王义秋 张 哲

主审　孙 雷

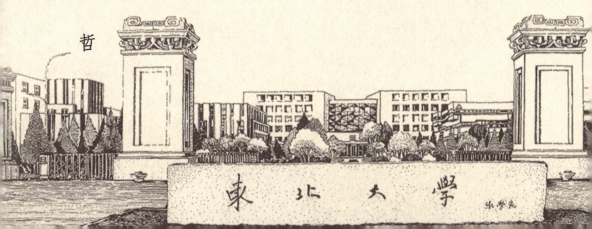

ⓒ　王义秋　张哲　2018

图书在版编目（CIP）数据

聚力与筑梦：东北大学师生建设浑南校区七年心路历程 / 王义秋，张哲主编.—沈阳：东北大学出版社，2018.9

ISBN 978-7-5517-2004-5

Ⅰ．①聚…　Ⅱ．①王…　②张…　Ⅲ．①东北大学—校史　Ⅳ．①G649.283.11

中国版本图书馆 CIP 数据核字（2018）第 204701 号

出 版 者：东北大学出版社
　　　　　地址：沈阳市和平区文化路三号巷 11 号
　　　　　邮编：110819
　　　　　电话：024-83687331（市场部）　83680267（社务部）
　　　　　传真：024-83680180（市场部）　83687332（社务部）
　　　　　网址：http://www.neupress.com
　　　　　E-mail:neuph@neupress.com
印 刷 者：辽宁一诺广告印务有限公司
发 行 者：东北大学出版社
幅面尺寸：170mm×240mm
印 　 张：23
字 　 数：438 千字
出版时间：2018 年 9 月第 1 版
印刷时间：2018 年 9 月第 1 次印刷
责任编辑：张德喜
责任校对：汪彤彤
封面设计：潘正一
责任出版：唐敏志

ISBN 978-7-5517-2004-5　　　　　　　　　　　定 　 价：88.00 元

《聚力与筑梦——东北大学建设浑南校区七年心路历程》

编 委 会

主 审　孙　雷

主 编　王义秋　张　哲

副主编　薛必春　李　伟

编 委　刘维轩　范明雷　孙贺楠　郭　飞　张晓川

　　　　隋立民　姜　东　马艺菲　彭书小　李思聪

序言

　　九十五载峥嵘往昔，九十五载风雨兼程。回首过往，东北大学栉风沐雨，薪火相传，曾一次次地经历困境，也曾一次次地奋力发展，在历史的洪流中，砥砺前行。进入新时代的东北大学，在创办世界一流大学的征途上，因浑南校区的建设，而再次站到了发展的历史新起点，续写着东大跃升发展的崭新篇章。

　　1923年4月，东北大学建立在白山黑水间，以"御侮兴邦"为办学初衷，以"研究高深学术，培养专门人才，应社会之需要，谋文化之发展"为办学宗旨，广招良师，为国育才，开启了东北大学爱国强校、自强不息的百年征程。

　　1931年9月，九一八事变爆发，东北大学被迫流亡。自奉天，辗转北平、开封、西安、四川三台，东大人一路求学，一路抗争，经受了多少凶险磨难，克服了无数艰难险阻，终不减爱国之情、不失报国之志，历时十八载，东北大学始终与国家民族同呼吸共命运，在苦难中谱写了励志办学、文化救国的历史壮歌。

　　1949年3月，东北行政委员会决定，以东北大学工学院为基础建立沈阳工学院。次年4月东北人民政府工业部决定筹建东北工业大学，包括沈阳工学院、抚顺矿业专科学校和鞍山工业专科学校。8月，东北人民政府发布命令，将上述三校合组为东北工学院，著名冶金专家靳树梁担任院长。自此，东北大学终于进入了新的历史发展时期。

1960年10月，根据中共中央《关于增加全国重点高等学校的决定》，东北工学院被列为全国64所重点大学之一。1986年4月，国家教委批准东北工学院试办研究生院，这既是学校把高层次人才培养作为重要任务的里程碑，也是东北工学院步入第一层次大学的重要标志。

1993年4月，国家教委正式批复将东北工学院复名为东北大学。4月22日，复名仪式隆重举行。在东北大学发展史上，这是值得铭记的一天。复名以后的东北大学抓住了一个又一个发展机遇，1996年成为全国首批进入"211工程"建设的重点大学，1998年首批进入国家"985工程"大学行列，1999年成为教育部直属的国家重点大学，2001年实现了教育部、辽宁省、沈阳市共建，东北大学奏响了一个个发展的时代强音。

2011年5月，东北大学再一次来到了历史发展的关键节点上。时值学校"十二五"建设期间，是学校实现"整体水平跃升、综合实力增强"，加快建设高水平大学的关键时期。随着学校办学规模的不断扩大、办学实力的增强和新学科的增长，办学空间不足的矛盾越来越突出，已成为制约学校发展的瓶颈问题，扩大校区已成为当务之急。如何打破发展瓶颈，如何实现学校的跨越式发展，是摆在学校党委面前的一道难题，也是决定学校未来发展的历史关键。"雄关漫道真如铁，而今迈步从头越"，时任党委书记孙家学、时任校长丁烈云带领学校党委班子以高度的历史使命感和责任担当，着眼未来，抢抓机遇，做出了建设浑南新校区的重大战略决策。

　　浑南校区是东北大学的聚力之地，更是筑梦之源。校区建设伊始，面临的挑战是严峻的，学校的发展进程给校区建设留下的时间不到三年，学校战略规划要求浑南校区为12000名师生的学习生活创造条件，面向未来建设世界一流学府的目标要求校区建设工程质量要达到国际先进水平。面临着这些挑战，学校党委以攻坚克难的毅力、敢打必胜的信心、求真务实的作风，精心谋划、多方运筹、周密部署，带领全校师生，汇聚全校之力，开展校区建设，新校区的建设工作步稳蹄急，东北大学的新蓝图徐徐铺展。

　　浑南校区的建设在规划设计阶段就站在了百年学府的历史起点上，承载着全体东大人的殷殷期盼。学校前后组织召开了两次校区规划设计评审会，国内外多家设计公司参与设计方案投标，为校区建设建言献策，最终由八位国内知名建筑大师联袂创作了大气恢宏、品质卓越的设计方案。学校多次组织意见征集会，面向全校师生征集意见，并最终在学校第六次教代会第二次会议上通过了浑南校区整体规划设计方案。

　　2012年11月，天寒地冻的沈阳南郊火石桥村迎来了东北大学浑南校区的第一批建设者。89万平方米规划用地上尽覆白雪，毫无人烟，通电、打井、修路、建指挥部……建设工作一切从零开始。面对这样艰苦的条件，在浑南校区建设动员大会上，建设者们却发出了铿锵有力的建设誓言："誓保校区如期启用，八大建筑遍地开花"。建设者们以锐意进取、勇于担当、干在实处的工作精神，以"五加二""白加黑"的工作态度，打破常规施工方式，创新管理机制体制，指导开展冬季施工、雨季施工、夜晚施工。日夜奋战在建设第一线，很多人病倒在工作岗位上，更多人牺牲了近乎所有的个人休息时间，校区建设的步履纵然艰辛，建设者们却是心怀信念、勇往直前。正是这样的一种工作状态换来了今天的建设成果，仅用不到两年时间，就挺起了东北大学的新坐标，创造了东北大学建设史上的奇迹。

2014年年初，学校集中力量开始了校区运行管理的筹备工作。1月，学校成立浑南校区管理委员会，4月成立浑南校区建设推进工作领导小组，时任党委书记孙家学亲任组长。浑南校区作为东北大学第一个分校区，在管理模式上并无历史经验可遵循，校区新秩序的建立更要定位于世界一流高校，从无到有，从有到优的校区管理模式建立是又一项新的挑战。校区的管理者们快马加鞭地开展调查研究，不分日夜地研讨运行方案，点点滴滴地考察校区实际，提出了浑南校区保障服务采取社会化运行的管理模式。为了保证校区建设和校区运行的无缝链接，小到学生宿舍热水器的配备，大到校区物业公司的招标和管理，管理者们以高度的主人翁责任感和高标准的质量要求奋战在管理服务工作的第一线。管理服务工作在细小中体现着无微不至，在烦琐中体现着殚精竭虑，他们放弃了多少的休息时间，完成了多少的无声任务，用辛勤的劳动换来了浑南校区建成即启用、启用即安全、安全即优质的一流管理服务水平。

2014年9月，浑南校区正式启用。组织六个学院4300名学生搬迁，是摆在学校面前的又一项考验，学校成立浑南校区搬迁工作领导小组，校长赵继亲任组长。此次搬迁是东北大学史上最大规模的有组织搬迁，从宣传动员到做好师生的思想工作，从研讨方案到各部门的协调配合，时任党委副书记熊晓梅亲赴现场指挥，全校上下凝心聚力，圆满地完成了搬迁任务，实现了不丢一件物品、不伤一名学生的安全目标。2015年软件学院迁至浑南校区，2016年计算机学院迁至浑南校区。

今天的浑南校区红砖古韵、钟灵毓秀、作育英才，占地面积89万平方米，建筑面积40余万平方米，文法学院、马克思主义学院、生命科学与健康学院、江河建筑学院、工商管理学院、中荷生物医学与信息工程学院、软件学院、计算机科学与工程学院等八家学院驻区办学，师生12000余名，以文科和新兴学科建设发展为重点，与南湖校区交相辉映，形成了学校办学的新格局。一批批教育者、建设者、管理者、服务者扎根浑南校区，紧紧围绕学校的办学目标和根本任务，立足岗位，敬业奉献，取得了一个个教学科研成果，完成了一项项建设发展任务，在学校的一流大学建设过程中不忘初心、破浪前行。

滔滔浑河水，灼灼东大情。时历七载，当代东大人在沈阳市浑南区这片沃土上戮力垦荒，躬耕不辍，砥砺奋进，秉承"自强不息，知行合一"的东大精神，以坚毅担当的信念、以敢为人先的气魄，埋头苦干，锐意进取，用拼搏和汗水浇铸出质朴厚重、大美流光的东北大学浑南校区，在东北大学九十五年的发展历史中，写下了浓墨重彩的一笔。

新的建设孕育新的希望，新的希望引领新的奋斗。爱国主义传统是东北大学深植血脉的文化基因，为国育才是学校的根本任务，也是东大人的毕生追求。在国家全面实现小康社会的决胜阶段，在民族实现伟大复兴的历史征程中，东北大学始终与祖国同频共振、同向发力，东大人在浑南这片热土上，为实现中国梦、东大梦，坚守着、奋斗着、追求着！

漫步在浑南校园中，感受着浓缩在各式建筑上的历史文化传承，感受着层层新绿带来的勃勃生机和美好憧憬，仿佛穿行在东北大学历史和未来的交汇点上。回眸浑南校区建设发展的一路行程，一段段故事成为了记忆中的珍藏，一个个名字写在了建设历史上，思绪至此，心中不禁百感交集、荡气回肠。忘不了前后二任书记孙家学同志、熊晓梅同志和二任校长丁烈云同志、赵继同志在浑南校区规划建设过程中的英明决策和亲切关怀，忘不了在我之前二任主管基建工作的副校长陈德祥同志和张国臣同志在校区建设中的艰辛付出和不懈努力，也忘不了学校党委班子所有成员在校区建设中的通力配合和默默支持，更忘不了全校上下各个部门为校区建设付出的拼搏汗水和满腔热忱……在九十五周年校庆之际，值得为之书写一笔的同时，不禁会想，使命如此其重大，能不奋勉乎吾曹？与君共勉。

孙 雷

2018年7月28日

目录 CONTENTS

第一章 | DI YI ZHANG

聚力 浑南·那片沃土和风景

一、蓝图初现　亮相浑南

　　九十五年风雨路，浑河南岸展宏图。九十五年前，东北大学在那个风雨飘摇的年代为救国图强应运而生，九十五年后，东北大学在这个民族复兴的时代开创新篇。带着无数东大人的殷殷期盼，东北大学浑南校区正如喷薄而出的朝阳，在浑河南岸这片广袤的土地上，站在东北大学开拓创新的全新起点上，乘着新时代的东风，致力于"双一流"高校建设，踏上不懈奋斗、继往开来的新征程。

　　东北大学浑南校区的建设具有划时代的进步意义，它是历代东大人拼搏的延续，更是当代东大人奋斗的基石。浑南校区的建成将改善学校教学、科研、办公环境，拓展办学空间，将进一步发挥东北大学产学研相结合的办学

特色和优势，主动适应国家特别是辽沈地区经济建设和社会发展对知识传播与创新的迫切需求，切实承担起高校在人才培养、科学研究、社会服务、文化传承和创新四个方面的重要使命。

新浑南、新气象，孕育新发展、新未来。东北大学浑南校区计划建设教学楼、实验楼、体育馆、图书馆、学生宿舍、食堂、专家教师公寓及附属配套设施等多栋现代化建筑，总规划面积93.54万平方米，规划一期建筑面积28.66万平方米。校区建设的战略布局已经确定，全校师生翘首以盼，脑海中勾画出浑南校区一幢幢鳞次栉比的教学大楼，一间间宽敞明亮的教室。思绪纷飞之际，眼中不由得蓄满泪水，那是东大人对未来蓝图的无限期待，是东大人对母校展翅腾飞的美好向往！

九层之台，起于累土。浑南校区的建设可以追溯至2011年，7年的时间，新校区从无到有，从雏形初现到逐渐完善，这其中，凝聚了无数东大人的辛勤与汗水。2011年5月，时任东北大学党委书记孙家学、时任副校长陈德祥考察浑南校区选址，同月，学校党政联席会上讨论通过关于建设新校区的决议，浑南校区正式启动建设。6月，新校区选址确定，东北大学与浑南区政府达成初步用地意向，浑南校区由此扬帆起航。

笔尖勾勒，描绘出东北大学浑南校区的轮廓。新校区选址工作结束后，摆在建设者面前的就是校园设计与规划。根据国内外高校的发展经历，校园规划对一个校区甚至一个学校的发展起着重要的作用。为使浑南校区的建设更加科学化、人性化，在校领导的带领下，新校区建设团队进行了深入细致的调研、公开广泛的意见征求、严谨考证的选择，最终确定了同济大学建筑设计研究院（集团）有限公司、华南理工大学建筑设计研究院、清华大学建筑设计研究院有限公司、日本鹿岛建设株式会社、德国Pesch建筑规划公司5家国内外著名的设计单位参与到新校区规划方案的竞赛。

2011年8月4日，这是一个值得铭记的日子，竞赛方案评审会在东北大学汉卿会堂308会议室召开，东北大学浑南校区的神秘面纱被慢慢揭开。由哈尔滨工业大学建筑设计研究院院长、总建筑师、国家建筑大师梅洪元，东南大学建筑设计研究院副院长、副总建筑师高崧，天津大学建筑学院教授、博士生导师荆其敏，北京工业大学建筑与城市规划学院教授、博士生导师杨昌鸣，中科院建筑设计研究院有限公司副院长、总建筑师崔彤，中国城市规划设计研究院副院长王凯，辽宁省城乡建设规划设计院副院长陈如铁，沈阳市规划设计研究院副院长吕正华，大连市城市规划设计研究院总规划师张勇等9名专家组成专家组，对5家作品进行了全面细致的评审，为达到更好的建设效果，一致认为参赛作品都还需要做进一步的修改和完善。至同年9月，东北大学已就浑南校区总体规划方案进行了广泛的意见征集，据不完全统计，直接征求意见人数超过1000人，最终华南理工大学建筑设计研究院和日本鹿岛建设（沈阳）技术咨询有限公司方案入围第二轮评审。在此期间，时任校长丁烈云将浑南校区建设工作向时任辽宁省副省长陈超英进行了汇报。

在第二轮评审中，入围的华南理工大学建筑设计研究院和日本鹿岛建设（沈阳）技术咨询有限公司根据改进建议和优化方案进行了新的方案汇报，最后10名校领导、19个机关部处的负责人、18个学院的院长和党委书记、6个直属部门负责人、3名教师代表以及3名离退休代表对双方方案进行了公

开投票。日本鹿岛方案在东北大学第六次教代会第二次会议集体表决通过，从此浑南新校区的建设定下基本风格。

高楼耸立从奠定地基开始，青春校园从规划方案中诞生。为使校区的规划更加契合东北大学对新校区的需求，我校特邀请由中国工程院院士、国家工程设计大师崔愷领衔的8位中国顶尖的建筑大师参与浑南校区单体建筑方案的设计，共同研讨总体规划和单体设计原则，在深刻理解东北大学的历史文化内涵的基础上，实现新老校区的继承与创新。2012年3月，东北大学举办浑南校区单体建筑（集群）方案汇报会，会上，八位顶尖的建筑大师充分阐释了自己的设计灵感，为与会人员描绘了浑南新校区未来的建设图景。经过10余轮的沟通、研讨、汇报，浑南校区的建筑造型、形态色彩、使用功能等相关设计方案日趋完善，浑南校区的一座座建筑图景呈现在纸上，映现在人们心上。

一个校区的焕然呈现，产生于宏伟蓝图的构想，得益于专家领导的指导，凝结于师生共创的心血。教育部委托评估代表戴德慈在东北大学浑南校区召开的建设项目可行性研究报告现场评估会议中曾指出："东北大学浑南

校区的建设对于东大的发展而言是十分必要的，校区建设要做到既快又好，必须要贯彻'优化方案、稳定投资'。"万事之始皆为难，但东大人的众志成城，为浑南新校区的建设注入了强大的精神动力。

2012年6月，时任东北大学副校长张国臣、总会计师芦延华在校办、计划财经处、基建管理处（新校区建设办公室）等相关部门负责人的陪同下，对我校浑南校区的现场进行了实地考察和调研，力求保证规划与实践相匹配。同年8月，浑南校区建设指挥部成立，张国臣副校长带领基建人员进驻浑南校区。

由此，浑南校区的建设蓝图在一次次挑灯夜战的修改中徐徐展开它的画卷，呈现在所有东大人的眼前，浑南校区建设也就此启程，带着全体东大人的希望，腾飞于沈水之南这片沃土之上。

二、精心筹备　稳步推进

新校区的建设将硬件设施和软件设施统筹于一体，本着以师生为中心的理念，硬件设施和生活服务设施建设齐头并进，展现出浑南校区与南湖校区迥然不同而又遥相呼应的现代化人文风格。

2012年11月8日上午9点18分，东北大学浑南校区一期8个建设项目10个单体的基础工程破土动工，这项工作的启动标志着我校浑南新校区建设全面开工。经过精心的筹备，东北大学终于揭开了新校区建设的序幕。

随之而来的是如火如荼的校园基础设施建设和各功能建筑的拔地而起。2012年11月27日，浑南新校区奠基仪式举行，时任辽宁省副省长陈超英、时任沈阳市市长陈海波出席了奠基仪式，见证了浑南校区从无到有的变化。如今，浑南校区奠基石依然完好地原位保存在新校区建设指挥部中，成为这片土地永久的"镇宅之宝"，见证着浑南校区的发展与繁荣。

至2013年5月，东北大学浑南新校区第一批单体建筑开工建设，涉及面积23.8万平方米，包括信息学馆、生命学馆等8栋单体建筑的开工仪式庆典隆重举行。

此后，时任东北大学党委书记孙家学与时任东北大学校长丁烈云分别前往浑南新校区视察。视察过程中，孙家学将目光投向新校区工程招标及进展等情况上，对基建处严谨的工作态度、工程进展、建设人员的工作业绩、设计优化带来的成本降低等给予了高度的肯定和赞扬，并提出浑南校区建设团队要严守"安全、质量、成本、进度"的要求。丁烈云在视察中也表示："新校区建设要在确保工程质量的基础上，科学制订各项单体工程和基础设施的综合进度计划，建立国内高水平管理体系。"为坚守在校区建设第一线的广大建设者指明努力的方向。

在如火如荼的新校区建设中，2013年9月，浑南校区生命学馆成为第一栋主体封顶的建筑，浑南校区的建设进入了新的阶段。

因浑南校区拟于2014年9月启用，因此，2014年也就成为了浑南校区建设的重要一年。为实现新校区启用的目标，新校区的建设者倒排工期，保持

"五加二""白加黑"的工作状态，争夺每一秒的工期，风雨无阻，冬夏不误。在此期间，时任党委书记孙家学、党委书记熊晓梅、校长赵继、时任副校长陈德祥和副校长孙雷等校领导多次莅临现场，掌握建设情况，了解亟须协调解决的问题，慰问克服艰苦条件、节假日期间仍不休息的建设人员。

为保证学校师生享有和谐良好的工作学习环境，2014年4月，时任党委副书记熊晓梅在到浑南校区指导工作时，强调在保证施工质量的情况下，完成预期的施工进度，确保首批学生进驻的同时，各种生活配套设施必须得到完善，保证师生在安全状态下生活与学习。为贯彻以人为本的设计理念，浑南校区整体建设非常注重创新性、人性化。2014年5月，时任党委书记孙家学在考察过程中，对宿舍内设置开放式活动室的设计理念给予了高度评价，并表示这将成为东北大学建校以来由传统宿舍迈向现代化、人性化宿舍的重大改革，同时也为学生相互沟通与交流提供了良好的环境与氛围。

新校区医疗服务工作对于保证学生正常学习生活具有举足轻重的作用，在充分考虑学生需求和长远建设规划因素的基础上，浑南校区建设过程中，将医疗服务用房作为浑南校区配套建筑的一个重要组成部分。为此，2014年7月，时任副校长陈德祥、副校长孙雷到浑南校区考察医疗点选址情况。

为坚持传承学校优秀的历史文化，在浑南校区建设过程中，设计师与建设者始终秉持赵继校长到浑南校区视察建设进展及景观建设情况时的指示，坚持各个校门的设计既要体现东大特色和历史传承，又要秉承节俭和简洁大方的理念，园区景观要把握经济实用、生态良好、格调高雅、质朴典雅等原则，为入住新校区的师生创造舒适的校园环境。

2014年9月是浑南校区建设成绩斐然的一个月，1、2、3号学生公寓，以及电力开闭站、生命学馆、信息学馆、文管学馆、建筑学馆和学生生活服务中心在这一个月内纷纷交付，首批师生入住浑南校区。此后，浑南校区建设伊始的蓝图规划仍在有条不紊地进行着。2015年，浑南校区4、5号学生公寓以及1号教学楼相继开工，这是满怀期待步入新校区的莘莘学子的福音，可以想象到各个建筑建成投入使用之时，空寂的公寓和教室将被点点灯光照亮，传道授业的画面在每一间设备齐全的教室展现，充实的一天过后的畅聊声与酣睡声在每一间温馨的寝室回响。浑南校区的校园自此不再空旷孤寂，各建筑彼此独立而又相依相伴，建设者用一滴滴心血与汗水浇灌出了座座拔地而起的楼宇，带给喜悦的乔迁者以无限希望。赵继校长多次亲临浑南校区，深入了解校区后续建设情况，在视察中指出"新校区建设要紧跟学校发展大局，按照'实用、生态、品位、质朴'的建设理念，严抓工程质量，狠抓工程进度，以人为本，提高建设审美与品位，为师生提供更优质的服务"。

2017年和2018年是浑南校区蓬勃发展的阶段，在前期建设项目基本完工、在建工程有序进行的情况下，学校对浑南校区进一步升级优化，浑南校区的建设者们怀着对浑南校区建设的美好期待，继续开展浑南校区的建设工作，建设重点为1号教学楼及周边环境的建设。

2017年11月20日，浑南校区图书馆报告厅竣工验收汇报会在报告厅现场举办。图书馆报告厅适用于小型音乐会、学术报告、党政会议、社团活动、歌舞晚会、电影放映等各项活动。当时而悠扬时而激昂的乐曲在报告厅舞台奏响，当各学科的前沿研究成果在报告厅内展示，当把握时代脉搏的党政会议在报告厅举办，当精彩纷呈的社团活动在报告厅内开展，浑南校区的活力与激情届时散播在校园的每个角落，感染着校区的每名师生。

在浑南校区建设者与广大师生的共同努力下，浑南校区已逐渐形成规模，校区内建筑功能各异，又统一于砖红的建筑外观及其展现出的古典韵味，传统风韵与现代信息化气息融为一体，彰显了温和、儒雅的校园气质。

由中国建筑设计研究院设计的图书馆为新校区的核心建筑，占据着新校区两条主要空间轴线的中心交点位置。外部形态上采用化零为整、强调体量感的设计手法。93.45米见方的体量方正完整，与周边大体量的教学楼取得尺度上的协调，同时利用"堆坡"和"砌墙"等手法，延伸图书馆的视觉高度，使之成为整个校区的标志性中心建筑。

生命学馆通过简约时尚的立面造型，强调建筑的体量感；通过材料及色彩的对比，解答形体的穿插变化，并使建筑更为灵动；通过引入信息条

图书馆

码的概念，强调立面部分纵向分割，使建筑更具信息与科技感，契合使用功能。

生命学馆

信息学馆以现代简约风格为主，讲究形体穿插和材质的色彩对比，立面部分虚实结合，保证建筑本身最佳的形体比例。"0"和"1"是计算机科学中非常重要的两个元素，基于这个二进制理念来形成建筑"骨架"的概念。

信息学馆

文管学馆主要采用竖向砖垛的立面语言，虚实相间，整个立面体现出整洁、大气的校园环境氛围。五层部分则保留大面积弧形的砖墙面，以增强外部空间张力，并产生富于变化的阴影效果。

文管学馆

建筑学馆将规划严格控制的"面"作为独立的元素从建筑形体上分离出来，庭院与最高的台地相通，形成从内院穿过叠落台地到达地面的路径，以可达性激发空间活力，将老校区最经典的理工学院大楼的立面简化提取，赋予朝向主入口广场的东立面，并按照规划要求采用红砖材质，回应了师生对于老校区的情感诉求。

建筑学馆

学生生活服务中心的北立面采用竖向划分，强调竖向垂直线条。立面选取当地常见植物"白桦林"作为象征，包含着"百年树人"的寓意，与校园建筑的氛围相契合。同时，竖向线条形成挺拔的建筑气质，充满音乐的韵律感，营造出活泼宜人的人文气息。

学生生活服务中心

风雨操场体育馆由地面逐渐升起，结合屋顶绿化形成场所空间的一部分。逐渐高起的屋脊线极大程度地减少了体育馆这种大型建筑带来的压抑感。建筑造型动感十足，富有运动张力。浑南学子在大汗淋漓之中享受着体育馆的便利，体验着运动的快乐。

风雨操场体育馆

1、2、3号学生宿舍建筑采取院落围合的组合方式，给予了学生归属感，营造了一种书院氛围的空间。宿舍模块和活动室模块以单元组合的形式布置，增强了立面的节奏感和跳跃感。

5号学生宿舍

4、5号学生宿舍延续一期建筑风格，宽敞明亮的窗子与外凸的清水砖壁柱，形成了立面的节奏感。院落围合的构造，为学生营造了亲切交流的空间。宿舍和活动室模块以单元组合的形式布置，比例更为合理。

1号教学楼整体呈"回"形，以嵌入式的外部空间亲和于校园，构成一个静谧的"人文书院"。设计者借用分形几何学的手法创造出一种独特的多边形建筑体量，表达出东北大学的铿锵与博大以及自然的律动。

1号教学楼

在建的学生中心采用现代建筑设计风格，体现教育建筑的特色，符合大学生活动中心活跃、现代的视觉要求，通过开窗与周边铝板细腻的比例尺度突显现代、简洁的风格。

在建的1号田径场看台形体关注对于"山之雕刻"的转化。通过对基本形体的削切，塑造出有机统一且富有力量的体量。浑然一体的混凝土看台，设计简洁，不失大学的沉稳庄重。出挑雨棚覆盖主席台区域，尺度节制。

目前，浑南校区的建设仍在继续，在不久的将来，大学生活动中心将屹立于校园，倾听学生们的欢声笑语，笑看学子们的举手投足，为各项社团活动的辛苦排练遮风避雨，以宽广的胸怀容纳每一份蓬勃向上的朝气，以坚实的臂膀托举每一个真挚可期的梦想。我们要在这方充满希望的新的土地上，赏每一抹绿，嗅每一缕香，从一草一木的栽植中感悟成长，从高效便利的服务中享受生活，在宽广开阔的校园里奋斗拼搏！

三、四方注目　闪耀浑南

如今的浑南校区如同一颗新星在这片大地上闪耀，它的成长绝非一朝一夕。从图纸上的美好设想到高楼耸立的现实场景，浑南校区的建成倾注了很多人的心血，经历了很多人的检阅。教育部、省市区等主管部门多次莅临东北大学浑南校区考察指导，国际组织、兄弟院校、校友企业多次到浑南校区参观，从校内关注到校外参观，可以说东北大学浑南校区的建成得到了各方的关怀与帮助。

2013年是浑南校区开始建设的初期阶段，为奠定浑南校区的良好基础，教育部领导从浑南校区建设伊始就密切关注校区建设进度，多次亲临施工现场，慰问为校园建设努力工作的人员，时刻把握建设动态，关注建设问题和难点，强调保质保量完成任务。2013年8月，教育部党组成员、中纪委驻教育部检查组组长王立英一行到浑南校区视察。2015年7月，教育部发展规划司副巡视员葛华、中国教育后勤协会会长程天权一行莅临浑南校区。2016年6月7日，教育部直属高校基本建设规范化管理检查组谈广鸣一行对东北大学基本建设工作进行了专项检查，召开了基本建设规范化管理座谈交流会，实地检查了浑南校区建设项目的进度和运行情况，并询问了国拨资金的申请及完成情况。

2017年6月，教育部规划司直属基建处原处长韩劲红和省教育厅发展规划处处长高向辉视察浑南校区。同年12月，教育部发展规划司基建后勤处王长树参观了浑南新校区，为浑南校区的建设与发展带来科学的建议，并对相关管理部门的工作给予了肯定。

作为辽沈土地上的又一颗明珠，浑南校区的建设也得到了辽宁省人民政府和沈阳市人民政府的高度重视。2012年11月27日，时任辽宁省副省长陈超英、时任沈阳市市长陈海波出席东北大学浑南校区奠基仪式并发表讲话，进一步推动了浑南校区的建设与发展。

浑南校区的建设发展也牵动着学校老领导们的心，东北大学原党委书记、校长蒋仲乐教授2013年10月14日前往浑南校区参观考察。东北大学原校长丁烈云也关心校区建设，重返浑南，和建设者们亲切交流。与此同时，浑南校区还邀请相关部门、在校学生和退休老干部代表前往浑南校区参观。

相互学习，取长补短，是高校发展应秉持的原则，国际国内的部分高校和协会也对东北大学浑南校区的建设十分关心。北京中医药大学、哈尔滨工程大学、复旦大学、海南大学、浙江大学、江南大学、武汉科技大学、中国刑事警察学院等国内高等院校先后来我校考察参观、交流经验。此外，六七届采矿、八零届计算机等专业的校友以及校友企业代表也前来浑南校区参观，进一步扩大了浑南校区的影响力与影响范围。

浑南校区的建设不仅得到了国内企事业单位的关注，还得到了国际组织的关注。2013年5月24日，以瑞中协会会长托马斯·瓦格纳博士（瑞士苏黎世前市长）为首的代表团对东北大学新校区进行了友好访问，进一步促进了东北大学与国际其他高校的友好关系，进一步推动了东北大学国际化发展。

回顾东北大学浑南校区的成长历程，它是无数汗水的结晶，是在正确理念、正确方向指引下的成果。聚焦东北大学浑南校区的今天，他将不辜负众人的期盼与关怀，努力为东大的未来做出自身的贡献。

四、悦居浑南　谱写新篇

2014年9月25日，这是一个风和日丽、碧空如洗、秋高气爽的日子，这个日子将永远载入东北大学史册。这一天是首批搬迁入住浑南校区的6个学院的教职工启程出发的日子。浑南校区新居建成，崭新的校园等待着学生们青春的身影活跃其中。各学院按照指示有序进驻新校区，开启学院崭新的发展历程，在广阔的大地上开创学院新的辉煌。

全力做好新校区搬迁工作，东大人勇于担当。全校牢固树立"一盘棋"思想，齐心协力，克难攻艰。面对困难，敢于正视，不找借口、不讲客观，面对未来，敢于超越，不讲条件，不计个人得失。每一名党员都是一面旗帜，每一名干部都是一根标杆。全力做好新校区搬迁工作，南湖校区师生鼎力支持。搬迁的师生虽说是服从学校总体布局，但也因而为南湖校区留下了更充分的发展空间。留守南湖校区的师生心怀感恩、温暖关怀，主动关心、主动支持，做新校区搬迁工作的协助者、支持者和服务者。全力做好新校区搬迁工作，搬迁浑南校区师生自强不息。搬迁师生既是学校发展成果的享用者，也是学校事业发展的开拓者，以高度的责任感和使命感全力以赴推进浑南校区各项工作。

浑南校区内处处洋溢着节日的气氛。"热烈庆祝东北大学浑南校区一期工程建成启用"，"热烈祝贺首批师生入住东北大学浑南校区"，彩虹拱门、绿树彩旗处处映衬着东大人乔迁新居的喜悦心情。在离开南湖校区前，师生纷纷拍照、合影留念、发送微信，用自己的方式见证、参与、记录这一难忘的历史时刻。

为保证搬迁工作的顺利进行，9月23日，浑南校区食堂正式运营。24日，时任党委副书记熊晓梅在搬迁前一天检查浑南校区搬迁工作准备情况，在食堂现场办公，确保搬迁工作顺利进行。

9月25日清晨，首批搬迁的6个学院的全体教职工来到各自学院，收齐物品，准备装车。9点30分，时任党委书记孙家学、时任党委副书记熊晓梅、总会计师芦延华等来到南门，与准备出发的各学院教职工亲切握手、合影留念，共庆乔迁。9点48分，搬迁车队驶出南湖校区南门，驶往浑南校区。10点30分，浑南校区南门鞭炮齐鸣，礼花满天。搬迁车队在副校长孙雷的迎接下，依次驶向浑南校区各学院办公场所，随后校领导孙家学、熊晓梅、孙雷等到各个学院新的办公场所，视察具体的搬迁工作，慰问搬运整理物品的教职工。12点左右，教职工们陆续来到生活服务中心食堂，品尝着搬迁后温馨祥和的第一餐。

2014年9月29日，文法学院、马克思主义学院、工商管理学院、江河建筑学院、生命科学与健康学院、中荷生物医学与信息工程学院6个学院4300余名学生入住浑南校区。这一天，阴雨连绵却挡不住师生的脚步，浑南校区与南湖校区建立起了一条纽带，连接着两个校区的发展。时任党委副书记熊晓梅同志亲自到现场指挥学生搬迁，学校各个有关部门齐心合力，上下联动，一批批志愿者忙碌在搬迁现场，帮助搬迁的同学搬运行李。经过两天的努力，学生全部顺利入住，在高效的组织下，实现了不伤一名学生、不丢一件行李、不出一件事故的安全目标。而此时，距离奠基仪式仅过去22个月，在四季分明的东北地区，有效时间不足15个月的时间内，新校区完成了23.8万平方米的建筑、道路和综合管网等基础设施的建设使用。东北大学首批搬迁的学生在这里启程出发，开启了他们在浑南校区的崭新生活。

2015年7月，软件学院顺利入住浑南校区。2016年9月，计算机科学与工程学院也踏上了搬迁之旅，全院师生顺利入住浑南校区。至此，浑南校区

按照一校二区的发展战略规划完成全部搬迁工作，形成了学校办学的新格局。

学校发展开始了新的篇章，浑南校区的建设和运行，离不开建设者的辛勤付出，更离不开管理者的兢兢业业。2014年初，学校成立了浑南校区管理委员会。自成立之日起，管理者们就投入到紧张的工作中，带着学校的关注和师生的期盼，开始了建立校区管理新模式的探索之路。

为建立起现代、高效的校区管理模式，在孙雷副校长的带领下，管理者们在全国范围内开始了广泛的调查研究。先后赴浙江大学、南京大学、兰州大学、河海大学等多所高校学习先进管理经验，和兄弟高校多方交流，行程踏遍了大半个中国。管理者们在外学习，在校研究，深入细致地到校区进行实地考察，周边的每一条街路、校内的每一个角落，都留下了他们的足迹。2014年7月，学校党政联席会听取了浑南校区管委会关于校区功能定位和管理模式的调研汇报，确定浑南校区保障服务采取社会化运行管理模式，全面引进社会专业服务企业进入校区提供保障服务。

为了让学生在浑南校区能有一个良好的学习生活环境，管理者们开始了紧锣密鼓的校区"软环境"建设工作。从无到有，从小到大，舒适便捷的学习生活空间在管理者们的匆忙脚步中、办公室深夜灯光中、一份份合同签订中渐渐呈现出来。2014年9月1日，东北大学浑南校区运行保障与服务项目签约仪式在汉卿会堂二楼贵宾室举行。东北大学副校长孙雷、浑南校区管理委员会主任王义秋、辽宁龙源教育产业投资管理集团有限公司董事长赵晓军出席了签约仪式。与龙源集团签约是东北大学后勤社会化改革的重要一步，龙源集团同样表示将举全集团之力，运用多年来高校服务的成熟经验，建设科学、安全、文明、绿色校园，为东北大学的跃升发展助力。悦居浑南从此有了实质保障。

初到浑南，学生们的学习和生活条件都不成熟，摆在管理者们面前的任务紧迫而又艰巨。管理者们马不停蹄，埋头苦干，用当代东大人的历史担当在浑南校区织就了一幅现代化校区的美好图案。

2014年10月，建立商贸服务区。根据学生的学习生活需求，与一家家商贸店铺洽谈，一份份管理规定陆续出台，各项商贸服务为学生创造了良好的生活条件。文印社、超市、眼镜店、通讯服务网点、洗衣店、理发店、快

递服务站、咖啡店等迅速进驻浑南校区，学生们享受到了便捷优质的服务，感受到了家一般的温馨，脸上泛起了甜美的笑容。

为了做好新校区的安全工作，确保学生的安全，浑南校区各项安全管理工作相继展开，铺开了校区安全的保障网。由于校区建设与运行同时开展，存在着安全隐患，校内外各处都悬挂张贴了安全警示标识，提醒学生增强安全意识。浑南校区的校园导视系统逐步建立，室内和室外的道路不再陌生。一期三栋宿舍楼一楼，全部加装了安全防护窗，集逃生、防护、防蚊三项功能于一体，为学生们提供了最好的保护。集中对学生宿舍楼门锁进行改造，加强了宿舍安全管理。在宿舍楼内，每处小小的安全隐患都在管理者们的心中，加装防撞贴、门帘、地垫等，在细微处着眼，把学生的安全放在心中。

给师生创造更加舒适的生活环境，始终是管理者们工作的追求。他们实地考察，精心设计，设立铁路票务自助取票机、银行自动提款机、饮料自动售卖机等，积极与沈阳市政府沟通，为东北大学南湖校区和浑南校区设立139公交专线，在校内开通两个校区间的教工班车和学生班车……一项项服务设施逐渐建立，浑南校区迅速建立起生活配套服务，完成了浑南校区稳定

运行的根本保证工作，信息化、人性化的管理服务理念在现代化的浑南新校区中见诸于每个角落。

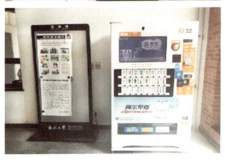

2017年12月，浑南校区图书馆正式面向全校师生开放，从这天开始，浑南师生有了自己的"天堂"。图书馆共设五层，为浑南校区六个学院的人文社科和理工等相关专业选配图书近10万册；安装有先进的RFID自助借还系统、电子阅读机、电子查询系统、移动图书馆，为师生提供优质的数字化、智能化的条件；全景式玻璃窗为自习学生提供充足的自然光和明朗的学习环境。清晨，伴随浑南第一缕阳光的照耀，三五成群的学子谈笑间快步走向图书馆，开始了一天的学习生活；午后，艳阳高照，丝丝缕缕的阳光穿透玻璃顶层，暖洋洋地照在午睡学子的身侧，形成静谧斑驳的疏影，美好而又恬静；夜晚，图书馆的点点灯光，透过窗户传递出淡雅的黄晕，浑南学子共同感受着宁静美好的学习氛围，图书馆的日夜也是东大师生忙碌而充实的学术生活的真实写照，是东大人拼搏向上的缩影。

悦居浑南不仅仅是教学楼的窗明几净，图书馆的温暖明亮，更有浑南校区师生对校园建设无私奉献的赤诚之心。

悦居浑南，党员教师是先锋队。浑南校区管委会组织开展了"爱校建校"义务劳动，组织党员教师除豚草、植树、打扫教室卫生等义务劳动。党员同志们热情洋溢，不怕脏、不怕累，不走过场、不留死角，老师们撸起袖子加油干，即使汗水布满额头，即使灰尘沾染衣襟，他们依然面带笑容，无怨无悔，因为他们正在用行动为"悦居浑南"添上浓墨重彩的一笔，他们用实际行动表达了对学校、对浑南校区的热爱，彰显了共产党员的先锋模范作用。

悦居浑南，全校学生是主力军。2015年4月23日，东北大学学生会、学生社团联合会在浑南校区联合开展了"绿意浑南，你我共筑"活动。来自校学生会、各学院、学生社团的200余名学生志愿者，在浑南校区的指定区域围绕校园栅栏种植爬墙虎，挥舞的铲子飞溅出点点泥土，浇灌的喷壶流淌出拳拳爱心，浑南校区学子头顶烈日骄阳，在泥土的芳香中种植希望，期待美好。

新起点、新征程、新目标、新明天！浑南校区在万众期盼与瞩目下，开始了它的使命。书声琅琅的教室，墨香飘逸的图书馆，温馨和谐的宿舍，在这里，东北大学将以崭新的姿态，续写辉煌的篇章！

东北大学浑南校区建设大事记

2011年

5月10日，时任党委书记孙家学、时任副校长陈德祥考察浑南校区选址。

5月26日，学校党政联席会讨论通过关于建设新校区的决议。

6月12日，新校区选址确定，学校与浑南区政府达成初步用地意向。

8月4日，召开第一轮浑南校区总体规划方案评审会。

8月31日，时任校长丁烈云向时任辽宁省副省长陈超英汇报浑南校区建设工作。

10月8日，召开第二轮浑南校区建设规划方案评审会。

10月9日，学校党政联席会研究确定浑南校区建设规划方案。

10月12日，学校第六次教代会第二次会议通过浑南校区整体规划设计方案。

10月17日，教育部批复东北大学征地建设浑南校区。

10月21日，浑南校区用地完成勘界定线工作。

11月16日，时任校长丁烈云向时任教育部发展规划司司长谢焕忠汇报浑南校区建设工作。

2012年

3月2日，召开第一次浑南校区单体建筑方案汇报会。

3月22日，基建管理处与新校区建设办公室整合为基建管理处（新校区建设办公室）。

4月1日，召开第二次浑南校区单体建筑方案汇报会。

8月20日，浑南校区建设指挥部成立。

9月21日，浑南校区土地证办理完成。

11月8日，浑南校区一期工程桩基础施工开始。

11月27日，举行浑南校区建设奠基仪式，时任辽宁省副省长陈超英、时任沈阳市市长陈海波出席。

2013年

5月12日，浑南校区信息科学大楼、生命科学大楼开工，其他一期工程等八大工程陆续开工。

5月31日，浑南校区图书馆开工。

6月7日，东北大学2013届毕业生参观建设中的浑南校区。

6月20日，东北大学退休老干部参观建设中的浑南校区。

9月14日，举办浑南校区生命科学大楼封顶仪式。

10月10日，浑南校区风雨操场开工。

10月14日，东北大学原党委书记、校长蒋仲乐莅临浑南校区考察指导。

12月11日，学校党政联席会议确定浑南校区入住单位名单。

2014年

1月14日，《关于成立浑南校区管理委员会的决定》（东大党字〔2014〕2号）下发，浑南校区管理委员会成立。

4月10日，成立浑南校区建设推进工作领导小组，时任党委书记孙家学任组长。

5月20日，学校与沈阳国润低碳热力有限公司签订浑南校区供热合同。

7月3日，学校党政联席会议听取浑南校区管委会关于校区功能定位和管理模式的调研汇报，确定浑南校区保障服务采取社会化运行管理模式，全面引进社会专业服务企业进入校区提供保障服务。

7月9日，成立浑南校区搬迁工作领导小组，校长赵继任组长。

8月20日，学校两个校区南湖—浑南校区间班车开通。

9月1日，浑南校区运行保障与服务项目签约仪式举行，辽宁龙源教育产业投资管理集团物业管理有限公司中标浑南校区物业服务项目，服务期3年。

9月15日，学校召开浑南校区搬迁动员大会，时任党委书记孙家学、校长赵继做重要动员讲话。

9月20日，浑南校区一期生命科学大楼，信息科学大楼，文科1楼，文科2楼，1、2、3号学生宿舍，生活服务中心等八大单体建筑总计约23.4万平方米，以及道路、围墙、综合管网等基础设施交付使用。

9月23日，浑南校区管理委员会正式挂牌。

9月25日，首批六个学院（工商管理学院、江河建筑学院、文法学院、马克思主义学院、生命科学与健康学院、中荷生物医学与信息工程学院）入住浑南校区。

9月29日，首批4300余名学生入住浑南校区。

10月8日，浑南校区第一堂课顺利上课。

10月9日，举行浑南校区东校门揭幕仪式。

12月4日，抚顺市捐赠树木570棵，本溪市捐赠树木641棵栽种完毕。

2015年

3月29日，浑南校区4、5号学生宿舍工程项目开工。

5月20日，东北大学浑南校区和南湖校区间139公交专线开通。

7月18日，浑南校区一期景观工程开工。

7月23日，东北大学软件学院师生入住浑南校区。

11月10日，浑南校区1号公共教学楼开工。

2016年

5月18日，浑南校区获"沈阳市2015年节水型单位"称号。

6月1日，浑南校区风雨操场交付使用。

8月30日，浑南校区室外综合运动场交付使用。

9月3日，东北大学计算机科学与工程学院师生入住浑南校区。

10月17日，浑南校区物业项目被中国教育后勤协会物业管理专业委员会评为"2016高校后勤优秀物业服务项目"。

2017年

3月1日，浑南校区图书馆交付使用。

8月28日，东北大学浑南校区1号公共教学楼交付使用。

9月1日，浙江浙大新宇物业集团有限公司中标浑南校区物业服务项目，服务期3年。

11月24日，教育部直属高校基建投资计划工作会在东北大学召开，教育部直属75所高校参会并参观浑南校区。

12月15日，举办浑南校区"四载浑南校区情，共筑兴我东大梦"新年晚会。

2018年

3月25日，浑南校区学生活动中心开工。

4月15日，浑南校区西校门开工。

5月16日，浑南校区1号田径场开工。

7月3日，浑南校区科技成果展示中心（北校门）开工。

第二章 **DI ER ZHANG**

逐梦 浑南·那些人物和故事

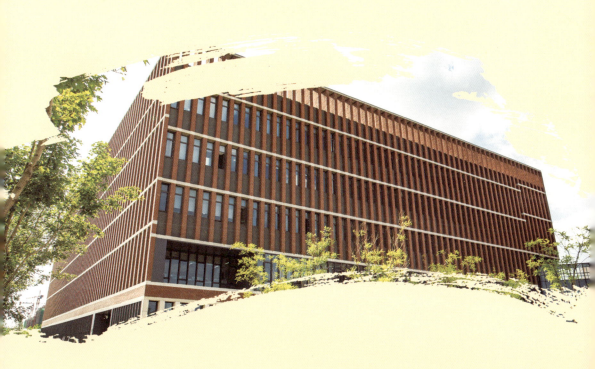

勇于担当　建一流校园
开疆拓土　圆师生夙愿

——记浑南新校区建设者团队

2012年，距南湖校区18千米的89万平方米土地上车辆开始穿梭，一把遮阳伞和四把塑料凳成为这片土地的建设指挥中心，东北大学浑南新校区建设拉开序幕。没有水、没有电、没有网络、没有信号、没有道路、没有办公场所，甚至没有人烟，只有一片长满豚草的荒野和几处拆迁后破败的民舍。谁会想到，那里就是如今红砖古韵、作育英才、钟灵毓秀、窗明几净的巍巍学府——东北大学浑南校区。新校区建设者就是在这样极其恶劣的环境下数年如一日，"五加二""白加黑"，以饱满的建设热情、昂扬的精神状态、主人翁式的建设责任、东大发展高度的历史担当、干字当头的实干精神，仅用不到两年时间挺起东北大学新坐标，创造了东北大学建设史上的奇迹。

砥砺前行　以校为家

破解发展空间瓶颈，改善基本办学条件，推动学科优化布局，助力一流大学建设。2011年，学校高瞻远瞩，做出建设浑南新校区的重大战略决策。浑南校区是由八位国内知名建筑大师联袂创作，大气恢宏，品质卓越，单体设计导则指导各单体建筑大师完成了"和而不同"的设计。从新校区规划招标到规划竞赛，再到全校师生参与规划方案投票，一时间"新校区"上了东北大学热搜榜的头条，全校师生翘首以盼，就像自己要乔迁新家一样，不过都听说学校在"村儿里"买了块地，对新校区还只是纸上的憧憬，却鲜有人去过。浑南校区建设者是第一批到这片土地上开疆拓土的人。

2012年，在时任基建处处长马立晓的带领下，新校区建设者们为了学校事业的发展，义无反顾地放弃综合科技大楼舒适的办公环境，到那"荒郊野外的无人区"。真实条件要远比他们想象的艰苦，白手起家的新校区建设者起初没有固定办公处所。没有水，新校区建设者便自己打井；没有办公室，新校区建设者就建设了临时彩钢房；没有取暖，新校区建设者便自己安装电暖气；没有信号，新校区建设者只能通过对讲机传达信息；没有安全保障，新校区建设者便在彩钢房周围建起了围挡，领养了周边的流浪狗看门护院，才逐渐具备了基本的生存和办公条件。

条件的艰苦无法阻挡东大人追求发展的坚定信念，更无法减慢新校区建设者砥砺前行的脚步，虽然步履维艰，但新校区建设者众志成城、勇往直前。荒芜的校区大院日新月异，已然成为每一个新校区建设者的新家，这是他们用心经营、用脚丈量、白手起家的地方。

突破创新　誓建校园

今天的浑南校区已然成为东北大学在全国高校新的名片，无论是在全国高校基建工作会议上，还是在数次兄弟院校来校考察上，都彰显着浑南校区建设的巨大成就。然而，建设之初的困难可能只有新校区建设者自己知道，也只有他们知道今天的成果是用多少付出换来的！

建设新校区全校上下一心，可以说是举校同庆，可令新校区建设者犯难的是在有限的资金条件下如何将新校区建设得又好又快。因学校教育事业的迅速发展，新校区启用的时间是固定的，只有不到两年时间，几十万平方米建筑和校区整体基础设施配套必须建设完成，细算下来，基本上是不可能完成的任务。一切条件都预示着这场建设运动充满诸多挑战。面对这样极其有限的条件，在浑南校区建设动员大会上，新校区建设者发出铿锵有力的建设誓言，"誓保校区如期启用，八大建筑遍地开花"的"干"字精神在此时发挥了重要作用。

为实现新校区规划蓝图，新校区建设者以锐意进取、勇于担当、干在实处的基建精神，以"五加二""白加黑"的工作态度，打破常规施工方式，创新管理机制体制，指导开展冬季施工、雨季施工、夜晚施工。基建处副处长李久存等新校区建设者日夜冬夏奋战在建设一线，连续数月吃住在工地，24小时坚守。工期要求紧，建设者们就牺牲自己的休息时间来弥补，加班加点；质量要求高，建设者们就对设计与施工方案多方论证，加强监督。几个月后，浑南校区建设工地上一片繁荣，各建筑单体拔地而起，塔吊林立，车辆穿梭，机器轰鸣，建设进度如期推进。因过度劳累、因毒草过敏、因严寒酷暑，多少人病倒在工作岗位上，但仍坚持工作，这缘于对学校发展的使命感和对建设事业的责任心。

新校区建设者既敢于攻坚克难，又擅于突破创新，抢抓沈阳"十二运"契机免费收存土方，为学校节约建设资金6000余万元；通过引进设计服务团队，开展多重审图，优化设计图纸，为学校节省建设资金上亿元；通过限额设计和设立拦标控制价，有效控制工程造价，确保了建设项目的高性价比；取消甲供材，建立健全材料信息数据库。建立健全基建管理制度并取得明显效果，得到教育部和兄弟高校的高度赞赏。

学校关怀　师生同心

从2011年浑南校区规划启动到浑南校区建设进入常态，浑南校区建设一直是学校的重点工作和师生关注的焦点，学校党政领导班子给予了强有力的领导与支持。校党委书记熊晓梅、校长赵继、原党委书记孙家学、原校长丁烈云、原副校长陈德祥、原副校长现任党委副书记张国臣、副校长孙雷等多位校领导为其建设殚精竭虑、夙兴夜寐，多次亲临建设现场视察、指导、调研，协调解决建设过程中遇到的困难，提出指导浑南校区建设重要的"安全、质量、成本、进度"和"实用、生态、品味、质朴"的"双八字方针"，为浑南校区建设推进指明了方向。学校领导从新校区建设伊始便认识到顶层设计的重要性，研究制定了建设、审计、招标"三驾马车"并行齐管的不相容运行机制，建立健全十余项管理制度，为浑南校区建设的平稳推进建立了行之有效的顶层机制。

在浑南校区建设过程中，得到了教育部领导、省市领导、学校历任老领导、广大校友以及全校师生的大力支持。教育部领导多次莅临东北大学考察选址现场，听取建设汇报，并给予政策与资金支持；省市领导也多次莅临东北大学听取规划方案汇报，指导建设工作，协调省市部门解决实际困难；学校历任老领导在校区选址和规划方案等重大决策中积极参与，提出了许多中肯的建设建议；广大校友多次参观考察，提供了大量人力、物力与财力支持；广大师生将浑南校区作为重要教育学习基地，多次开展党员学习、学生教育和慰问新校区建设者等活动。2014年9月，文法学院、工商管理学院、中荷生物医学与信息工程学院、生命科学与健康学院、江河建筑学院和马克思主义学院首批六学院师生在道路等基础设施还不完善的情况下克服诸多困难完成搬迁工作，给予了建设工作充分理解与支持。

浑南校区建设奇迹的缔造是由社会各界帮助扶持、学校领导关切指导、广大校友关注支持、全校师生同心同德、新校区建设者攻坚克难共同努力的结果，是新时代东大人团结奋进、追求卓越的最好典范。

时代使命　终生荣耀

2014年9月，浑南校区启用后，新校区建设者们丝毫没有停歇，他们深知浑南校区建设之路依然任重而道远。在精细化管理理念的指导下，浑南校区图书馆（单体建筑面积最大建筑、师生最喜欢的交流场所）、风雨操场（立面造型最独特建筑、师生最喜欢的运动场所）、1号公共教学楼（现代教学设施最完备建筑、师生最喜欢的学习场所）等建设项目顺利交付使用，数十万平方米景观使校园全貌有了巨大改变，浑南校教学与生活品质进一步得到提升，新校区建设者在打造"精品工程""满意工程""阳光工程"中取得丰硕成果，得到社会各界一致好评，东北大学基本建设工作也因浑南校区建设成果而走进全国视野。

如今浑南校区建设与发展已进入常态，万余名师生在此学习与生活，四届新生与毕业生由此开启逐梦之路，"大楼"的建设为"大师"的引进与培育提供了重要的硬件支撑，一个令师生向往的美丽校园已然形成，东北大学四校区办学格局彻底形成并取得重大成功。而为上万名师生建设近百万平方米校园的新校区建设者不忘初心，依然坚守在"风雨飘摇"的彩钢院中，在基建处处长金畅的带领下，紧紧围绕学校"双一流"建设目标，谋篇布局，研讨交锋，探索新时代高校校园建设如何将"适用、灵活、高效、安全、经济、美观、绿色"等理念落实到实处，如何构建规范化、精细化、科学化的内部治理体系，实现更加行之有效而可持续的发展管理。每当有人问起新校区建设者们对新校区建设经历的感受时，有一个词他们总会挂在嘴边，那就是"自豪"，就像在纪念浑南校区启用四周年的晚会上，基建处副处长余祖国作为新校区建设者代表所说的，"可能有些基建人一辈子无缘建设新校区，而在我们有生之年能够参建东北大学新校区，为学校事业发展添砖加瓦，这是我们全体基建人的荣幸！"

如今，新校区建设基本完成，但多少建设者的满头青丝已成华发，那是那段艰辛历史的最好见证，是东大建设者践行"自强不息，知行合一"校训精神的最好诠释。诚如先人在炮火中辗转，不忘求学兴校之志，而我辈亦在东北大学一流高校建设过程中完成了东北大学历史上首次主动性的、最大规模的校区迁移，为学校多校区办学框架的构建奠定了重要基础。

团队简介

东北大学基建管理处（新校区建设办公室）由基建管理处和新校区建设办公室于2012年3月合并而成，是浑南新校区建设的中坚力量，目前共有7个科室，分别为规划管理科、计划管理科、工程管理科、工程技术科、材料管理科、项目管理科、综合管理科。目前共交付15个单体建筑近38万平方米，正在进行学生中心、1号田径场、生命医学实验室和科技成果展示中心等项目建设，2018年计划实现浑南校区景观绿化全覆盖。浑南校区建设从奠基到启用，有效建设时间仅用21个月；浑南校区规划设计获2012年度辽宁省优秀工程勘察设计奖城市规划类一等奖；各单体项目共获各类奖项10余项；以东北大学浑南校区为原型参加教育部高校校园风采征集活动获优秀案例，并于中国学校规划与建设服务网展示；连续几年的基建规范化管理检查荣获佳绩。近年来，据不完全统计，接待校友、兄弟高校、上级部门等参观考察百余次，浑南校区建设成果得到上级主管部门和社会各界的一致好评。

扎根沃土绽芬芳

——记浑南校区管理委员会党支部

"每一个支部都是一个堡垒，每一名党员都是一面旗帜"，浑南校区管理委员会党支部（以下简称"党支部"）立足浑南校区工作实际，深化党的群众路线，强化党员队伍教育管理，凝心聚力，开拓进取，以踏实的作风和过硬的技术做校区保障的坚强后盾，以坚定的信仰和崇高的道德树服务育人的模范先锋，他们用实际行动对这句话做出了最好的诠释。

强化支部建设，构筑战斗堡垒

"打铁还需自身硬"，党支部按照《中国共产党章程》《东北大学教职工党支部工作细则》的要求，不断完善支部制度建设，坚持"三会一课"制度，创新活动载体和方式，积极开展党员思想政治工作，抓好党员的教育、管理、监督和服务。四年来，召开支部大会、支委会、组织生活会、民主生活会等50余次，组织专题学习、党课、党日活动、参观考察、义务劳动等60余次。

党支部坚决贯彻落实党的路线和方针政策，认真执行学校党委的工作部署，践行党的群众路线，注重党风廉政建设，积极开展学习教育活动，着力推进学习型、服务型、创新型党支部建设。组织全体党员深入学习领会《中国共产党章程》及习近平总书记系列重要讲话精神，充分利用网络学习载体，采取自学与集中学习相结合方式，方便成员相互鼓励借鉴，将"三严三实""两学一做"落实到浑南校区具体工作实际中去，将"学"与"做"统一起来，立足岗位，推进党支部作风建设。

通过学习、教育，打造一支识大体、顾大局、作风扎实、勤政廉政的党员干部队伍；通过宣传和培训，打造一支服务意识强、技术水平过硬的有正气、有朝气的党员职工队伍；通过开展丰富多彩的活动，营造良好的、积极向上的氛围，构筑一个团结向上、敢打敢拼的党支部战斗堡垒。

党员率先垂范，投身育人事业

大学是专业人才培养的课堂，也是人生角色转换的驿站，对于即将步入社会的大学生来说，除了专业知识，个人修养显得尤为重要。党支部充分发挥党员先锋模范作用，深入学生群体，通过多角度、多方式提高学生的个人修养，增强个人素质。

2017年4月，党支部与计算机1506班团支部进行对接共建，通过组织参观满洲省委旧址纪念馆、举办党的十九大学习座谈会、赠送文化书籍等活动，以点带面，加强与学生的沟通，促进双方的政治理论学习，提升思想觉悟。

党支部围绕宿舍建设文明行为宣传阵地。2016年11月，党支部主办以"牵手清新浑南，相约无烟校园"为主题的禁烟活动，宣传寝室禁烟的重要性，着力营造温馨舒适的生活环境，杜绝吸烟带来的安全隐患。2017年，为了巩固安全文明建设成果，党支部组织开展安全知识竞赛、千人签字倡议、安全短剧大赛等系列活动，全面提升学生自我防范保护意识和自救能力。2018年，党支部开展学生寝室卫生及安全评测活动，对浑南校区所有寝室进行全面评测，营造卫生整洁的学习生活环境，引导学生养成良好的生活习惯。

党支部始终坚持服务育人的理念，以服务育人促进服务水平提升，以更好的服务水平支持育人事业发展。开展"滴水在指尖，节水在心田""坚持节水优先，建设海绵城市"等系列主题节水宣传活动，积极倡导节能减排，有效提高学生节水意识，降低水资源消耗；组织校园树木领养活动，树立学生良好的环境道德观，调动学生全员建设浑南校区的热情；组织"活动承载感恩，行动诉说恩情""由我做起，美化校园"等系列义务劳动，引导学生体会劳动艰辛，珍惜劳动成果，宣扬传统美德；与江河建筑学院联合举办浑南校区首届公共空间设计竞赛，为学生施展专业技能搭建平台，培养学生"爱校如家"的主人翁意识。

党支部全体党员率先垂范，以实际行动号召大家践行社会主义核心价值观，树立正确的荣辱观，倡导健康的生活方式、文明的行为规范，让先锋党员的旗帜在育人事业的道路上高高飘扬。

秉承实干传统，助力校区发展

党支部秉承"服务为先，满意为本"的实干传统，切实将"两学一做"落实到为浑南校区广大师生服务的行动中去，坚持问题导向，践行人文关怀。每名党员每天必须在校区进行巡视、检查、走访，着重做好校区服务的监督和完善工作。同时，党支部注重倾听校区师生的意见和需求，组织了"浑南校区物业及商贸服务满意度调查""浑南校区冬季供暖状况调查""浑南校区教工班车运行需求调查""浑南校区教室、自习室利用情况调查"等数十次较大规模的调研工作，数万份的调查数据为工作决策和改进提供了第一手资料。

以党员为主要骨干的浑南校区管委会在筹建过程中就致力于多校区运行模式的研究，经过校内外广泛调研，探索出适合东北大学自身特点的多校区管理模式。从学校发展大局着眼，为学校在运行体制机制上的顶层设计，当好参谋和助手。目前浑南校区已经建立起"学校统一领导，学院依法治学，管理服务延伸，校区统筹协调"的运行机制。浑南校区的运行保障与服务，开东大后勤改革之先河，全部面向社会招标采购。物业、班车、超市、银行、电信、快递、文印、水果店、理发店、咖啡店、洗衣店、眼镜店等十几项服务，每一份采购需求都经过几十次反复讨论和修改，克服人员少、任务重、时间短、行业多等不利因素，完成全部招标采购工作。在保障校区后勤运行和生活服务的前提下，最大限度地维护学校和师生的利益。

浑南校区投入使用初期，为保证校区24小时能及时上报和处理突发事件，保障校区的稳定和安全，支部党员主动承担值班工作，并在校区总值班过程中，主动承担春节等节日期间的值班工作，为校区稳定贡献自己的一份力量，充分体现共产党员无私奉献的良好品德。

沃土结出丰硕果，汗水浇开幸福花。四年来，党支部在浑南校区这片生机勃勃的土地上辛勤耕耘，他们团结奋进，作风扎实，以无私的奉献精神和过硬的专业素质为浑南校区的发展保驾护航；他们开拓创新，求真务实，以崇高的职业道德和坚定的教育信仰为莘莘学子的成才贡献力量。他们铭记共产党人的初心，怀揣振兴东大的信念，栉风沐雨，砥砺前行，必将使浑南校区绽放出最绚丽的花朵。

团队简介

　　浑南校区管理委员会党支部成立于2014年5月，现有党员12人。2015年、2016年支部立项方案分别被评为"机关党委支部立项最佳方案""机关党委支部立项优秀方案"，获"2015年度东北大学特色党支部""东北大学特色支部建设二等奖"等荣誉称号，2017年支部立项方案被评为"直属部门党委支部立项优秀方案"。支部党员1人次获学校优秀共产党员称号，4人次获直属部门党委服务育人先进工作者或先进工作者标兵称号。

努力，奋斗，不停歇

——记文法学院土地管理研究所

"绿树阴浓夏日长，楼台倒影入池塘"。烈日当空的暑假时分永远让人慵懒嗜睡，暑假最惬意的事情莫过于吹着空调，再吃几块冰镇西瓜，与忙碌的一学期挥手告别。东北大学浑南校区零星几个人影，看起来好生寂寞。但文管学馆A座306办公室的门一直敞开着，此时，土地管理研究所的教师面对着大小电脑激战正酣，一项项基金总结，一次次键盘敲击，欢快的文字跃然屏幕，他们早已忘了酷暑的炎热，而是选择努力，奋斗，不停歇。

努力是常态

土地管理研究所是这样一个集体：每当走进浑南校区文管学馆A座306办公室，你会看到一群面带微笑、待人热情的年轻人，他们文化层次高、充满蓬勃朝气，组成一个积极向上的集体。

土地管理研究所是文法学院公共管理一级学科下的二级学科，具有博士点、硕士点，是东北地区第一家进行土地资源管理专业博士招生和培养的单位。土地管理是典型的文理交叉学科，而国际上的实践证明，拥有不同学科专业背景的人员在联合研究一个问题时往往能获得意外的收获。土地管理研究所实施的吸引人才、培养人才机制，能够充分汇集队伍、发挥学业专长，在学术领域有所建树。该所积极开展各层次的学术交流活动，邀请国内外知名专家学者开设学术讲座，定期举办学术报告会，在所内形成良好的学术风气和氛围。特别是土地管理研究所的实验室通过开放课题，搭建科技创新平台，吸引不同专业专家参与，对落实东北大学"人才强校"战略做出了积极贡献。

奋斗出成果

成绩的取得与所内的教师辛苦工作不无关系，所内青年教师的成长充满了正能量。在所长雷国平教授、副所长宋戈教授的鼓励和支持下，青年教师王玉波、张景奇、刘馨蕊、高佳工作热情高涨，科研态度积极。两位所长将自己的教学经验传授给青年教师，让他们放下担子，将自己的实习经历结合教学内容进行改编，让枯燥无味的文字变成一个个鲜活的例子，从而获得了不错的课堂效果。在基金申请时，研究所内教师三军用命，将各自的申请书拿出来相互讨论，互相查找不足，对待他人的申请书比对自己的申请书还要耐心，在互相质疑中进行头脑风暴，使得申请书日臻完美。

2017年，全所发表A类论文1篇，B类论文3篇，C类论文15篇；科研进款达83.19万元；雷国平教授、宋戈教授当选为第七届辽宁省土地学会副理事长及常务理事；成功举办了"东北振兴中土地利用与管理创新"学术研讨会，在系所各位老师的努力下，与俄罗斯国立土地管理大学建立了校级合作协议，有效拓展了学院的国际化水平。

漫漫学术路，不停歇

土地管理研究所在所长雷国平教授、副所长宋戈教授的带领下，取得了不俗的成绩。

雷国平教授：土地管理研究所所长，中国科学院东北地理与生态研究所兼职博导，教育部公共管理学科教学指导委员会委员，中国农业工程学会土地利用工程专业委员会委员，中国土地学会常务理事，国家社科基金项目、国家留学归国基金项目评审专家，《水土保持学报》《中国土地科学》等杂志编委，农业部土地资源管理教材建设专家委员会委员。主持完成国家自然科学基金、国家科技支撑、教育部重大教改项目、农业部公益性项目、黑龙江省社科基金重大项目等课题20余项；在科学出版社、中国农业出版社等出版专著、国家规划教材6部，近五年在《中国土地科学》《生态学杂志》《农业工程学报》《水土保持研究》《经济地理》《农业经济问题》《农业技术经济》《农业现代化研究》等国家级重要核心期刊发表论文50余篇；曾获国土资源部科技成果一等奖1项。

宋戈教授：文法学院副院长，辽宁省土地学会副理事长，中国土地学会《中国土地科学》编委，中国土地学会土地资源分会委员，中国土地学会土地经济分会委员，城乡建设用地节约集约利用实验室学术委员会委员。近年来，以第一作者和通讯作者在《自然资源学报》《农业工程学报》《地理研究》《经济地理》《地理科学》《中国土地科学》《资源科学》等期刊发表代表性的论文50余篇；作为第一主持人主持国家自然基金、国家社科基金、国家科技支撑项目子课题、教育部博士学科点基金博导类课题、中国博士后基金以及省市课题10余项；出版著作3部；以第一完成人获省级奖项4项。国家自然科学基金通讯评议专家、国家社科基金通讯评议专家及中国博士后基金函评专家，《农业工程学报》《地理研究》《农业现代化研究》《经济地理》《中国土地科学》等多家杂志审稿专家。

王玉波副教授：担任土地管理研究所党支部书记。近五年以第一作者、通讯作者发表学术论文20余篇。承担国家自然科学基金青年项目、国土资源部软科学项目、教育部人文社会科学项目、辽宁省社会科学规划基金项目、辽宁省财政科研基金项目、辽宁省社会经济发展立项课题、博士后科学基金一般项目和特别项目等20余项。被评为2017年度文法学院优秀党务工作者。

张景奇副教授：担任院工会青委委员。近五年，以第一作者、通讯作者发表学术论文10余篇，出版专著1部。承担国家社会科学基金青年项目、辽宁省科技创新智库决策重点课题、辽宁省经济发展立项课题、沈阳市决策咨询重大研究课题、中国博士后科学基金一般项目等15项，实现了文法学院SCI论文零的突破。

刘馨蕊讲师：作为土地管理所的青年教师，近五年以第一作者发表学术论文5篇，承担国家自然科学基金青年项目、辽宁省科协科技创新智库A类课题等科研项目。曾被评为文法学院优秀讲师。

高佳讲师：担任土地管理研究所行政秘书。近五年以第一作者发表学术论文9篇，由中国农业出版社出版专著1部，主持中国博士后科学基金一般项目、特别项目各1项。被评为文法学院优秀共产党员。

虽然土地管理研究所已经取得了一些成绩，但是荣誉只代表过去，面对未来，文法学院土地管理研究所有着更新的展望。土地管理研究所应当不断学习和借鉴优秀经验，继续发扬踏实肯干、创先争优的精神，立足岗位，永争一流，努力在东北大学跃升发展中书写青年文明号的新华章。

团队简介

文法学院土地管理研究所成立于2013年，现有教师6人，其中有2名教授、2名副教授、2名讲师，是一支学缘结构和职称结构合理、科研教学能力过硬，朝气蓬勃的创新团队。现有科技部、教育部土地科技政策东北研究中心，拟建国土资源部土地整治重点实验室东北中心、国土资源部农用地质量与监控重点实验室东北中心等人才培养与科学研究平台。现已逐步形成土地资源管理本科、硕士、博士及博士后等完整人才培养体系。在科学研究方面，承担了国家自然科学基金、国家社会科学基金、中国地质调查局项目、国家科技支撑项目、教育部人文社科项目、辽宁省社会科学规划基金项目、国土资源部软科学研究项目、中国博士后科学基金特别资助等多项国家级与省部级纵向科研项目，该研究所教师发表学术论文共计200余篇。

风清气正，孜孜矻矻

——记文法学院行政管理系党支部

22人组成的精干党员队伍，在行政管理系乃至全校的发展中彰显着榜样的力量，荣获党务、教务等各项先进集体称号，个人先进党员称号，国家级教学名师荣誉等多项殊荣。行政管理系党支部在科研中、在教学中、在基层活动中以实际行动发挥着先锋模范带头作用，孜孜矻矻，不懈奋斗。

团结凝聚　奋勇前行

行政管理系党支部系文法学院基层支部，共有22名党员，其中教师党员为10人，学生党员为12人。教师党员年龄结构合理，职称匹配，除一名老党员同志，其余均获博士学位。其中包括教授3名，副教授6名，讲师1名。

行政管理系党支部多次荣获学校党务、教务等各项先进集体称号，多人先后获得先进党员称号。行政管理系党支部利用各种平台做好"三育人"工作，据统计，该支部有6人获得过各种教学名师称号，2人是国家级教学名师。全体党员教师都在课堂教学、各种课程建设、教学竞赛、学生科技大赛等活动中，获得过教学名师称号、优秀指导教师称号等。在"两学一做"、"三育人"及党的其他社会活动中，行政管理系都堪称表率和模范，在基层支部中，具有一定的号召力、引导力，达到了优秀支部的标准。每每有组织活动、重大支部活动，都能充分征求民主党派人士意见，听取建议，团结参与。

行政管理系党支部是一个团结的、向上的集体。近几年来，行政管理系党支部党员严格要求自己，在教学、科研活动中没有违规违纪行为。遵守各项工作纪律，积极完成上级党委安排的日常学习工作，在各项工作检查中，资料齐全，整理规范，"两学一做"部署和落实具体、可检查、可督促，见成效，党员均能高标准完成各项工作。更可贵的是，每名党员均在科研、教学中具有一定的影响力，是学院教学、科研骨干，是学科评估的主体力量，行政管理专业更在全省学科评估中名列第一，是重点建设学科。同时，行政管理系党支部在2017年学科评估和专业认证方面，发挥积极力量，整合资源，开创专业建设和学科发展新篇章。邀请党员同学在支部会议中发挥建言献策作用，把服务好不同层次学生科研学习作为支部重要工作。2017年，行政管理系支部教师、学生在科研项目、学生培养、师生各类竞赛、社会公益服务等诸多方面体现出示范性支部的风采。

与时俱进 理论与实践齐行

行政管理系党支部在社会发展与时代进步中认真学习党的重要精神，并积极贯彻于实践之中，创新性开展多样化的支部活动，丰富活动形式，落实活动内容，理论与实践结合、思想与行动齐驱。

在理论学习与建设方面，行政管理系党支部加强党员学习引导，强化党员四个意识，严格遵守党的纪律要求和各项规定，积极参加学院党委（理论中心组）组织的各项理论学习，高标准完成党委交办的各项学习任务和考核工作，如组织"两学一做"知识竞赛、迎接上级督导检查等。同时，从专业建设和专业发展角度，要求支部党员按期完成各项党务工作，如学习笔记、党费记录本的记录与保管。鼓励党员将党的十九大精神带入课堂，引领学生学习践行党的十九大精神。其中，陈德权同志于2017年4月参加了为期一个月的中央党校学习，提升了支部的理论知识厚度。

2016年至今，行政管理系党支部积极开展各项具有特色和意义的活动，并取得了可喜成绩。行政管理系党支部积极参加学院组织的募捐、义务劳动和慰问等活动。2017年上半年与郭明义团队对接，建立东北大学文法学院郭明义爱心团队。该活动反响热烈，成果喜人，参会者达180余人。该活动是文法学院全体党员共同奉献的结果，更是行政管理系牵头完成的对接、策划、会前准备和会场组织等全程活动。该活动由一个基层党支部策划和组织完成，具有非常重要的影响力和积极意义。这一切充分表明，行政管理系党支部密切协作，具有战斗力和凝聚力，能够代表学院完成重大组织活动。

2017年10月至2018年3月，中国共产党第十九次全国代表大会及两会陆续召开。为深入贯彻学习会议重要内容及精神，引导党员深入领会会议精神的丰富内涵和核心要义，更加精准地将理论学习与党员实践活动及学科发展建设等相结合，行政管理系党支部开展了"党的十九大及两会重要会议精神"专题学习会，在充分学习会议重要内容与精神的前提下，支部成员进行主题交流讨论，表达自己的感悟和体会，并结合自己的工作与学习任务制订行动计划。

2018年正值东北大学娄成武教授从事教学与科研工作40周年。娄成武教授在其从教生涯中，秉承着爱岗敬业、开拓创新、勇挑重担、先人后己、亦师亦友的教学精神，向我们展示了一名教育工作者、一名共产党员的优秀作风，是我们身边最真实的共产党员标杆榜样。为感谢娄老师对每句学子的谆谆教诲以及对教师们的关怀指导，激励文法学院党员切实履行党员职责与义务，争做合格共产党员，行政管理系党支部于2018年5月组织娄成武教授从教40周年奉献精神专题学习会。此外，行政管理系党支部于2018年6月邀请郭明义团队回访，邀请郭明义为毕业生上最后一次党课。

坚守使命　更上层楼

行政管理系党支部一直以来是文法学院重点建设支部，在各个方面对学院发展做出重大贡献。特别是近年来，行政管理系党支部重点加强了党员的思想教育、作风教育和先进性教育，党员组织性、纪律性、表率性进一步突出，充分体现出"两学一做"的积极成果。实践证明，行政管理系党支部具有战斗堡垒作用，发挥出应有的基层支部作用，体现出先进党支部的价值。

回首过去，行政管理系党支部在各级党委的指导呵护下，党员同志勠力同心，取得一定成绩。但是，仍要坚持服务本心，特别是在DONG-B情况下，更要结合专业评估认证等一系列考核反馈，查找差距，在学校学院党委的指导支持下，不断开拓创新，协力前行。

团队简介

行政管理系党支部是文法学院基层支部，现有党员22人，其中教师党员为10人，学生党员为12人。除一名老党员同志，其余党员教师均获博士学位，其中包括教授3名，副教授6名，讲师1名。支委人员构成如下：支部书记陈德权，支部副书记于慧，组织委员高进，宣传委员张晓杰，支部委员李富余，监督委员孙萍。

明道信道弘道，永做立德树人最美思政课教师

——记马克思主义学院马克思主义中国化研究所

"仰之弥高，钻之弥坚。"有一种伟大来自平凡，有一种坚守来自初心，有一种崇敬来自始终如一。他们是思想政治理论课堂的开拓者，他们是社会风尚的引领者，他们来自马克思主义学院马克思主义中国化研究所（以下简称"研究所"）。

不断深化教育教学改革，提升思想政治理论课的亲和力和引领力

立足于使思想政治理论课进教材、进课堂、进大学生头脑的理念，通过对"概论"课教学内容、教学方式、教学环节、教师队伍和考核方式的创新和优化，不断强化理论教育，突出经典品读，重在理论认同和能力培养，取得一系列教学成果，整体推进了"毛泽东思想和中国特色社会主义理论体系概论"课程建设。

在具体的教学实践中，坚持把立德树人作为中心环节，遵循思想政治工作规律、教书育人规律、学生成长规律，研究所教师不断创新教学实践，形成了独具特色的思想政治理论课经典品读教学模式。坚持"经典领航、问题导向、学理优先、实践求真"的经典品读定位，形成"一主体双结合三环节四保障"的经典品读教学体系，搭建"个人品读感悟报告+小组课堂演讲+班级交流互鉴+全校经典诵读"的多样化成果展示平台，创设"师生全员性参与、课程全方位覆盖、教学全过程嵌入"的经典品读教学设计，实现了教与学、教与研、教与传的互促共进，促进了文本体系、教学体系向信仰体系的

有效转化，取得了课题、论文、教辅、获奖等成果，获得了媒体的广泛关注和报道，成为新时代推进高校思想政治理论课教学改革的标志性名片，带动省内外形成马克思主义经典品读的热潮。

在创新奋进的路上，研究所不断完善多元化复合型的考核体系。研究所对"毛泽东思想和中国特色社会主义理论体系概论"课的考核方法进行了大胆的研究和探索，一改传统的考核方式，研究出一套多元化复合型的考核体系。目前的课程总成绩由期中考试成绩、文献考试成绩、平时成绩和期末网络化考试成绩四部分构成，其中，平时成绩占总成绩的20%，期中考试成绩占总成绩的20%，课下阅读文献考试成绩占总成绩的20%，期末网络上机考试成绩占总成绩的40%。这种多元复合型的考核方式有利于考出学生的实际水平，实现考核的科学化和有效化。在课下阅读文献的考试中，研究所将其与经典品读的主题报告会结合起来，受到学生的普遍欢迎。研究所因时而进，不断更新网络化考试题库，优化知识点分布，使考试平台真正成为学生学习情况的"晴雨表"和学习兴趣的"引导器"。

培养引进相结合，打造守正笃行践悟的优质师资队伍

研究所采用集体备课、教师说课、原著阅读、专家讲堂等方式，加强教师对教学重点的准确把握。在教师消化教材的基础上，采取集体备课和教师说课等方式加强教师对教材的理解，对授课内容和体系重新做了布局，突出中国化马克思主义的基本理论原则和基本经验、中国化马克思主义活的灵魂和理论精髓、习近平新时代中国特色社会主义思想的核心要义和实践指导。在开课之前进行集体备课，在集体备课过程中逐讲讨论教学重点和教学难点，由各名教师分享教学的心得和经验。此外，每讲还安排一名主讲教师介绍该讲的重点阅读文献和这些篇目的主要内容，分析原理、原著与教学内容之间的内在统一性，坚持理论的讲授从党的历史文献中寻找根据。在集体学

习原著的基础上，研究所还制定了详细的读书计划，教师分阶段自学原著，深刻理解和把握了马克思主义中国化的理论，对理论成果形成了系统的认识。

为适应思想政治理论课开放性与实践性强的特点，研究所还充分利用东北大学的教学资源组建了一支由专、兼职教师组成的高素质的多元化教学队伍，把专职教师的理论优势与兼职教师的实践优势有机结合起来，不断提升教学的有效性和实效性。由专职教师把握课程主线，将教材内容准确传授给学生，构成"毛泽东思想和中国特色社会主义理论体系概论"课的基础。同时，聘请实践经验丰富的中国特色社会主义建设的参与者和党政领导，以多种形式方式讲授课程重点专题，到课堂大中班精讲。比如，学校党委书记熊晓梅以党的十九大代表的身份为学生们讲解十九大精神，鞍钢集团宣传部聂振刚部长讲述《劳模文化与鞍钢精神》，等等。再由理论课教师主持学生与专、兼职教师面对面的课堂讨论，使课堂更加丰富多彩，极大地调动了学生学习的热情和积极性。

科研与教学紧密结合，使课程育人获得"源源不断的活水"

研究所教师积极开展教育教学研究，为深化教学改革提供理论支撑。先后在《光明日报》《思想理论教育导刊》《思想教育研究》等高水平报刊发表教育教学类研究论文20余篇；组织编写了《〈毛泽东思想和中国特色社会主义理论体系概论〉经典导读》等教辅著作。

在田鹏颖教授的带领下，研究所教师先后承担国家社会科学基金项目2项，实现了东北大学国家社会科学基金重大项目零的突破；承担省部级社会科学基金项目30余项；出版专著30余部；公开发表学术论文200余篇，其中在《中国社会科学》《马克思主义研究》等高水平期刊发表论文90多篇。研究成果获得辽宁省哲学社会科学成果一等奖1项、辽宁省哲学社会科学成果奖二等奖1项、辽宁省哲学社会科学成果二等奖3项、辽宁省哲学社会科学成果奖三等奖1项。获批国家"万人计划"哲学社会科学领军人才1人、辽宁省"百千万人才工程"万人层次1人。

强有力的科研支撑，孕育了教育教学改革与学术研究成果的协同提升。研究所承担的"毛泽东思想和中国特色社会主义理论体系概论"课程被评为辽宁省精品课，获得教育部2017年度思政课教学方法改革择优推广计划等；研究所教师先后分别获得全国高校思想政治理论课教师2017年度影响力人物、2016年度影响力标兵人物、2016年度影响力提名人物，享受国务院政府特殊津贴专家、全国高校思想政治理论课教学能手、全国大学生百强暑期社会实践团队优秀带队教师、辽宁省高校思想政治理论课教师影响力人物、中共辽宁省委"最美讲师"、第六届辽宁省高校思想政治理论课教师教学大赛二等奖、沈阳市社会科学工作先进个人、沈阳市师德建设先进个人、沈阳市优秀科技工作者、2015年沈阳市大学生暑期社会实践优秀指导教师、沈阳市优秀理论宣讲员、沈阳市学雷锋先进个人、东北大学优秀教学成果一等奖、东北大学三育人先进个人、东北大学"我最喜爱的老师"、东北大学"三八"红旗手、东北大学社会实践优秀指导教师等荣誉；研究所党支部获得辽宁省我身边的好书记、东北大学优秀党务工作者、东北大学先进党支部、东北大学特色党支部、东北大学特色党支部一等奖、东北大学党支部规范化建设示范点等荣誉。

团队简介

马克思主义学院马克思主义中国化研究所现有教师7人，其中有教授2人（二级教授1人），副教授4人、讲师1人，40岁以下青年教师有4人，是一个具有高度使命感和责任感、思想活跃、充满活力、积极向上的教学科研团队。主要承担"马克思主义理论一级学科博士点"、"马克思主义中国化研究"硕士点建设以及硕士研究生公共课"中国特色社会主义理论与实践研究"课程和本

科生"毛泽东思想和中国特色社会主义理论体系概论"课程、思想政治理论实践课程等教学任务。

不忘初心，勇于担当，砥砺前行

——记软件学院软件工程系

获批国家级精品课 1 门、教育部-IBM 精品课 2 门、教育部-微软精品课 2 门。获得国家教学成果二等奖 1 项，辽宁省教学成果一等奖 2 项、二等奖 2 项；获国家科技进步二等奖 2 项，教育部科技进步一等奖 2 项，中国人民解放军科学技术进步二等奖 1 项、三等奖 1 项，辽宁省技术发明二等奖 1 项，辽宁省科技进步二等奖 1 项。在全国第四次学科评估中，全国排名第 9；在辽宁省专业评估中，全省排名第 1……

你也许不会想到，这些荣誉是由一个平均年龄不到 40 岁的年轻教师组成的专业在短短 15 年的时间里创造的，这在东北大学乃至全国高校中都十分罕见。可是，东北大学软件学院软件工程系却创造了这样的奇迹。

肩负荣誉，不忘初心

自 2002 年东北大学软件学院成立以来，软件工程系以"专兼结合、产学结合、国内外结合"为原则，组建了一支精干高效、开放多元的师资队伍。现有专职教师 30 人，其中高级职称教师为 16 人。值得一提的是，软件工程系 40 岁以下的教师为 18 人，占教师总数的 60%，年轻化的师资队伍充满了朝气。该系现有国家教学团队 1 个、省级教学团队 1 个；"辽宁省百千万工程人才" 2 人；教育部教学指导委员会委员 1 人；省级教学名师 1 人、辽宁省优秀教师 1 人。

作为软件工程一级学科博士点主要依托单位，软件工程系的人才培养类型包括"本科生"、"软件工程专业学术型硕士生"和"软件工程专业全日制专业学位硕士研究生"、"软件工程专业工程硕士"、"软件工程专业博士生"等多种模式。多年来，经过软件工程系全体教师的不断努力，软件工程专业被评为国家级特色专业、省级示范专业、省级优势特色专业、省级创新创业特色专业、全国工程硕士研究生教育特色工程领域。

获批国家级精品课1门、教育部-IBM精品课2门、教育部-微软精品课2门。累计获得国家教学成果二等奖1项，辽宁省教学成果一等奖2项、二等奖2项，东北大学教学成果特等奖2项、一等奖1项、二等奖2项、三等奖1项。在科研方面，获中国人民解放军科学技术进步二等奖1项、三等奖1项，获国家科技进步二等奖2项、教育部科技进步一等奖2项、辽宁省技术发明二等奖1项、辽宁省科技进步二等奖1项。在2013年辽宁省专业评估中，软件学院软件工程专业全省排名第一。"十二五"以来，教师主持的科研项目共67项，其中省部级以上教研课题为23项，发表教学研究论文10篇，出版教材2部，发表高档次学术论文100余篇。

尽管平均年龄不到40岁，但软件工程系的教师承担了软件学院将近70%的教学科研任务。为了提高学院的国际化程度，软件工程系还开设了"英语国际班""日语国际班""留学生班"等多种类型的培养模式。近年来，该系培养的学生多次产生"全国先进班集体标兵""学神寝室"等先进典型，被国家、省、市级媒体争相报道，这大大提高了软件工程专业甚至是东北大学在国内外高校及考生家长心中的良好声誉和影响力。该专业于2017年申请"辽宁省普通高等学校本科课程体系国际化试点专业"获得成功，这是东北大学首次获得该项目资助。

创新创业，软件争先

除了常规的教学工作外，软件工程系的教师还利用业余时间积极指导本科生参加各种创新、创业项目和科技竞赛。2017年软件工程系教师指导学生获得省部级以上奖励100余项，尤其是在计算机相关比赛和数学建模大赛中，获奖人数更是位居东北大学各专业的前列，以至于经常会有大量的外院学生慕名来软件工程系寻找指导教师带队参赛。在2017年教育部教学评估中，作为学院甚至东北大学本科教学的排头兵，软件工程系积极准备评估材料。在评估总结会上，软件学院受到了评估组组长（清华大学副校长杨斌教授）以及东北大学党委书记熊晓梅的点名表扬，软件工程系又一次不辱使命，为校争光。同时软件学院积极承办学校科普节等活动，致力于丰富学生的课余文化生活，加深同学们对科技知识的认识，培养时代所需要的博而精的全面型人才。软件学院鼓励青年学子以创新创业展现青春风貌，在校友基金会的支持下，开展大学生课外学术科技作品孵化活动，鼓励学生投身创新研究。软件学院还定期开设"精英培养"计划。该计划以"精英讲堂"牵头，以"半月谈""校友说"为重点实施项目，以讲座、培训、实践相结合的模式进行。其中，"半月谈"依托学院创新创业指导教师委员会，每半月邀请一名专任教师针对创新思维、科技比赛、科研项目等相关内容进行培训；"校友说"依托学院四大校友会，每月邀请一名学院优秀校友围绕创新创业、行业发展、企业需求等相关主题举办讲座，旨在开拓学生的视野，提升他们的创业创新思维，希望培养出更多拥有拼搏进取精神的软件精英学子。

砥砺前行，永不止步

2017年，软件工程系作为软件工程一级学科的主体力量，协助学院顺利完成了软件工程学科博士点和硕士点的评估，所取得的成绩获得了评审专家的一致认可。更为可喜的是，在2017年全国第四次学科评估中，软件工程专业被评为A-（东北大学只有4个专业进入A类），全国排名第9，取得了历史性的突破。相信这个结果将会对软件工程专业今后的本、硕、博的招生起到良好的宣传作用。

不忘初心，勇于担当，砥砺前行，成长在"软件创造价值，教育塑造灵魂"理念滋养的沃土，软件学院将会才人代出、卓尔不群。软件人立志成为社会之榜样、国家之栋梁，这是每一个软件人的骄傲，更是软件学院在今后工作中不断进取的动力。在今后的日子里软件学院会秉持着优秀的传统，上下求索，锐意创新，不断创造出新的辉煌！相信洋溢青春活力的软件工程系在未来的各项工作中，一定会取得更大的成绩。

团队简介

　　软件工程系现有专职教师30人，其中高级职称教师为16人。有国家教学团队1个、省级教学团队1个；辽宁省百千万工程人才2人；教育部教学指导委员会委员1人；省级教学名师1人、辽宁省优秀教师1人。其中40岁以下的教师为18人，占教师总数的60%，年轻化的师资队伍充满了朝气。这是一支以"专兼结合、产学结合、国内外结合"为原则，精干高效、开放多元的师资队伍。作为软件工程一级学科博士点主要依托单位，软件工程系的人才培养类型包括"本科生""软件工程专业学术型硕士生""软件工程专业全日制专业学位硕士研究生""软件工程专业工程硕士""软件工程专业博士生"等多种模式。

生活？"生"活！

——记生命科学与健康学院生物技术研究所党支部

当山林中清脆的鸟鸣划破寂静，当熹微的晨光从窗帘的缝隙一点点挤进房间，当悠悠悦耳的铃音轻唤着我们睁开双眼，新的一天就又跳跃在洗漱时偷偷入耳的口哨声中。24小时，1440分钟，86400秒，用它们细致的笔触，描绘出各色生活的图景。其中，有这么一种极富"生"活特色……

一人一心编织"生"活

如果说蜀锦的华美离不开技艺娴熟的绣娘，那么生命科学学院生物技术研究所党支部的亮眼光芒则由15名支部成员汇聚而成。

党支部乐于捕捉每名教师独有的闪光点，为教师设计个人发展规划表，制定个人发展规划，并积极帮助教师解决在工作、学习、生活中出现的各种难题，为每名教师才能的发挥创造最佳条件，为他们营造平等、融洽、和谐的环境。

党支部还引导教师养成健康的生活方式，不仅把周五定为"健康活动日"，还定期以多种形式组织全体党员和教师集体进行体育锻炼和健身活动，带动多名教师形成了步行上下班的健康生活方式。

为了促进全所教师形成"知荣辱、讲奉献、勤付出、知感恩、树正气"的文明道德风尚，党支部组织教师学习《道德经》，带动学生学习《弟子规》等国学经典。党员教师在党支部的带领下表现尤为突出，承担的教学、科研、指导学生工作量最大，任务最重，完成的质量最好；在学校、学院、研究所组织的各项活动中都能起到模范带头作用，积极参加，为集体争光；

在各项评奖评优过程中能够淡泊名利，做到谦虚礼让，把荣誉尽量留给其他教师；哪怕是在遇到重活、累活时，也一定想在前、做在前、冲在前。

除了为教师创造良好的环境，党支部的眼里也从不曾缺少学生的身影。为了帮助学生愉快地度过大学生活并圆满完成大学期间的学习任务，让他们及时了解本专业的教学及科研工作情况和专业的发展动向，同时也协助教学办和学生办进一步做好学生的管理工作，从2001年开始，党支部就率先为专业每一个年级的学生增派了专业教师作为班导师。他们牺牲大量休息时间，通过多种方式和渠道深入学生中间了解他们的学习情况和思想动向，及时帮助学生解决思想、生活、学习等方面的问题。

历届班导师不但成为学生生活及学习中的良师益友，而且在学生就业过程中提供指导，不仅在每次的双选会上为学生积极做指导和推荐，还主动为学生联系相关的用人单位。研究所党支部也动员全体教师针对各自熟悉的专业领域对学生进行就业指导，搜集并为学生提供相关的招聘信息，让学生在面试之前能够对该领域的现状、前景以及岗位需求有全方位的了解。

同时，为了让更多的学生能够有机会参加科研活动，并在此过程中得到科研方面的培训、锻炼，培养科研意识和创新能力，从2010年第四批国家大学生创新计划至今，生物技术研究所教师利用自己的科研资金资助学生申报创新实验项目共21项，已经全部结题，验收结果均为良好及以上。此外，还为本科生开展实验室开放活动，并配有相应的指导教师进行指导，力求为学生成长创造最好的条件。

一举一动点缀"生"活

生物技术研究所党支部的"生"活不仅存在于实验室和教室内，这种"生"活的气息还悠悠飘到室外，浸润进师生的家庭和学校的每个角落。

2013年和2014年，生物技术研究所党支部成功开展了"爱我校园，倡导绿色环境；团结奉献，制作树种标牌"系列活动。研究所的教师们利用自己的课外时间对校园内的树木进行了撒网式的摸底调查，调查内容为树种分布和标牌数量统计、定位工作，两次活动前后共进行了八轮树种的彻底清查工作，每次清查都需要花上一周时间。教师们的足迹散布在了校园的每一个角落，细细观察的视线曾在校园内的每一棵树上停留。他们依照物种双名法把所有物种按种、属、科进行集中分类整理；把校园按调查行走的路线，以主要的标志性建筑为中心，分成16个区域，基本上做到了把每一个标牌定位到具体的每一个树种的每一棵树上，并最终确定出每一个树种制作标牌的准确数量。

在一期工程中，为了赶在90周年校庆前将所有近500个大、小标牌标识到具体的位置，全所党员教师放弃了节假日和正常的休息时间，带领本系学生冒着风雨，安置标牌。一周多的艰苦劳动，终于换来赶在校庆的前一天完成标牌的定位标识工作的成果——在校园的每一个角落，只要是有路的地方，都能看到大大小小的蓝色树种标牌，而这些树种标牌，凝结了生物技术研究所师生的付出和坚持。

而在二期工程的树牌制作过程中，以天然鹅卵石为底材的树牌摆放工作最为艰辛。重达几百斤的石头需要被安放在校园内机动车无法到达的各个角落，选择轻便的推车作为运输工具是唯一的办法。装卸时间长，一次性搬运数量少，使得安置树牌的工作耗费了极长的时间。初冬时节，每天顶着凛冽的寒风绕着校园走上2~3圈的师生，即使双腿麻木，稍微坐下休息脚下便传来阵阵剧痛，也没有任何怨言。大家为着同一个目标，担着同一份责任，相互支持，相互鼓励，出色地完成了工作。

这样的奉献和担当不止于校内，针对地球的严重污染现状，在2015年和2016年"创建特色支部"活动中，生物技术研究所党支部组织全所和学院的部分师生及家属制作环保酵素，增加本科生、研究生的教学实验以及教学实践内容，增设制作环保酵素的环节，并指导学生和教师把环保酵素应用到日常生活中，让环保酵素走进更多人的家庭和生活，让环保意识渗透到生活中的每一个环节，让更多人加入到为环境保护做贡献的行列中来。同时，生物技术研究所党支部联合学生支部，在浑南校区生命学馆B座大厅放置过期食用药品和电池回收箱，减少随意丢弃过期药品和电池给环境带来的危害，传递环境保护和爱护地球的理念。

团队简介

　　生命科学与健康学院生物技术研究所党支部现有党员15人。支部成员的平均年龄为36岁，其中年龄最大者为48岁，年龄最小者为34岁。支部成员中有"中组部青年千人"1人，教授3人、副教授9人、讲师2人，全部具有博士学位。支部自成立以来，一直本着"形式创新、务求实效、贴近群众、服务实际"的原则来开展工作。从2003年至今，党支部立项方案连续13年被评为学校"最佳方案"。从2012年东北大学开展"创建特色支部"工作至今，3次获得特色支部立项。曾组织过"爱我校园，倡导绿色环境"，向建校九十周年华诞献礼制作校园树种标牌系列具有专业特色的支部立项活动；"环保节能我行动，低碳生活校园行"主题党日活动；"快乐工作，健康生活""环保救地球，创新育人才"等创建特色支部系列活动。在活动的组织过程中，不但体现了专业优势，也充分发挥了基层党支部的堡垒作用和党员的先锋模范带头作用。

砥砺奋进，服务育人，探索跨校区管理新模式

——记教务处浑南校区办公室

2014—2018年，是东北大学攻坚克难、砥砺奋进，在创建一流本科教育进程中奠定核心基础的五年。五年来，随着浑南校区教学基础设施日臻完善，教务处把浑南校区建设作为主要任务之一，积极参与、主动作为，克服了时间紧、任务重、人力不足等诸多困难，确保了新校区本科教学工作正常运转和秩序持续稳定，并在新校区建设、跨校区管理、服务育人等方面取得了可喜的成绩。

一、目标既定，全处齐心，攻坚克难，不辱使命

2014年，按照学校的整体部署，浑南校区于新生入学时投入使用。暑假期间，教务处临时受命，负责浑南校区公共教学设施建设，并要求10月8日之前务必完工。面对重质量、保工期的严峻挑战，教务处齐心协力，由处长带队，研究设计方案，克服采购业务不熟悉、现场指挥不专业等实际困难，主动联系黑板、讲台等十余家施工单位，在基建工程没有结束的情况下，所有设备同时进场安装、调试，教务处的有关同志放弃了假期，亲临现场，多方协调，圆满地处理了一个又一个预想不到的突发事件，按时完成了107间多媒体教室、浑南校区计算中心、外语语音室、电工电子实验室、物理实验室及公共制图室的建设任务。

五年来，浑南校区建设一直持续进行，教务处组织的教学设施建设也从未间断。2017年暑假，浑南校区1号教学楼基建工程完毕，在即将投入使用之前的二十几天工期内，教务处按照高标准、智能化、国内一流的目标要求，发扬一贯坚持的拼搏精神，高效率、高质量地完成了118间多媒体教室

的建设任务，保证了新教室的如期使用。

二、周密计划，未雨绸缪，协调管理，运筹帷幄

2014年，到教务处编排秋季学期课程表时，新校区教学馆、食堂等公共基础设施建设是否能按时交工、哪些学院搬迁到新校区等一系列事宜仍举棋未定。为保证浑南校区教学秩序稳定，教务处多次组织召开有关会议，做出各种假设，将所有可能发生的情况纳入应急预案内，周密计划；有关科室的同志取消假期及休息日，日夜兼程，最终制定出6套本科教学运行方案，编排出6套课程表，设计、完善了教学管理系统，解决了跨校区教学安排的技术难题。

以学生为中心是教务处多年来一直坚持的服务育人理念。2014年国庆节放假期间，教务处全体同志深入到浑南校区，逐个教室检查桌椅、日光灯、黑板擦及窗帘等备品，对备品不齐全、不完整的教室一一进行记录，并现场予以妥善解决。考虑到师生对新校区各教学场馆位置不熟悉、教学馆内结构不熟悉，教务处事先在每个楼门醒目位置摆放了"引导指示牌"，在教室门上张贴了课程表。在浑南校区开课的第一天，教务处全体工作人员再次到新校区各个教学馆做现场引导，避免了新校区教师找不到教室影响开课、学生找不到上课地点而影响学习现象的发生，确保了本科教学运行工作井然有序。

维护正常的教学秩序不是一朝一夕就完成的事情，需要长期的坚守与奉献。为了更便捷、长期性地为浑南校区师生提供服务，教务处在严重缺编的情况下，抽调三名教学管理经验丰富的工作人员常驻浑南"综合办事大厅"，并成立"教务处浑南校区综合办公室"，同时，建立"处长值周，科长值日"制度，保证每一周、每一天都有教务处的科级以上干部在浑南校区现场办公，该制度持续一年，直到新校区教学秩序稳定运行后才给予调整。近年来，教务处一直坚持组织学校本科教学督导员、各学院分管本科教学工作的副院长、教学办主任及教务处人员到新校区，定期或随机地开展本科教学

秩序检查工作。2017年，教务处组织建设了新校区本科教学督导组办公室，分派部分本科教学督导员常驻新校区，检查监督本科教学秩序，指导本科教学工作。

三、提升品质，综合发展，同步升级，凝聚特色

随着浑南校区学生人数的不断增加，跨校区管理的矛盾日益突出，如何跨越区域的沟壑，便捷、顺畅地为全校师生服务成为教务处要探讨的新课题。一方面，教务处修订了各项教学管理规章制度，明确了办事流程及有关要求，避免了学生为办一件事情而往返周折，提高了工作效率。另一方面，能在新校区解决的事情，教务处千方百计地创造条件在浑南解决，如成绩单自助打印设备的投放，实现了教学服务异地化，既方便了学生，又使各学院教学办公室从烦琐的成绩单打印盖章工作中解脱出来。

新校区建设既要体现高起点又要体现高标准。五年来，为推进本科课程考试考核改革，浑南校区在完成标准化考场建设的同时，重点推进了网络化考试平台建设，现已基本完成并投入使用。网络化考试平台的建设与使用，使思政课等一大批具备条件的课程实现无纸化考试，促进了考核形式多样化改革，使评卷、合分等过程更加简化、快捷，考核成绩更加客观、公正。另外，以浑南校区1号教学楼建设为契机，教务处试点建设了1个VR教室、2个智慧教室、4个远程互动教室、5个智能研讨教室，整楼引进网络中控系统和IP对讲系统，并配套建设一间中控室，大幅跃升了我校浑南校区教室智能化程度，达到国内一流水平。同时，我校浑南校区率先采用了激光投影、工程液晶投影、智能扩声系统（吊麦）等先进多媒体设备，完成了对原有计算机的升级改造，提高了其运行速度，提升了师生满意度。

在重视硬件建设的同时，更重视软环境建设。教务处加大了浑南校区文化建设的力度，相继建成了动漫教学中心、陶瓷教学中心、舞蹈教室等场所；投入专项资金，购置了动画合成设备、动画拍摄设备、泥条机、泥板机等配套设施；依托文化建设设施，为学生开设三维动画设计与制作、原创动

画设计与制作、陶瓷艺术欣赏与创作、舞蹈、体育舞蹈、健康街舞、流行街舞、礼仪健身舞蹈、话剧等深受学生喜爱的艺术类课程，较好地营造了新校区的文化氛围。

四、面对挑战，正视现实，继续拼搏，再创辉煌

有人说："浑南校区是一个创造奇迹的地方。"虽然有些夸张，但还是能体现出师生对新校区教学基础设施建设的一种赞叹，也是对教务处同志不辞辛苦、无私奉献的一种肯定。当看到浑南校区高品位、现代化的教学设施，舒适的教学环境，井然有序的教学秩序时，教务处的同志们感到由衷的欣慰。

在2014—2018年浑南校区建设与试运行阶段，东北大学已经取得了"开门红"的佳绩，在之后的五年、十年或更长时间，浑南校区将跨入跃升发展阶段，建设与改革任务会更加繁重。面对中国特色社会主义新时期对高等教育提出的新挑战、一流大学建设对本科教育提出的新要求，如何更好地落实《东北大学一流大学建设方案》《东北大学本科卓越教育行动计划（2017—2023年）》，是摆在教务处乃至全校师生面前的新课题。浑南校区建设虽然取得了令人瞩目的成就，但也存在一系列突出的问题，如教学管理人员编制不够、标准化考场数量严重短缺、教室资源紧张导致课程安排困难等。

在过去的五年里，教务处全体同志默默耕耘，保证了浑南校区教学秩序的稳定，较好地履行了服务育人的宗旨。今后，还将一如既往地关注新校区，加强沟通与理解，并为浑南校区跃升发展提供更多的支持与保障，为共同创建一流本科教育再接再厉，再创辉煌。

团队简介

教务处是在校长和主管校长领导下负责全校本科生教学基本建设、教学改革及实施教学管理和服务的职能机构，其主要职责是配置教学资源，维护教学

秩序，保障教学质量。下设教学管理科、实践教学管理科、考试考务管理科、学籍学位管理科和教学研究科五个科室及国家大学生文化素质教育基地办公室。

教务处以"服务教师、服务学生"为宗旨，进行规范化、科学化管理，提高业务水平和管理能力，努力为学校的本科教学工作和广大师生提供优质的服务。

锐意进取做贡献，服务育人砥砺行

——记计划财经处浑南校区财务综合办公室

题记：空山新雨后，天气晚来秋。连绵不绝的秋雨过后，一抹暖阳倾洒在刚刚建成不久的浑南校区，像一位慈祥的母亲温柔地抚摸着天真稚嫩的孩童。2014年10月8日，是浑南校区正式办公的第一天，而在生命科学大楼B座二楼的B205、B206室，计划财经处浑南校区综合财务办也开始了一天紧张而又忙碌的工作。从浑南校区筹建以来，计划财经处积极制订筹措资金方案，科学安排预算，保障浑南校区建设及运行，派常驻科室为驻浑南校区师生提供全方位的财务服务。一份份预算规划、进度审核、经费核算，无声地记录着这个最初由8人组成的综合财务办的坚持与热血。栉风沐雨，砥砺前行，回首在浑南校区工作的点点滴滴，财务人可以骄傲地说：我们是浑南校区的建设者！

独立科室，长驻浑南校区

为了能最大限度地服务驻浑南校区各部门，计划财经处成立了浑南校区综合财务办公室，作为总校区派驻浑南校区的第一个独立科室，计财处抽调了业务全面的精干人员，组成了业务覆盖整个校区的综合办公室，全方位地为浑南校区所在学院及部门各类经费的会计核算及财务管理等业务工作服务，其中：会计核算业务实行条条管理，财务管理工作实行块块管理，条块结合，在极大提高了工作效率的同时，也更加方便了广大师生。

自2014年7月开始，计财处放弃暑假休息时间着手浑南校区财务综合办公室筹建的各项准备工作，包括办公室的装修、财务柜台的设计、出纳监控系统的安装，特别是实现了两校区财务专网互联互通。最初的浑南校区综合财务办由8人组成，承担着整个浑南校区的财务工作，面对人员不足、设备紧张等困难，他们不惧艰险迎难而上，不计个人得失，不讲报酬，牺牲个人时间，经常加班加点工作，有效地保证了浑南校区各项财务工作的顺利进行，受到了广大师生的好评。目前除了加盖财务专用章和计划财经处公章、发票开具、科研经费落款等业务未能开展外，计财处包括日常费用报销、学宿费收费管理、教师银行卡关联、劳务酬金发放、外汇经费核算、一卡通结算等多项业务均已顺利实现。2017年，为了落实国家《关于进一步完善中央财政科研项目资金管理等政策的若干意见》（中办发〔2016〕50号文件），在学校的大力支持下，2名科研助理被派驻到浑南校区的各学院第一线，为浑南校区的教职员工提供更为便捷的服务，进一步充实了浑南校区的财务队伍，这个年轻而又充满朝气的团队正在浑南校区的各个角落，为师生服务，为学校的发展保驾护航。

领导重视，服务管理并重

一直以来，浑南校区的财务工作备受学校领导重视，芦延华总会计师多次到浑南校区调研并对浑南校区财务办工作提出要求；计财处刘恒义处长每学期都会到浑南校区各学院调研，了解各学院对学校财务工作的需求，并召开专题会议进行解决；主管浑南校区财务办的副处长在校区成立之初的几年，每周均会到浑南校区财务办现场办公，并协调解决财务办存在的实际问题。随着浑南校区财务办的不断成长，目前凡是符合财务报销规定的业务，只要财务办主任审核通过，均可以直接在浑南校区办理，所有的签字手续计财人自行传递，有效解决了两校区办公给广大师生带来的不便。为更好地服务浑南校区师生，计划财经处选派在校工作多年经验丰富的科长担任浑南校区财务综合办公室主任，为驻浑南校区各部门、各学院提供相关财务服务和管理工作。

浑南校区财务综合办公室深入落实管理与服务并重的理念，搭建与驻浑南校区各部门、各学院的联系平台，建立了与驻浑南各学院沟通的QQ工作群，为教师提供咨询服务，并设置了意见簿，积极宣传及解读财务新规，想教师之所想，急教师之所急，无论是上班时间还是休息时间，都能够时刻关注教师需求，尽量详尽解答，涉及跨部门的工作也能主动协调。随着计划财经处在全校范围内逐步实现网络投递报销，在计划财经处各部门的支持下，浑南校区财务综合办公室积极做好相关业务的数据对接，实现了浑南财务报销线上和线下业务的无缝对接，从而更好地为浑南师生提供了更为便捷、高效、可靠的报销途径，更好地服务浑南师生。

同时派驻到浑南校区的科研财务助理常驻各学院一线，协助教师办理科研经费落款、日常经费报销等事务工作，帮助教师办理报销业务网络投递，替教师往返南湖校区科技处、人事处等办理相关手续、传递各类财务资料，俨然已经成为计划财经处甚至是南湖校区与浑南校区之间财务业务沟通的纽带和桥梁。

协同配合，全力做好财务保障

为保障浑南校区搬迁和各项工作的正常运转，计划财经处积极主动深入第一线，全面了解搬迁进程及新增业务、日常运转所需各项经费情况，预算安排，优先保证新校区建设及日常运行经费支出，积极协调各部门，统筹解决进驻校区的各学院、各部门所遇到的困难，特事特办，与各部门密切配合，主动作为，为新校区各项工作的顺利开展提供财务保障。

展望未来，全面服务师生

回首过去在浑南校区的工作与生活，点点滴滴历历在目。一项项重点项目都在计财人的努力拼搏下顺利攻克，取得了良好的成绩。计财人不骄不躁，力争财务建设更上一层楼。为了更好地提升财务服务能力，计财人积极推进科研财务系统开发，充分利用现代化网络技术，实现网络化业务办理，加快推进业财融合。

2018年下半年浑南校区财务综合办公室将开展全方位的科研经费管理业务，从而更好地为浑南校区师生提供更加便捷的财务服务。

团队简介

浑南校区财务综合办公室作为最早成建制入驻浑南校区为新校区师生提供服务的机关部处之一，在校区投入使用伊始，便驻校区工作。目前主要负责浑南校区各学院及部门各类经费的会计核算业务及其他管理业务，核算业务实行条条管理，管理业务实行块块管理，条块结合。具体包括：浑南校区各学院及部门各类经费的日常报销业务、劳务酬金核算、学宿费管理、"一卡通"商户结算、日常各类收费业务、现金及银行出纳业务等；会计核算相关业务宣传材料编制等。

新校区　已启航　在路上

——记资产处浑南公用房情缘

2014年9月，浑南校区第一批公房建成投入使用，文法学院、马克思主义学院、工商管理学院、中荷生物医学与信息工程学院、生命科学与健康学院、江河建筑学院六大学院同期进驻。2016年6月起，又陆续入住软件学院、计算机科学与工程学院、跨文化战略研究院、东北振兴研究中心。2018年7月，机器人科学与工程学院也按计划进驻。

时光飞逝，浑南校区从一片荒芜到部门林立，在众多辛勤的建设者身影中，始终活跃着一群公用房资源调配与管理工作者的身影，他们率先在浑南校区启动了东北大学公用房管理改革与资源优化配置改革，全面落实东北大学"统一领导、二级管理""分类管理、定额配置、绩效调节、有偿使用"的公用房管理、调节与使用的体制机制。

资产处参与浑南校区建筑使用规划、使用功能与设计对接、实物配置方案规划调整、建筑使用验收与交接、公房使用配置与调整、公房核算与收费等一系列深入细致的工作，用脚步和汗水绘就了东北大学公用房管理的新格局。

最害怕处长清晨归来工作复盘

浑南新校区建设和启用之前，东北大学公用房资源有限性与需求迫切性矛盾突出，公用房资源存在着资源总量不足、各类用房结构不合理、分配不均衡、隶属不清晰等问题，学院用房分散、缺乏展示形象、管理体制和机制不完善、管理办法缺失、分配无章可循等问题，已成为制约学校教育事业发展的瓶颈问题之一，公用房管理改革刻不容缓。

改革需要勇气和魄力，更需要顶层设计、科学规划的可操作改革方案和实施契机。既要保障重点，也要解决急需，既要规划未来，更要查实家底。抓住契机，用好增量，盘活存量。浑南校区的建设和启用无疑是最好的契机，如何用好浑南增量对公房管理者是重大的挑战和考验。

在校领导班子的坚定支持下，资产处开展了校内外调研和科学筹划，时任资产处副处长的张海峰带领几名临时抽调的工作骨干，开启了学校艰苦的"摸家底、定规则、动真格"的公用房改革工作。

为了精准测算学校可调配资源总量，加班加点是常态，数据推演更迭是常态，方案推翻重建是常态，半夜叫醒综合楼值班师傅开门回家是常态……

当时还在资产处公房改革工作组的赵志超在给新接手此项工作的李季介绍情况时说，在工作人员中流传着这样的一个说法，不怕改革艰难，就怕张海峰处长座谈会归来，不怕数据测算繁杂，就怕张海峰处长清晨归来工作复盘。之所以有这样的说法，是因为为了充分吸纳各层次人员的智慧与意见，学校前后召开了12场教授、学者、院长、管理人员等各层面的座谈会，张处长每次会议归来，就是同志们数据反复推算的新起点，一条意见就是一次全盘推算，一次推算一抬头就是午夜，熬红了眼睛的一群人会异口同声地说回家睡觉明天再继续，可是第二天早晨，同样一起回家的张海峰处长已经拿着昨晚散会时的工作底稿，上面布满了一二三四条的调整意见在等着正常上班的大家……

2014年9月《东北大学公用房管理暂行办法》《东北大学党政机关公用房管理细则（试行）》等纲领性文件颁发。

2014年9月，按照新颁布的公用房管理办法完成公用房配置的六大学院，正式入住浑南校区。

那一刻，东北大学公房管理者和许许多多为这片校区能够投入使用付出辛勤汗水的设计者、建设者、保障者、配合者一样，眼中噙满泪水。

最焦灼公用房资源优化配置改革

随着东北大学招生规模的不断扩大和事业发展，东北大学教育事业发展也进入到了大踏步前进的跃升发展、深化综合改革、落实"十三五"规划和"双一流"建设的关键时期，校区功能定位调整、学科调整、学院调整、学术发展、人才引进、新机构成立、研究生学制延长等一系列重大变化，对公用房等资源的需求不断上升，特别是对优质资源的需求不断攀升。

浑南校区的建设和启用，使东北大学公用房资源保有量和使用布局发生巨大变化。也为旨在改变单纯靠行政手段配置调节、无偿使用的公用房使用管理状况，建立公用房管理体制机制，破解公房资源有限性与需求迫切性的矛盾，解决各类公用房使用结构不合理、分配不均衡、学院不集中、学科形象不突出等问题而启动实施的东北大学公用房管理改革、东北大学公用房资源优化配置改革，提供了物理空间和时间契机。

2014年9月，文法学院、马克思主义学院、工商管理学院、中荷生物医学与信息工程学院、生命科学与健康学院、江河建筑学院六大学院率先入住浑南校区，主体布局集中，周围预留发展空间暂作教学资源使用。

2015年7月，软件学院1~3年级入住浑南校区。

2016年9月，软件学院本硕全部入住浑南校区。

2016年9月，计算机科学与工程学院学生入住浑南校区。

2016年10月，计算机科学与工程学院教职工入住浑南校区。

2017年9月，浑南四大馆中教学资源迁入1号教学楼。

2017年10月，浑南校区腾出公用房资源再调整……

最难忘主动越位工作的公用房验收交接员

随着浑南校区一期建设工程的逐步投入使用，公用房使用验收交接工作越来越成为相关部门的焦点工作环节。

为了配合学校的教育时间特性，结合建设周期规律特点，部分建筑采取分层、分期、分项、多次验收交接，部分建筑因为提前投入使用，验收交接滞后，这一切给负责此项工作组织协调的资产处人员带来了大量工作，资产处的同志们常常一栋楼一周要跑两次、三次甚至更多。

2017年2月23日，总建筑面积43700平方米的浑南图书馆使用验收交接，涉及十几个部门几十个工作人员，公房科全员上阵仍显人手不足。主管采购招标工作的梁振副处长坚决要求以一名工作人员的身份亲自参与验收交接工作，用他的话说，他要亲身感受一下紧锣密鼓没日没夜完成的几十个招标项目累积而起的现代化图书馆的里里外外……

梁振来了，李桂宾来了，刘一也来了……

情系浑南，不仅有公用房管理者，还有采购招标管理者、仪器设备使用处置管理者、实验室建设管理者。

东大资产之所在，职责之所在，资产情缘之所在。浑南校区已起航，东大资产情缘相随在路上。

团队简介

资产与实验室管理处[国资办][经资办][采购与招标管理办公室]是学校国有资产管理的职能部门，在党委、校长和分管校长的领导下，实行"统一领导、归口管理、分级负责、责任到人"的管理体制，代表学校行使国有资产管理的职能，负责全校土地、公用房屋、仪器设备、家具、对外投资等资产管理以及教学实验室建设与管理工作。资产处下设产权管理科、仪器设备管理科、土地与公用房管理科、教学实验室建设与管理科、实验室技术安全管理科。采购与招标管理办公室挂靠资产管理处，负责学校工程、货物和服务类项目的招标采购管理工作，代表学校行使采购人职权。采购与招标办下设采购管理科和招标管理科。

矢志不渝　共建家园

——记公安处驻浑南校区工作团队

从 2012 年浑南校区打下充满希望的第一根桩，到 2014 年首批六个学院顺利入住，再到 2018 年的今天，东北大学公安处人亲历了这 89 万平方米土地上的一砖一瓦日新月异的发展变化，同时新校区的一草一木也见证了公安处人在这片土地上毫无保留的付出与奉献。

2014 年 9 月 24 日，在新校区正式投入使用、首批学院入住的前一天，公安处正式进驻浑南校区，全处上下打起精神做好准备，以饱满的热情投身到校区发展建设中去。在校区搬迁工作伊始公安处即承担着维护校区安全稳定的保卫工作，克服重重困难，确保校区顺利、有序完成搬迁工作。师生入住后，又面临着新的困难和挑战。建校伊始，百业待兴，校区地广人稀，周边空旷，公安处进驻浑南校区的各位领导和同事深知肩负重任，为维护校区正常教学、科研和生活秩序，保障师生的生命和财产安全，公安处全天 24 小时进行覆盖全校区巡逻督查，及时解决师生遇到的困难——设立校园专用报警电话为师生提供紧急救助服务。全心全意为广大师生服务是公安处人贯彻始终的宗旨。在浑南校区道路夜间照明不完善的时期，针对每晚 21：30—22：30 有大批学生下晚课回寝室的情况，公安处特别安排工作人员在学生回寝室的沿途护送，并在 110 巡逻车顶部加装照明设备为学生照明，确保学生安全到达寝室。学生们一个个灿烂的笑脸和感谢的目光是公安处人做好做实安全保卫工作的初衷和动力，浑南校区每个温暖又平安的日出日落、师生每一颗安定的心，都闪耀着公安处人无私奉献的光芒。

建校初期，在浑南校区的技防设施没有投入使用之前，人防和物防就是浑南校区的主要安保力量。为了加大对浑南校区的安防力度，在学生搬迁以前安装了近2205延长米的防护围栏，主要对现正在使用中的一期工程八大建筑物（生命科技大楼、信息科技大楼、文科一、文科二、学生1~3舍、综合服务中心）进行区域封闭式管理。对封闭区域内的八大建筑物做到死看死守，分别在进出建筑物的主要路口设置了6个警务室。每个警务室配备6名保安，实行三组倒班制，保证每组两名保安在岗执勤。主要负责建筑物周边的治安巡逻及控制外来车辆和人员进入封闭区域的工作。经过几年的不懈努力，"平安校园"校区安全网已基本建设完善，今后将在持续发展物防、人防的基础上，不断提升技术防范能力，完善人防、物防和技防"三位一体"建设，建立健全校园安全体系，保障校区安全、稳定、和谐。

浑南校区地处城乡结合部，应聘保安者多为周边居住地人员，素质良莠不齐，服务意识和安全意识低，人员流动性很大。保安人员在安防第一线工作，不仅保护广大师生的生命财产安全，更代表公安处乃至学校的形象。为保证对新校区师生提供优质高效的安保服务，公安处也在不断地加强安保队伍管理，狠抓队伍建设，强化安保人员安全服务工作的前瞻意识、主动意识、规范意识和责任意识，切实提高安保队伍的业务素质和服务水平。校园安全保卫工作十分特殊，工作在日常、在细微之处，别人不容易看到成绩，而稍不注意就容易出现问题，一旦出现问题就是大问题，只有耐心、细致、不推诿、不蛮横、积极服务，甘于平淡，默默奉献，才能做好各项工作，减少安全隐患，才能得到师生的认同和肯定。公安处人始终坚持"想师生安全之所想，急师生安全之所急"，倾力营造安全稳定的校园治安环境，为构建和谐校园贡献力量。

公安处既是浑南校区的安保单位，更是服务部门，特别是在新校区这样特殊的时期和复杂多变的环境中，学校的保卫工作集"苦、累、险"于一身，遇有"急、难、险、重"等任务时必须首当其冲、加班加点。但每一个公安处人从不喊苦从不喊累，务实担当、辛勤付出，及时为师生排忧解难，提供优质的服务，保障全校区师生生命、财产安全，努力为浑南校区创造一个祥和、安宁的学习、生活环境。七载风雨同舟，公安处人始终地把这里当作自己的另一个"家"，与浑南校区同成长齐发展，公安处人是新校区的参与者、建设者也是见证者，矢志不移，攻坚克难，守望相助，开拓进取，用心建设我们共同的家园，也让我们共盼与展望浑南校区美好的明天。

团队简介

　　公安处是维护学校安全稳定的管理部门，担负着南湖校区、浑南校区安全稳定的重要责任和艰巨任务。具体职责是负责校园维稳、反恐、安全宣传教育、交通、消防、治安、户籍、突发事件处置以及各类大型活动执勤等工作。

关注你的未来，用心成就精彩

——记学生指导服务中心

"学生为本，服务为先"是学生指导服务中心（以下简称"中心"）的工作宗旨，也是每一个中心人内化于心、外显于行的工作信条。在浑南校区的建设发展过程中，中心坚持以提升人才培养质量为核心，创新"成长指导"与"发展服务"两大工作体系，推进工作内涵式发展和"就业、资助、心理、指导"四块业务协同发展，助力浑南校区人才培养质量的提升。

于是，走在浑南校区，你依旧会听到，熟悉的声音在课堂和活动中传递着成长的真谛；你仍然会体验到，与极具亲和力的专业咨询师和指导师面对面畅谈心声；你还会惊喜地发现，你的理想单位的专场招聘会就在你的身边，而不用去南湖校区"蹭宣讲"，你的手续办理也变得如此地便捷……这看似自然的"不变"与"变"，却承载了中心人对浑南校区指导服务工作的全方位倾心投入与对东大学子成长发展的无条件情感倾注。

一、业务侧重——"指导服务一项都不能少"

1. 做最好的准备

走进生命科学馆 B 座 4 楼，以 24 个积极心理品质和 26 个心理正能量词汇为主要元素、以绿色为主要色调的 300 平方米休闲放松区域首先映入眼帘，不仅方便学生自习、讨论、举办活动，也是浑南校区大型发展咨询会的举办地。

2014 年学校单列 30 万元资金建成浑南校区心理健康教育中心，占地 500 平方米，包括个体咨询室、多媒体团体活动辅导室、音乐放松室、沙盘游戏治疗室和心理文化休闲区等。同时配备了智能反馈型音乐放松治疗系统、沙盘治疗系统等专业设备。可以说，浑南校区心理健康教育中心已经俨然成为浑南校区建设的一道亮丽风景。

浑南校区心理健康教育中心的建设几乎与浑南校区的建设同步进行。从装修方案设计到硬件软件购置，再到装修工程跟进，中心的每一名教师都倾注了大量精力。负责跟进装修进度的曲慧东老师的整个暑假几乎是在装修工地度过的。"那个时候，每一个细节的完成，就是对自己最大的褒奖。"曲老师微笑着说。

"听心坊"和"知心吧"是浑南校区两个心理咨询室的名字，分别对应着"静心养德"和"小池"的主题。"咨询室的设计和布置不仅是在感官上为来访者提供舒适的环境，更是为了促进一种良好咨询关系的建立。"心理健康教育中心主任陈阳老师谈到咨询室的设计灵感时，难掩欣慰之情。

2. 指导服务工作与南湖校区同频

为了保证浑南校区的学生与南湖校区的学生和教师共同享有学校的指导服务资源，中心的老师们想尽一切办法将就业、资助、心理工作在浑南校区同步开展。

中心建设的成长发展指导、职业发展指导、心理健康教育三大类课程，同时面向浑南校区学生授课。在浑南校区同步开展大型发展咨询会、青年成功讲坛、彩虹成长计划、"ME"计划等活动，并设计组织具有专业特点的指导活动，如金融知识培训班、公务员讲座、软件行业职业发展沙龙等。目前，浑南校区平均每年开展成长发展指导类活动30余场，参与学生8000余人次。

浑南校区启用后，为避免学生因环境改变导致情绪波动产生恶性事件，中心充分发挥专兼职力量，及时安排学生咨询，保证求助学生的心理问题得到及时有效解决。浑南校区年个体咨询量300余人次。浑南校区每年开展各种特色团体辅导60余次，受益学生2000余人。

3. 专属服务周到贴心

"当时我们最头疼的就是，如何让用人单位理解并愿意到浑南校区开展专场招聘。"职业发展指导中心田冠仁主任感慨地说。

为了确保浑南校区的毕业生拥有更多的就业机会，中心领导和负责就业工作的教师在三级就业市场建设规划中给予特殊关注，重点加强对浑南校区相关专业岗位需求的挖掘，并在浑南校区专门召开组团专场招聘会，最大限度满足学生的择业需求。

面对最初企业不情愿或者质疑浑南校区专场招聘的状况，负责就业市场的顾硕老师总是苦口婆心地跟企业做解释、讲利弊，并带领就业服务形象大使团，为用人单位提供周到细致的服务。经过两三年的努力和坚持，高质量的就业服务赢得了用人单位的认可，大部分的企业如果有需求会主动提出去浑南校区做专场招聘，两个校区场次基本均衡。四年来，中心共为浑南校区毕业生安排招聘会670余场，大型及组团招聘会10余场，进校招聘企业超过千家；为毕业生提供就业服务近万人次。

二、困难克服——"创造条件也要上"

由于两个校区办公，而且新校区处于起步阶段，中心众多的业务工作遇到了人员、场地、流程等前所未有的困难，为了使工作能够顺利开展，中心全体人员都想尽办法，破解难关。

● 程美华老师是心理健康教育中心常驻浑南校区的专职心理咨询师，由于家住在南湖校区，每天都要往返于浑南校区和南湖校区。三年里，程老师接待了浑南校区二分之一的咨询量，成为浑南校区学生的"知心阿姨"。

● 对于新校区新环境引发的心理问题，心理健康教育中心的教师们时刻准备着，采取"小问题不出学院、中度问题不出学校、重度问题与社会合作解决"的干预模式，经常是连夜召开紧急会议并启动干预方案，有条不紊地处理各个环节的冲突。浑南校区启用以来，中心累计对近20余名存在严重心理问题的学生进行心理危机干预，实现了校园内恶性心理危机事件为"零"的管理目标。

● 校园专场招聘场地的审批单在南湖开具后，需要立即转送到浑南；就业形象大使无论严寒雨雪、烈日当头，都要对用人单位进行从校门到招聘场地的全程引导，以免用人单位因地形不熟延误招聘时间；克服招聘场地的限制，仅用1号楼3楼以上安排面试，以免影响正常教学秩序。

● 组建浑南服务大厅助理团队，为毕业生提供择业材料打印、签约手续办理、资助手续办理等一站式服务；一人兼多职，对于负责就业手续办理的孙欣然老师来说，往返于南湖校区和浑南校区，与浑南校区助理实时远程办公已经是家常便饭，在处理南湖校区毕业生就业问题的同时还要时刻关注浑南办公情况，很多时候从省大学生就业局拿回改派的报到证后，立即送往浑南校区，经常五六点钟往浑南校区赶，于当晚及时下发。

● 在浑南校区投用初期，由于校园环境的限制，"徒手搬运"和"连夜施工"已经成为中心人的日常工作，浑南校区"慈善爱心超市"资助物资就是这样筹建而成的，被大风刮破的浑南校区"绿色通道"宣传展板就是这样在半夜修复才可以在第二天顺利展出的……

在不断的探索和实践中，学生指导服务工作的精准化、科学化程度不断提高，人性化关怀愈加充分，在指导类课程年级覆盖率、发展指导师专业覆盖率、心理委员班级覆盖率、发展指导员新生寝室覆盖率、成长指导活动新生覆盖率、家庭经济困难学生物质资助覆盖率、新生心理健康测评覆盖率、心理健康教育知识普及率、家庭经济困难学生就业率、就业指导教师资质认证率中实现了10项"百分百"。

"只要用心去做，没有干不好的事。浑南校区每一名学生的成长发展都应该被关注到，这是我们的职责，也是我们工作幸福感的来源。"学生指导服务中心主任刘云飞如是说。面向未来，学生指导服务中心将进一步加强指导服务工作的内涵建设、精准化建设和专业化建设，着力推进"有力量"的就业工作、"有温度"的资助工作、"有色彩"的心理工作和"有方向"的指导工作，提升工作实效，充分发挥指导服务工作在浑南校区人才培养中的推动作用。

团队简介

　　学生指导服务中心下设职业发展指导中心、学生资助管理中心和心理健康教育中心。在校党委的领导下，在相关部门和各学院的大力支持下，中心领导班子带领全体工作人员共同努力，中心先后获得"全国毕业生就业典型经验高校"、省高校心理健康教育先进单位、省高校毕业生就业工作先进集体、东北大学青年文明号、基金工作先进集体等荣誉称号；连续7年在教育部全国学生资助工作绩效考评中获得优秀；入选"全国高校心理健康教育与咨询示范中心建设计划"、教育部全国资助工作优秀单位案例典型、全国首批高校职业发展与就业指导示范课；中心工作人员均具备GCDF全球职业规划师、BCC国际生涯教练、国家二级心理咨询师、国家生涯规划师等专业资质。

"双创"十载一路荣光 东大有你花团锦簇

——记浑南校区大学生创新创业团队

东北大学浑南校区创新创业教育以创新创业学院为依托，以东北大学学生科学技术协会浑南分会为助力，在浑南校区成立的四年中获得了蓬勃发展。蓦然回首，东北大学已经走过九十五载峥嵘岁月，浑南校区也历经四度春夏秋冬。四年，目睹了浑南校区的发展变化，更见证了浑南校区创新创业教育从无到有、攻坚克难的发展历程。

一、攻坚克难 协同发展

习近平总书记在2016年全国创新大会上提出："科技创新、科学普及是实现创新发展的两翼，要把科学普及放在与科技创新同等重要的位置"。创业创新学院自成立伊始，便始终坚持"开放合作、时代特色、精英教育、产学融合"的办学思路，以提高人才培养质量为核心，以改革人才培养模式和教育教学模式为重点，秉承"服务学生成长成才、服务学校特色发展"的工作宗旨，强化"理论教学、科普活动、科研训练、科技竞赛、创业孵化"五大平台的育人功效，构建融"创新创业教育、研究、实践和社会服务"为一体的创新创业教育生态系统，着力培养"善创意、会创新、能创造、勇创业"的拔尖创新创业人才。

自浑南校区投入使用以来，创新创业学院坚持"一个学院统筹、两个校区共建"的协同发展理念，积极推进南湖校区先进的创新创业教育平台向浑南校区持续延伸。校区建设初期，学院从紧张的人员编制中抽调人员设立浑南校区专员，专门划拨工作人员进驻浑南校区，并着手建立学生科学技术协会浑南校区分会，统筹协调浑南校区创新创业工作事务，确保浑南校区创新创业教育推广的专业化。同时，项目、竞赛、创业三大部门工作人员，坚持每月进驻浑南校区，服务浑南师生，专项处理报账、业务说明与综合协调事宜，确保浑南校区创新创业各项教育活动的顺利开展。结合浑南校区学科专业特色，学院积极筹建浑南校区学生创新创业基地。2017年，浑南校区ACM程序设计大学生创新基地、电子设计大学生创新基地、1923咖啡等学生创新创业实践场地正式投入使用，东北大学学生科协、KAB创业俱乐部在浑南校区设立专属办公室，为学生实践创新创业梦想进一步拓展了物理空间，校园创新创业氛围日益浓厚，创新创业团队交流日渐频繁，浑南校区创新创业保障体系逐步走向成熟。

二、继往开来　初露锋芒

在东北大学现有创新创业教育体系下，如何结合浑南校区学科、学生特点探索更加满足学生成长需求的活动方案，是创新创业学院推进两校区"双创"教育协同发展的重要方向。为此，学院充分利用现有的实践平台，以学院活动为基础，以校级示范性活动为引领，积极塑造活动品牌，弘扬创新创业文化。

四年来，围绕社会热点和时代主题，学院开展了内容新颖、形式多样的创新创业活动，扩大了学生视野，提高了学生的创新意识和动手能力，浑南校区创新创业特色活动开展实现了从无到有、从有到优的跨越式发展。自2014年以来，学院每年均举办科学普及东大的大学生科普节、荟萃智慧的大学生创意节；创新讲坛、大学生科技论坛让创新的思维在东大碰撞；英语、数学、物理基础学科竞赛做到"在创新中培育竞赛，在竞赛中促进创新"，先后成功组织校级示范性科普活动累计66项、院级普及性科普活动累计200项，累计参与学生总数近5万人次，做到真正地惠及全校科学普及；以"挑战杯"、全国大学生英语竞赛为代表的各类学术科技竞赛活动累计突破2000人次；成功实施大学生创新训练计划项目累计187项，惠及近千人。尤其以南湖讲坛、大学生科技论坛、大学生科普节、大学生创意节为代表的特色创新创业教育活动座无虚席，深受大学生的追捧和喜爱。

三、不忘初心　砥砺前行

随着浑南校区创新创业活动的蓬勃开展，浑南校区创新创业教育与实践正在成为浑南校区学生提升创新创业能力的重要载体，也正在成为推动浑南校区发展的重要力量。为了进一步科学规划浑南校区创新创业教育基地布局，构建符合浑南校区建设和学科特色的创新创业活动体系，学院将着手从人员设置、物理空间建设两个方面着手，深化改革，实施全过程、全方位、全要素的创新创业教育。2018年，学院将积极筹建浑南众创空间，以浑南众创空间和创业梦工厂为依托，推动浑南校区学生创新创业成果转化和创业企业孵化，实现与浑南锦联产业园区等孵化器有效对接，实现前孵化器作用延伸。

创新是引领发展的第一动力。在"大众创业、万众创新"的爆发期，东北大学的创新创业教育不忘初心、砥砺前行。坚持科普活动"乐中学"、科研训练"做中学"、科技竞赛"竞中学"、创业实践"练中学"的教育理念，以南湖校区科学馆和浑南校区生活中心为依托建成"一院两地"创新创业基地，以相互融合的创新创业教育课程体系和实践体系为依托，以完善的组织制度和监督反馈体系为保障，以创新实践班、创业先锋班、学生创新团队为载体，创新创业学院将继续多渠道设立创新创业基金、多方位构建创新创业基地、多层次引进校外导师，充分利用东北大学校内外资源，为每一名学生提供全过程、全方位、互动型、体验式的创新创业教育、训练、成果孵化与转化平台，全面助力东大学子成长成才。

东北大学的九十五年，是饱经沧桑的九十五年，更是蓬勃发展的九十五年，翘首凝望，她在阳光下前行，在风雨中进步。随着学校九十五华诞的到来，浑南校区四年创新创业活动展现出非凡的活力，就如同学校发展、浑南校区建设的缩影，这里如初春，如朝日，如百卉之萌动，花团锦簇，年轻并有力量。四年的建设中，创新创业学院带领学生科学技术协会、KAB等学生社团和组织，在成长中积累经验，在拼搏中提升校园影响力。展望未来，创新创业学院将继续砥砺前行，以更多喜闻乐见、富有成效的特色创新创业活动，全方位推进浑南校区创新创业人才培养综合改革，争取为浑南校区的蓬勃发展以及全校人才培养质量的提升做出新的、更大的贡献！

团队简介

　　作为开展创新创业教育的主要载体，东北大学创新创业学院下设科普部、项目部、竞赛部、创业部四个部门。经过多年的探索，东北大学创新创业教育取得显著成效，在国内外产生较大的影响。学院先后实施省教改项目2项，获得省教学成果奖2项、校教学成果奖3项，编辑出版学生创新创业书籍5部。学生获科技竞赛国际、国家级奖2287项；发表论文700多篇，被SCI、EI收录120篇；申请国家专利353项；完成科技成果数百项，成功创办学生企业25家。2007年，成为"国家大学生创新性实验计划"首批实施高校之一。2012年底，获批成为全国首批40所科普创作与传播试点高校之一。2013年，被辽宁省科学技术协会授予"辽宁省第八批省级科学技术普及基地"。2014年，被辽宁省教育厅授予"2014年辽宁省普通高等学校大学生实践教育基地"。2015年，被教育部授予"全国高校首批实践育人创新创业基地"。

天使的翅膀：守望与见证

——记浑南校区医务室

每位白衣天使都有一双翅膀，

用来呵护患者，抚慰心灵，守护健康，

用来解除病痛，树立信心，战胜病魔。

浑南校区保健室的医护人员就是这样一群天使，

她们用笑脸和辛勤的劳动，

诉说着大医精诚，大爱无疆的誓言。

2014年，是东北大学综合改革实施的关键一年，

浑南校区的建设牵动着无数人的心。

浑南校区保健室初创，可谓白手起家，

医护人员克服重重困难，

撸起袖子使劲干。

地理位置偏远，交通不便，

大家起早贪黑，不畏路途遥远；

楼外工地施工，漫天沙土，

楼内装修声此起彼伏；

保健室内没有水，

大家就一桶一桶地抬，

医疗设备不完善，

没有药局，不能化验，不能输液。

…………

医护人员不讲条件，不找借口，

在这个"荒芜"的环境下，

硬是把保健室建成了，

成为了新校区的见证者和建设者。

炎热的骄阳隔不断前行的脚步，

凛冽的寒风挡不住救死扶伤的热情。

保健室的医护人员每天都在辛勤地忙碌着，

认真负责，把师生的健康放在第一位，

严格按照医疗程序看病，

仔细接诊每一名患者，

耐心叮嘱患病后的注意事项；

浑南校区的患者以晚间居多，

医护人员会详细记载转诊学生，

联系告知辅导员学生去向，

追踪病情和诊治过程，

她们对工作一丝不苟，

对学生像亲人一样；

保健室专用车护送学生，

不分白天黑夜一趟趟地往返，

转诊着每一名需要的患者。

有时生物钟会颠倒，

有时吃饭都成问题，

有时一上午连一口水都喝不上。

…………

但她们无一句怨言，

想着的还是患者一双双渴望健康的眼睛，

想着的还是如何尽快帮师生恢复。

送一份温暖，

留一手芳香。

她们的工作平凡而伟大，

琐碎而不易，忙碌而自豪。

"你好，保健室吗？

我们有同学晕倒了。"

"你好，保健室吗？

有个同学脚扭伤了。"

"你好，保健室吗？

有个同学心慌气短。"

…………

"我们会立刻过去，请告知位置，

如情况紧急，请同时拨打120。"

她们的身影随处可见，

她们的脚步走遍校园的每一个角落。

常见疾病的诊疗，

传染病的预防和宣传，

突发事件的应对，

她们是全副武装的战士，

在没有硝烟的战场上，

守护着浑南校区师生的健康。

从浑南校区保健室成立到今天的医务室，

学生人数从初期的六千人增加到现在的一万余人，

医务室的工作量和工作强度都明显增加，

平均每天就诊量百余人次，

全年门诊量万余人次。

身肩重担，不辱使命，

临危不惧，有条不紊，

不畏困难，奋力前行，

她们始终牢记希波克拉底誓言，

发扬南丁格尔精神，

用行动诠释着对生命的敬畏，

为健康护航。

团队简介

　　浑南校区医务室由校医院直接管理，全体人员从校医院抽调，目前有医生7人（其中高级职称4人、中级职称3人），护士4人，专用车司机2人。配有门诊常用药物和心电图机、心电除颤仪等急救设备，为浑南校区的全体师生提供内、外科常见疾病门、急诊诊疗服务。

　　浑南校区医务室自2014年成立以来，始终肩负"白衣天使"的崇高使命，恪守全心全意为师生服务的宗旨，本着救死扶伤、治病救人的神圣信念，在浑南校区奉献着自己的青春，以精湛的医术、热情细致的服务赢得了师生的信任和称赞，先后两年荣获校医院的"先进科室"称号。

打造"舌尖上的东大"
贡献学校"双一流"建设

——记浑南校区食堂

题记： 亲爱的同学，每个天色未亮的清晨，你或许还在因为昨夜课业的繁忙而熟睡，而食堂的工人师傅早已起床参加晨检，迎来新一天的辛苦；每个夜色将近的黄昏，当你就餐完毕背起书包前去自习室时，食堂叔叔阿姨们的祝福都会一路相随。起早贪黑，只是每个食堂员工一天的缩影，而这份辛劳与付出对于浑南校区食堂的员工们则更加不易。开荒浑南、全力保障、优质服务，虽说辛苦，浑南食堂的每个人却用自己的努力与汗水，幸福着你的幸福。

峥嵘岁月，艰辛创业，实现从"0"到"1"的跨越

作为2014年首批入驻浑南新校区的延伸性服务单位，浑南校区食堂是新校区各部门、各组织能够正常、有序运行的重要后勤保障之一。本着顾全大局、敢于担当、团结协作的指导思想，后勤服务中心于2013年年底成立了"后勤服务中心领导班子牵头，餐饮中心总体实施"的浑南校区食堂筹建小组，并选拔部分食堂骨干为组员，开始了食堂的整体筹备工作。

筹建小组成立后，中心领导班子立即召开浑南食堂建设启动会，力推建设方案的尽快出台。通过广泛深入的调研，班子成员对浑南校区未来的开餐模式由模糊到日益清晰，逐渐理清了建设思路和发展方向，最终敲定了建设方案，并及时进行招标。在发布招标公示后，以为师生谋取最大利益为原则，科学、认真地选择中标单位，并与中标单位共同开展食堂现场的勘验和

布置。筹备小组对整个食堂1~3楼的环境建设进行细致入微的指导和协助，大到整体环境的装修，小到菜牌、桌椅的摆放、照明灯的选择，都一一把关。在事无巨细、多方联动的合作下，浑南校区食堂初见雏形，连中标单位参与建设的人员也感慨地说："我们承建过许多大学的食堂，也组织过很多重大的建设活动，但从来没有见过像东大一样的从领导班子到食堂员工全体都如此重视整个建设过程，这让我们备受感动，同时也让我们感受到肩上担子的分量，敦促我们以真心来服务东大的师生。"

2014年8月浑南校区食堂就要面世营业，筹备小组按照筹建时间计划安排逐步申请设施设备及厨房餐具用具备品等采购，并紧锣密鼓地开展准备工作。与此同时，食堂开始陆续招募员工，阶段性开展新员工的服务礼仪、安全生产、岗位技能等方面的前期培训工作，培养了一批专业化的高素质服务人员。至当年7月，食堂已开始进入实质性的开灶调试阶段，领导班子多次对协调排烟系统、米饭生产线、冷库、电锅炉、洗碗机等厨房灶具设备，以及餐厅餐桌椅、刷卡机（一卡通系统）、有线电视等其他辅助设施设备进行视察并监督调整后，彻底排除设备安全隐患和故障。8月20日，食堂正式对内试营业，总体工作时间从早四点半到晚七点半，保障假期入驻新校区的工作人员的就餐。在此期间，后勤服务中心结合新校区新食堂的实际情况，从品种制订、设备调试、服务项目、卫生清扫，到每项工作环节的流程衔接，制定了详细而又完善的流程和规定。

"新校区食堂以原南湖校区食堂骨干为主力，逐步克服水、电等困难，对食堂进行开荒保洁。为保障生产设备安全完整，设备进场后，员工轮流值夜班看守设备，白天还要投入到高强度的劳动中去。我们的炊事员任劳任怨，都是最可爱的人！"回望食堂刚刚创建的那段岁月，时任浑南校区食堂主任的王永庆仍忍不住感慨万千。

2014年9月28日，在东北大学餐饮服务史上，是个值得纪念的日子。这一天，浑南校区食堂正式营业。至10月9日，随着第一批本科新生的入校，食堂全方位、多层次地做好餐饮服务保障工作的模式正式开启！开业初期，在菜价不变的情况下，大幅增加菜品投料，严格把关伙食口味，让师生吃得更好，舒缓了师生因搬迁新校区而带来的疲惫与不适应，有力地促进了浑南校区的稳定。

芳华今朝，锐意进取，践行从"1"到"100"的追逐

在多年的改革、探索、实践和发展中，浑南校区食堂紧密围绕学校的长远规划和后勤服务中心改革与发展的整体战略，始终秉承"锐意进取、勇于担当、干在实处"的后勤精神和"为师生服务，让师生满意"的服务理念，注重管理理念创新、管理机制创新、服务手段创新、发展思路创新，经过不断探索，积累了成熟的管理和服务经验，以科学化、规范化、标准化、精细化为目标，不断提升管理服务品质和水平，提高师生就餐体验，为学校教学、科研、生活提供了有力的饮食保障。

随着新校区的不断发展和建设，特别是就餐人数的不断增加，食堂在就餐环境、风味品种等方面逐步进行调整与提升。2015年初，食堂增设了学府餐厅（中餐区），同时在二楼窗口增加部分风味品种的售卖，并延长了开餐时间，以满足晚课师生的实际需求。2016年8月，食堂将教工餐厅迁至三楼南部，同时补充桌椅开放了食堂三楼区域，增设风味窗口，以缓解软件学院、计算机科学与工程学院等学院入住后的就餐压力。2017年暑期，餐饮管理服务中心对食堂教工餐厅、学府餐厅等区域进行了整体装修改造，于9月初在二楼开设了学府餐厅（火锅区），不断改善与提升师生的就餐体验。

食堂在服务创新上不断追求突破。四年来，浑南校区食堂将稳定求实的精神与开拓创新的理念不断结合，逐步提升管理与服务水平。通过校团委学生会、浑南校区自管会、志愿者协会等学生组织，多次组织开展学生代表参观后厨、参观采购、面对面座谈等活动。通过与同学们的互动，增进了同学们对食堂工作的理解，让他们吃的安心、放心、舒心。随着"浑南校区餐饮服务QQ群"网络交流平台的建立，线上第一时间收到师生各类建议和意见

的同时，也将食堂的各项通知与变化及时告知师生。

　　遥望远方，浑南校区三期规划的新食堂（浑南校区学生中心）已开始动工建设。建成后，浑南校区食堂将引进更加先进的就餐服务平台以及西餐厅、咖啡厅等新餐饮类型，让"舌尖上的东大"成为师生幸福工作生活的源泉，后勤服务中心浑南校区食堂全体员工愿为学校"双一流"建设贡献东大餐饮人的一份力量，与全校师生共同努力，开创学校更加灿烂美好的明天！

团队简介

　　东北大学浑南校区食堂位于浑南校区学生生活服务中心，隶属东北大学后勤服务中心餐饮管理服务中心管理，是浑南校区内目前唯一的餐饮服务单位。食堂共分为基本伙食区、学府餐厅（中餐区和火锅店）、风味档口区、教工餐厅及清真（回民）食堂等经营区域。食堂总建筑面积为13000平方米，座位数为3100余个，现有员工220余人，负责浑南校区13000余名师生的餐饮服务保障工作。

让拓荒精神涌动新区建设与合作发展的洪流

——记辽宁龙源物业浑南校区项目团队

辽宁龙源物业团队作为东北大学浑南校区的合作单位，为浑南校区从投入使用至今的运行和发展做出了杰出的贡献。四年的时间，记录了龙源与东大相知相携、共荣共进的点点滴滴。向东北大学致敬，向浑南校区致敬，向长期以来与东大携手并进、为浑南校区建设做出杰出贡献的辽宁龙源物业团队的各位工作人员致敬。

同气连枝，龙源融入东大后勤社会化改革大动脉

2014年6月，东北大学浑南校区运行保障与服务项目公开招标，东大迈出了后勤社会化改革的第一步。辽宁龙源物业将一流的资质、专业化的管理融合展现在投标文件中，最终在四家投标单位中脱颖而出。2014年9月1日，浑南校区运行保障与服务项目签约仪式在东北大学汉卿会堂举行。东北大学副校长孙雷、时任校长助理兼浑南校区管理委员会主任王义秋、辽宁龙源教育产业投资管理集团有限公司董事长赵晓军、时任龙源物业总经理代大鹏出席了签约仪式，双方签署了《东北大学浑南校区运行保障与服务委托合同》。至此，龙源融入东大后勤社会化改革大动脉，彼此同气连枝，和衷共济。

迎难而上，艰苦作业，力保浑南校区顺利启用

浑南校区属新启用校园，龙源物业团队在进驻时，施工还未完成，绿化还没有形成。7栋楼宇共计29万平方米的保洁工作，时间紧、任务急。龙源

物业必须保证9月27日学生能够如期进驻，10月8日教学楼能够如期投入使用。面对困难，龙源物业项目组合作开荒，分头行动。为了确保完成任务，项目组召开大小30余次会议，龙源物业赵晓军董事长多次到现场部署工作，拟定了多项方案及应急预案。

迎难而上，执着攻坚，恰是龙源人的品行与作风。

举全集团之力完成开荒，迎学生入住。龙源集团领导在了解了项目组的实际困难、计算了工期、制定了保障措施后，马上组织全集团能够调动的所有力量，进行了共计450余人2000人次的支援工作。

支援队伍中的人员有来自沈阳农业大学项目的，有来自沈阳航空航天大学项目的，更有来自抚顺、本溪、鞍山、营口等地的；那一个个带着口罩、双手拿着拖布、满头大汗的，有项目组的保洁员、维修工，更有龙源集团各级公司的业务主管、经理，甚至是总经理。

10月已过，东北的秋风为低温的大地又添上了一层寒冷，而洋溢在项目组员工脸上的，却是溢于言表的温暖和快乐。他们正围在一起，讲述着今天工作时的趣事。一位老大姐说道："别看我的工作服脏了点，今天有好几个同学礼貌地和我问好，东北大学的孩子就是不一样！"一位年轻人说："我小时候学习不好，没考上好大学，现在能在东大工作，且乐着呢，我可得看管好咱们东大的资产！"

为了节省时间赶工期，家在抚顺的项目经理王东曾连续40天没有回家，只通过电话安抚幼小的女儿；外保洁员张文振365天全年无休，将自己全部精力奉献给岗位，奉献给浑南校区的校园，人称"保时洁师傅"；一支由7人组成的特清队伍，面对粪池堵塞情况，接连作业三天三夜……

群之所为事无不成，众之所举业无不胜。就这样，辽宁龙源物业团队与东北大学在几经磨难之下、在坚定的信念中，迎难而上，百炼成钢，这种"拓荒精神"，也在后续的校企合作、服务育人当中得到了延伸与拓展。

只争朝夕，精诚服务，让学生乐学、让教师乐业

为了和同学们尽快融入到一起，项目组联合相关部门频繁组织活动，一方面提升员工素质，更好地为师生服务，一方面加强与同学们的交流，让沟通更为及时顺畅。

在工作中，龙源物业员工秉持"服务育人"的理念，在以身作则的同时，积极引导同学们树立正确的世界观、人生观和价值观。公寓管理员更是用"妈妈的呵护"给予离家的学子家一般的温暖。哪位同学病了，阿姨亲自做饭、耐心陪护；哪位同学衣服破了，阿姨们献上自己的针线绝活儿；哪位同学受到挫折情绪不稳定，阿姨细心抚慰、关怀。

2015年11月15日，浑南校区学生自管会与辽宁龙源物业携手举办了第一届"最美宿管阿姨"评选活动。本次活动宣传了宿管阿姨的优秀事迹，树立了先进榜样，带动提高了各宿管员的工作积极性和责任感，使她们能够更好地服务同学，同时表达了同学们对宿管阿姨平日工作的肯定和感谢。

筑梦同行，书写"自强不息，知行合一"新时代内涵

"自强不息，知行合一"是东北大学的校训，是东大师生薪火相传的信念与理想。东大的校训精神不断汲取时代进步的养料，东大与龙源携手同行的风雨征程，赋予了校训新时代的内涵。

2015—2017年，研究生志愿者团的同学们与项目组协同发起"学以致用，感恩社会"义务家教活动。"学霸"志愿者利用自己突出的专业特长，给龙源物业的叔叔阿姨们的孩子补课。活动既丰富了学生的课余生活及社会实践工作，同时也让龙源物业团队员工心生感激，为在东北大学工作感到光荣，最重要的是，将东大与龙源更加紧密地连接在一起。

2016年5月9日，由东北大学、辽宁龙源集团及其他几所高校共同参与起草的国内首部《高等学校学生公寓社会化服务》地方标准在辽宁省发布，并在2017年上升为国家标准。东大与龙源的经验，将会在更多高校得到广泛推广与应用。

2016年12月，辽宁省物业学会授予辽宁龙源物业东北大学项目组"2016年年度先进单位"称号，这不仅是龙源的骄傲，更是东北大学的荣誉。

从"知行合一"到"学以致用"、从"自强不息"到"生生不息"，东大与龙源携手用爱浇灌祖国的花朵，用爱托起生命的太阳。

2017年11月11日，我校浑南校区图书馆开馆揭牌仪式隆重举行，龙源物业团队继续为图书馆提供保障服务。

2018年4月，东北大学工商管理学院刘童玲同学撰写文章《龙在其源深似海》，表达了对龙源服务人员的感激之情。文中写道："听着亲切的话语，看着阿姨转身离开，眼泪不由自主地流了下来，让我在他乡感受到了妈妈的呵护""家的温暖，让我们孤单的心有了寄托和依靠"。字里行间，流淌着同学们与龙源物业团队之间深厚的感情。

龙源团队的"拓荒精神"是"逢山开路、排除万难、风雨无阻、昼夜兼程"的精神，是龙源企业理念"忠诚、执着、务实、奋进"的现实体现，同时也是东北大学"自强不息，知行合一"精神的体现。它汇聚起磅礴的力量，涌动浑南校区建设与校企合作发展的洪流，催人奋进，久久为功。

团队简介

辽宁龙源自2000年进入高校后勤服务领域，一直是高校后勤社会化改革的参与者、践行者和受益者。龙源物业公司始终秉承"永恒追求客户满意，用心创造客户感动"的服务理念，以优质的服务为广大师生提供安全、舒适、洁净的学习和生活环境。现服务于包括东北大学浑南校区、北京交通大学、北京师范大学、辽宁科技大学等25所大学及中高级职业学校。服务项目包括园区物业、学生(教师)公寓、教学、办公楼宇、图书馆、体育场馆、学生食堂、校园超市、学府酒店等，服务学生总人数超过20万人。

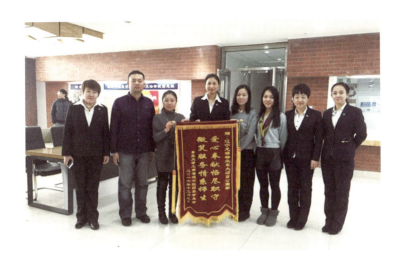

同心聚合力，携手扬新帆

——记新宇物业浑南校区项目团队

步入东北大学浑南校区，映入眼帘是发展中的新校区一派忙碌的建设景象，但是校园物业管理并未因此受到大的影响，在校区管委会、各部门、各学院的领导和支持下，在新宇物业全体同人的努力下，整个校区呈现出安全稳定、和谐美丽的景致，充分体现了建设与管理、人与环境和谐共存的理念！2017年8月，新宇物业进驻东北大学浑南校区，历经9个月的时间，他们用热情、细致、周到的服务及专业化、标准化、精细化的管理，逐步赢得了学校和广大师生的肯定。

携手：新宇牵手东大，合作再创新篇

2017年7月，新宇物业与东北大学再度牵手，新宇物业中标东北大学浑南校区综合服务项目，浑南校区投入使用的建筑面积为33.85万平方米，服务师生人数为13000余人，包括教学楼管理、学生公寓管理、工程管理、环境管理等。为了满足新老物业交接、迎接新生入校、新教学楼开荒等一系列的工作需求，新宇物业快速进驻，平稳过渡，在体现新宇集团标准化和制度化的基础上，根据学校需求提供优质的物业服务。在校方领导充分信任、各方全力配合的基础上，仅仅11天的时间就完成了从项目逐步交接到全面接管并顺利运行的良好开端。

安全：加强安全管理，共建平安校园

建设平安校园，责任重于泰山。安全工作是所有工作的重中之重，围绕

"安全"的主题，他们首先进行了安全制度汇编工作，从项目部及部门安全组织架构到单体楼宇安全小组，从设施设备的安全运行规程到日常安全作业流程等进行了全面的梳理和构建。在校区管委会的领导下，率先实行了网格化管理，并签订了安全责任书，坚持"横向到边、纵向到底、纵横交错、全面覆盖"的原则，实现校区安全网格化管理无死角，所有设施设备及楼宇实现网格化责任人公示。按照各层级、岗位、工种与员工签订安全责任书，通过日检、周检、月检、节前安全检查及专项检查等，发现安全隐患限期整改落实，形成安全工作处处有人管、事事有人管的工作格局。同时，新宇物业加强消防安全教育及培训，提高员工的安全责任意识。为避免事故发生，消除安全隐患，项目部根据突发事件的种类制定了包括消防安全、治安安全、群体性事件、停水停电、电梯故障等在内的各项应急预案，并加强日常的培训和演练，提高快速反应、正确处置的应急保障能力。

深耕：加强日常管理，服务全面升级

新宇物业在日常管理过程中，根据投标文件、合同和体系文件，结合浑南项目的实际管理，编制浑南项目运行手册，并在各个业务模块推行标准化、专业化、精细化管理。

平日里大家看到的工程部的师傅们总是匆忙地在校园里穿梭，从不停歇。为保证新校区师生正常的教学和生活，他们兢兢业业，尽心尽力，确保水电暖等设施设备正常运行，他们每一次巡查都一丝不苟，每一次操作都严守规程，每一次维修都快速高效。除了保障开闭站、变电所、能源动力中心、二次加压供水和锅炉房等重点设备正常运行外，还对许多遗留问题进行了处理，并将日常管理的制度及操作规程等收录于项目运行手册，为公司和学校以后处理此类故障提供了宝贵的经验。

本着从心出发、爱在东大公寓的原则，公寓部的每一名楼长、管理员都像妈妈般地关爱同学们。同学因为学业忘记吃饭时，阿姨们为孩子们加热食物；女同学肚子疼时阿姨们送来红糖水；男同学衣物破烂时阿姨们亲手缝补衣物；同学受伤行动不便时阿姨们帮忙租借轮椅并护送。阿姨们不仅是公寓的守护神，更是孩子们的守护神。宿管阿姨们不只在日常生活中无微不至地照顾同学们，还兼着心理咨询师的职能，孩子们不愿意和老师家长说的事，却倾诉给了阿姨们，阿姨们是他们最好的倾听者和劝慰者。关心、关爱学生不仅是理念，更化为日常的行为，阿姨们贴心周到的服务让东大的莘莘学子感受到大家庭的温暖。

在日常值班服务方面，新宇物业秉持专业化、标准化、精细化的管理目标，从员工培训着手，以服务礼仪为重点，确立员工服务至上的工作理念，保证楼宇内秩序井然。问境哪得净如许，唯有阿姨勤打扫。在环境管理方面，为给师生提供一个干净整洁的校园环境，项目部给每一位保洁员都进行了责任划分，不留卫生死角。迎着第一缕朝阳，送走最后一道晚霞，一年四季、春夏秋冬，校园的每一个角落都留下保洁员的身影和脚步，他们用辛勤的劳动和汗水为师生换来干净整洁美丽的校园！

不忘初心，行稳致远，不负韶华，在未来的日子里新宇物业将携手东北大学浑南校区全体师生，以"全员育人，全过程育人，全方位育人"的理念，以"顾客接受、顾客满意、顾客感动"的服务境界，以"专业化、标准化、精细化"的管理目标，秉承顾客至上、服务至上的工作理念，共同为建设"双一流"大学而努力。

团队简介

新宇物业东大浑南项目部成立于2017年8月，是浙大新宇物业在沈阳的分支机构，浙大新宇物业是浙江大学在高校后勤社会化改革过程中发展起来的一家高校后勤服务企业。他从学校中来，到学校中去，知学校、懂学校，致力于成为中国校园后勤综合服务提供商。项目部聘用员工260余人，其中有管理人员25人，操作类水、电、暖技术工人24人，公司部门经理以上管理人员均取得物业管理资格证书，高级管理人员经过了严格的专业培训，具有多年物业服务管理工作经验。项目部以专业立足服务，以服务树立品牌，以创新与时俱进，以奉献永为标杆，与东北大学浑南校区携手共创美好未来。

高山仰止，景行行止

——记文法学院党委书记张雷教授

如果你在他的课堂上，常常会听见他朗诵一段经典，声音结实而通透，听着如沐春风；如果你上过他的课，就会发现他讲课引经据典，信手拈来，文学功底十分深厚；如果你想去旁听他的课，就要提前去占座，因为他的课堂总是座无虚席。

他就是东北大学文法学院的张雷教授，一位始终秉承着老庄哲学"大丈夫处其厚，不居其薄；处其实，不居其华"的师者。已过不惑之年的张教授，在三尺讲台上讲授的不仅仅是知识，更是人生的智慧。

真诚为师，梦想成真

张雷教授在他的博客里这样写道："做教师真是一个很幸福的职业！中学开始，我对成为一名小学老师充满期望，甚至希望成为一名山村教师，躲在深山中，教孩子们语文课。我甚至幻想着我的学校应该是在一片茂密的森林中，到处盛开着美丽的鲜花，然后我在土坯垒成的教室里，给我的学生讲周濂溪的《陋室铭》。"

而从东北工学院毕业后，作为文法学院（那时候文法学院还叫社会科学系）的第一批毕业生，张雷被选中，成为政教教研室的一名助教。于是，他留在了他热爱的黑土地上，从此开始了自己的大学教师生涯。

他在文科教学方面思想独到。在张雷看来，文科教学不能仅仅是知识性的描述，应该是教会学生思维方法、新的理念。他一直在努力培养学生独立思考的能力，"其实网络时代获取知识易如反掌，上网络上搜索一下你就很快成为某一学科的小专家，但是你要有自己的思想，这却不是网络能够完全完成的。大学教育就是应该培养学生独立思考的能力，从中小学生背书，到大学怀疑书中的知识，到读研究生能够独立创造一小部分知识，我认为这应该是教育的三部曲。"

他对待学生认真严谨，在愉快活泼的课堂氛围下，是张雷教授一丝不苟的传道精神。他说："作为教师是很光荣的事情，但也意味着责任，这个职业是值得敬畏的。"从教二十余年，张雷始终坚持教师对一个青年人的影响是十分巨大的，甚至可能一句话就会影响学生的一生。他讲课总是坚持谨慎的风格，就如同"使民如承大祭，出门如见大宾"。他不仅用渊博的知识传道、授业、解惑，更善于启发学生思考，善于引导学生发现做人的道理，润物细无声，他的一言一行都对学生有着潜移默化的影响。

严谨治学，不断求索

张雷教授主要从事政治学理论方面的教学与研究工作，讲授政治学原理、中国传统文化概论、西方政治思想史、比较政治制度、社会思潮与青年教育、中外文化比较、政治管理等多门本科生、研究生课程。

张雷教授在学术领域可谓硕果累累。他的主要学术研究方向为政治学理论，相关研究领域包含网络政治学、政治管理学。他著有《政治学原理》《政治学》《虚拟技术的政治价值论》等一系列研究著作。在《政治学研究》《自然辩证法研究》《中山大学学报》等期刊发表学术论文40余篇。作为项目负责人承担了国家社科基金、国家民政部、辽宁社科基金、中共辽宁省委组织部、辽宁省科技厅、沈阳市科技局等20余项科研课题。

在做学问的时候，张雷还有一个秘诀，就是不仅局限于专业范围内，在他的课程体系内，还包括中国传统文化概论、老子的人生哲学等其他门类的课程。"这些往往看起来和政治学无关的事情，实际上却有着很密切的关系。"他研究建筑，研究茶艺，研究老子的《道德经》，从中发现与建筑有关的有趣的现象，并且乐于将这些东西讲给他的学生们。在张雷看来，人文社会科学的教师应该有更开阔的视野和更广阔的学术内涵，这样才能凝结成精华，讲述给同学。"当你发现一件事是很有乐趣的时候，就会乐在其中，并且就有将这种乐趣与大家分享的欲望，这个时候就会把一门看起来很枯燥的课程讲得生动有趣。"

领域专家，国家智囊

在思想引领层面，张雷书记带头成立了辽宁社区干部学院和中组部全国党员教育培训示范基地，该基地在全国仅有10家，在高校仅有1家。而在重要文件起草和咨询方面，他参与了国务院参事室与民政部联合开展的《中华人民共和国城市居民委员会组织法》修订调研和论证工作；中共中央办公厅、国务院办公厅《关于加强乡镇政府服务能力建设的意见》（中办发〔2017〕11号）文件的政策咨询工作；中共中央、国务院《关于加强和完善城乡社区治理的意见》（中发〔2017〕13号）文件的政策咨询工作，这也是东北大学学者第一次参与中央级国家文件的起草工作。在全国社区治理创新的评估评价方面，张雷教授作为负责人带领团队，承担了对山西省、陕西省、甘肃省、青海省、宁夏回族自治区全国和谐社区建设示范单位评估工作，承担了对第一批（2015年）、第二批（2016年）全国社区治理和服务创新试验区的验收工作及第三批（2017年）全国社区治理和服务创新试验区的中期评估工作，承担了辽宁省、黑龙江省、内蒙古自治区、新疆维吾尔自治区"全国农村社区建设示范单位"基础评价工作，以及天津市、安徽省、福建省、贵州省、宁夏回族自治区、西藏自治区"全国农村社区建设示范单位"的验收评估工作。

在科研成果转化方面，张雷书记在2014年东北大学城乡社区建设研究院总结的"还权、赋能、归位"的沈阳市沈河区社区治理经验，成为当年全国城乡社区治理十大创新成果。研究院撰写出版的沈阳市沈河区、泰安市泰山区社区治理经验被民政部推广到全国学习，推动了全国和地方基层政权和社区建设的实践创新，指导了全国和地方社区工作的顺利开展，取得了良好的社会效益和社会声誉，扩大了东北大学哲学社会科学研究成果的学术影响力。

珍惜当下，热爱生活

二十年前的张雷教授在大学期间一直担任学校广播站的播音员，于是到广播电台成为一名感动万千听众的播音员就成了他的一个梦想。有一天，已经成为大学教师的他在收音机里听到要成立一个新的文艺广播电台，正招聘业余节目主持人，就毫不犹豫地报了名。考试那天才知道有将近一千人和他一样有着同一个梦想。幸运的是，经过激烈的角逐，他最后留了下来。虽然那时候业余主持人工资很低，每个工作小时只能得到10元钱报酬，但是对他来说更重要的是有机会让自己的声音通过立体声广播传递到千家万户。他说："当我第一次在话筒前说出'各位听友大家好，我是主持人张雷'的时候，梦想起飞的感觉是那么美好！"

后来，他从"95.9"走出来，去了辽宁电视台、沈阳电视台担任文化类的节目主持人。再后来由于担任了东北大学文法学院的领导，他无暇再去兼职做节目主持人了。但他仍然会在各种值得纪念的时刻，为文法学院的学子们深情地朗诵一首，亦或是一个人时，面对美丽的风景，用朗诵抒发内心的激情……

很多人能以自己的力量去改变这个世界，而教师却能让更多的人去改变世界。张雷教授介绍过一本意大利教育家亚米契斯的《爱的教育》，里面提到素质教育其实就是爱的教育，是对祖国、父母、师长、朋友的真挚的爱，爱是教育的根本。而张雷在这二十年的执教过程中，用自己的爱赢得了学生的尊敬，也用爱不断丰富自己的灵魂，现如今，他的人生已经和教师这一职业分不开了。

聚
力
与筑
梦

JULI YU ZHUMENG

——东北大学师生建设浑南校区七年心路历程

人物简介

　　张雷，男，中共党员，教授，博士生导师，现任东北大学文法学院党委书记、东北大学跨文化战略研究院院长，兼任辽宁社区干部学院副院长、民政部全国基层政权和城乡社区建设专家委员会委员、中国政治学会常务理事。主要从事政治学、公共管理、城乡社区治理领域的教学与研究工作。

数朵花开，酿得香来

——记马克思主义学院院长田鹏颖教授

一个人行色匆匆地走在路上时，他是过客。一个人迫不及待地将钥匙插入家门的锁孔时，他是归者。一次次的心跳在生活的键盘上敲下不同的剧本，不是每个人都能成功地扮演每个角色，但是却有人能赋予多种身份其独有的灵魂。田鹏颖，国家"万人计划"哲学社会科学领军人才，国务院政府特殊津贴获得者，淋漓尽致地演绎着属于他的每一个角色。

华丽的外裳掩盖不住一颗澄澈初心

田鹏颖是中共中央宣传部"全国文化名家暨'四个一批'人才工程"人才，是教育部高等学校思想政治理论课教育教学指导委员会"概论"课教学指导委员会委员，但当他推开教室的门，迈步踏上讲台，抬头望向课桌前的学生时，他始终只把自己当作一名"教员"，始终把教书育人作为"天职"。每学期他都坚持给各个阶段的学生上课，把貌似枯燥的思想政治理论课讲得深刻、生动、鲜活，极具说服力和感染力。在他的课堂上，学生们从来抵挡不住理论的"诱惑"，就像有一缕拂过花海又掠过小溪的风就停留在身旁，令人惬意。在田鹏颖的一言一语里，马克思变得不再遥不可及、难以捉摸，思想政治理论课也显现出它独特的魅力来。

让学生们从思想政治理论课中主动地汲取知识并不是一件易事，为了还原思想政治理论课应有的风采，田鹏颖不倦地学习、研究和思考。针对长期以来高校思想政治理论课教学中存在的"满堂讲""满堂灌"的现象，他认为，思想政治理论课教学要因事而化、因时而进、因势而新，主张改长期以来的演绎推理方法为归纳推理方法，改长期以来的从原理、范畴出发为从"真问题"出发，改长期以来"因为教所以学"为"因为学而设计教"，从而倡导创立了"问题导向、经典品读、学理优先、课堂育人"的教育教学模式。该教学模式入选了教育部2015年"中国高等教育10大关键词"。在这样的教育教学理念的引导下，他带头创立的"思想政治理论课经典品读教学方法实践"入选辽宁省高校思想政治理论课教学方法改革项目"择优推广计划"，也广受学生们的欢迎。

而走下讲台的田鹏颖，伴着下课铃的余音，将身影契合地融入到学生中间。没有了距离的隔阂，他们是相熟的朋友，是相识已久的老友。为搭建与学生顺畅沟通的思想教育平台，他先后与30多名大学生保持"热线"联系，经常利用电话、邮件、短信、微信等方式与学生沟通。2015年秋季学期，一名学生课间向田鹏颖指出其在课堂教学中由于口误说错了一位19世纪英国思想家的名字，田鹏颖回家后认真查找文献，及时更正，并通过电话与这名提出质疑的学生进行了沟通、说明、解释，并说："你是我的一字之师"。他经常利用业余时间到学生宿舍走访，利用寒暑假对贫困大学生进行家访，了解学生的需求，帮助学生规划发展方向，为学生解疑释惑，深受学生尊敬和爱戴。

匆匆的步履扰乱不了一抹学者风范

作为一位杰出的高校教育工作者，田鹏颖深以为自己的职责不仅是要做好一名教师，更要致力于发挥学者作用，以自己所知、所学、所信服务党和国家事业发展。他带头搞科研，创立马克思主义社会工程哲学，在国家哲学社会科学顶级期刊《中国社会科学》独立发表3篇学术力作，在《哲学研究》《马克思主义研究》《人民日报》《光明日报》等发表学术论文近300篇，主持国家社会科学基金等各类项目20多项。

在国家实施东北地区老工业基地振兴战略的背景下，他主持申报"东北

（辽宁）老工业基地"劳模文化"史料编纂及当代价值研究"项目，并获批2015年度国家社科基金重大项目。该项目是2015年度辽宁省获批的唯一一项国家社科基金重大项目，也是东北大学建校以来获批的第一项国家社科基金重大项目。依托该项目，田鹏颖所在的东北大学，参与发起并作为首批劳模文化研究联盟单位，加盟了由中华全国总工会牵头的全国劳模文化研究联盟。同时，以该重大项目阶段性成果，在国家重要期刊发表学术文章20多篇，《劳模文化哲学论纲》已经问世，《东北劳模志》（辽宁卷）（吉林卷）（黑龙江卷）即将出版。这个项目的意义不仅是针对田鹏颖本人而言的，也不单单止于东北大学，最重要的是，它提升了辽宁省哲学社会科学学术的影响力，更为辽宁老工业基地新一轮的振兴增强了精神力量。

理论和实践两手抓的田鹏颖，除了在学术研究上夜以继日贡献着自己的力量，还积极投身理论宣讲，传播习近平新时代中国特色社会主义思想。2018年4月27日，他应中宣部之约，在鞍钢宣讲社会主义核心价值观百场讲坛的第七十场，现场及网上关注者达300多万人次，中央电视台的《新闻联播》节目进行了播报，产生了很好的社会影响。作为党的十八大精神中共辽宁省委宣讲团成员，他积极宣传党的十八大精神，特别是十九大精神，紧紧围绕习近平新时代中国特色社会主义思想等数十个专题，精心备课，不辞辛劳，不计报酬，深入机关、党校、行政学院、部队、村镇、社区宣讲近百场。同时，田鹏颖在"辽海讲坛"平台义务讲座近百场，受到广大干部群众的高度评价。

蜿蜒的前路卸不下一个领头人的担当

作为东北大学马克思主义学院的院长，面对建设全国重点马克思主义学院的艰巨任务，田鹏颖没有丝毫踌躇，迎难而上、积极谋划、统筹安排。他主张教师不仅要备好课、讲好课，更要从未来着眼，静心、潜心于学术研究，深入探究理论，有力支撑教学活动的开展，从教学型跃升为教学科研型。他最常说的是，要以"非对称"、超常规思维，敢于担当，埋头苦干、不辱使命，牢牢把握21世纪中国马克思主义话语权，使东北大学马克思主义理论学科迅速崛起，使东北大学马克思主义学院成为领航学院。

田鹏颖深知，学院的长足发展离不开一个强有力的团队的支撑，他着力加强团队建设，尤其是不断加大对青年教师的培养和扶植力度，整合现有教师资源，组建基础理论研究、明星理论宣讲、政策咨询建设、合作培训共建"四大团队"，使每名教师各展所长、各得其所、各有所为、各尽所能、各司其职，努力冲击全国重点马克思主义学院建设。

在他的带领下，近年来，学院教师获批国家社科基金项目5项，教育部人文社科项目6项，省社科基金等其他项目近百项；在《中国社会科学》发表论文5篇，各类高端学术论文200多篇。学院尤其重视青年才俊的健康成长，资助青年教师参加高水平的培训学习活动，提升青年教师科研教学能力；把院内定期的学术论坛与举办全国学术会议和培训有机结合起来，以及锻炼青年教师的学术研究能力。

选择学科方向，凝练学科特色，优化资源配置，打造学术成果，在他的精心设计和带领下，2017年底，国务院学位委员会授予了东北大学马克思主义理论一级学科博士学位授权，东北大学马克思主义学院获批"辽宁省示范马克思主义学院"，为申报全国重点马克思主义学院奠定了良好的基础，标志着东北大学马克思主义学院发展进入了新时代。

人物简介

田鹏颖，中共党员，哲学博士，二级教授，博士生导师，东北大学马克思主义学院院长；国家"万人计划"哲学社会科学领军人才，国务院政府特殊津贴专家，中共中央宣传部文化名家暨"四个一批"人才，教育部高等学校思想政治理论课教育教学指导委员会"概论"课教学指导委员会委员，全国高校思想政治理论影响力"标兵人物"。主持国家社会科学基金重大项目——"东北（辽宁）老工业基地'劳模文化'史料编纂及当代价值研究"，主持国家社会科学基金一般项目以及教育部和辽宁省社会科学基金项目等20余项。在《中国社会科学》《人民日报》等公开发表学术论文近300余篇，出版学术专著20余部。

任凭风来，初心不改

——记工商管理学院樊治平教授

先生，先生，达者为先，师者之意。古时候，这是对三尺讲坛之上教书人的称谓。如今，有另外两个字继承了"先生"的意思，也承袭了"先生"的责任——老师。这两个字不少人日日喊，时时念，挂在嘴边已十分熟悉。他们从父母手中接过年幼孩子的手，牢牢握住；他们扯着几近沙哑的喉咙，一遍又一遍重复着必考的知识点；他们严格却又慈爱地对待学生，亲手在学生前进的道路旁刻下方向的箭头。人们向老师表达最真诚的敬意，赋予"老师"最崇高的内涵，而樊治平教授将这种内涵诠释得淋漓尽致，他用精深的学术造诣、独特的人格魅力和对学生的爱，帮助学生越行越远，步履铿锵。

有北极星闪烁的夜晚，就不会迷失方向

2012年9月初，樊治平走进信息管理与信息系统专业2012级1班，开启了长达4年的班导师生涯。

谈起在繁重的科研、教学、管理工作之余，仍要求担任班导师的初衷，樊治平表示："大学是学生成长成才最重要的黄金时代，学生们从紧张的高中来到学习氛围相对宽松的大学，要完成从知识接收者向自主学习者的转变，这就需要老师加以引导。"

由于很多刚刚踏入大学的学生对自己报考的专业只是一知半解，樊治平首先指导学生了解本学科、本专业的发展方向，专业的知识结构体系和各科课程之间的相互关系，并多次召开班会，与同学们谈心，了解他们的兴趣，鼓励他们为自己设定人生目标。"学生要善于规划和决策，越早确立自己的

奋斗目标，破除茫然不知所措的困境，就能比别人更早获得成功。"樊治平说。大一的第一次班会上，樊治平的讲话给班长黄淳勇留下了十分深刻的印象："樊老师告诉我们，进入大学后，就要想自己毕业了究竟要做什么，从大一就要为自己的毕业前途做规划。"他还组织学习经验交流会，请优秀研究生做主题报告，帮助学生寻找、确立、追逐自己的目标。

整个大一期间，樊治平都狠抓学生的英语和数学学习。在他看来，这两科是学生能够行稳致远的根基。他从晚自习入手，认真督促每一名学生保证学习时间，不因大学令人眼花缭乱的多彩生活而迷失了方向，荒废了主业。

郭玉鑫同学对樊治平老师的付出记忆犹新："樊老师经常会抽出时间专门了解班里学生的近况，包括生活中的问题，思想上的波动，学习上的困难，一旦发现了，就立刻通过各种方式帮助学生解决问题。"

有大师雕琢的细节，画作就各具魅力

樊治平最注重对学生思维能力、独立思考能力的训练。"企业之所以会乐于选用名校的学生，最重要的原因是这些学生具有较强的思维能力和开阔的视野。"樊治平还特意分享了关于思维能力差异的一个小故事："几年前，学院让MBA学员设计东北大学工商管理学院MBA的LOGO，大多学员只是在东北大学LOGO的基础上做些改进设计，而思维能力较强的个别学员则会先收集世界知名大学商学院MBA的LOGO设计方案，做出分析，然后动手设计，视角和思维能力的差异可见一斑，所以我们必须把力气下到思维方式的培养上。"

与华为技术有限公司签订了就业协议的张梦宇同学对樊治平老师充满了感激之情："还记得樊老师为我们讲授有关他和他的团队运用知识管理的相关理论，为宝钢集团研发岗位知识推送系统，为中国人寿保险沈阳分公司开发战略管理系统，这些成果让我对自己专业的前景充满了信心。"

有遮风避雨的屋檐，泥泞路上就不难前行

樊治平鼓励同学们刻苦学习，继续深造，在学术上奋勇拼搏，闯出自己的一片天。"学生在考研时多数爱考更高层次的院校，我鼓励他们追求自己梦想的同时，更支持他们留在东北大学，在自己熟悉的土壤里继续茁壮成长。作为一名东大人，我希望能为东北大学更多优秀人才的培养创造一些条件。"

已考入东北大学读研的韩宏伟同学一直记得，在大四伊始的班会上，樊老师在班会上对同学们考研和就业遇到的问题进行细致的解答，并给予大家具体的指导："考研的学生，要学会抓住重点，训练自己薄弱的环节；找工作不要太在意薪资，要更多地考虑能否通过这份工作提升自己，让自己学到一些东西，这才是关键。"

2016年毕业季，由樊治平教授担任班导师的工商管理学院信息管理与信息系统专业2012级1班捷报频传：全班29名学生中，有15人到南京大学、哈尔滨工业大学、国防科技大学、大连理工大学等高校继续深造或留学海外，有11人与华为技术有限公司、国家电网有限公司等著名企业签订了就业协议，开启了学以致用的生涯。4年里，同学们忘不了樊治平教授涤荡大家心灵的和风细雨般的话语，更忘不了他鼓起大家勇气、点亮同学们人生的指引。

樊治平教授不仅在本科生班导师工作上取得优异的成绩，而且在他的高标准、严要求下，他指导的博士研究生王欣荣、冯博的毕业论文分别于2004年和2010年荣获辽宁省优秀博士学位论文。至今，在樊治平教授培养的研究生中，有10多人在上海交通大学、北京航空航天大学、西安交通大学、苏州大学等国内重点大学工作，其中，1人入选国家"万人计划"青年拔尖人才，1人获得国家优秀青年科学基金，3人入选教育部新世纪优秀人才，3人入选辽宁省百千万人才工程"百人层次"，1人入选辽宁省教学名师，4人入选辽宁省高等学校优秀青年骨干教师。先后有20人35次获得国家自然科

学基金和国家社会科学基金项目，有4人在美国、加拿大、欧洲等海外知名大学做教师并在管理科学领域国际顶级期刊上发表过论文。此外，有10多人在宝钢、华为、TCL、中国人保等大中型企业重要岗位上工作。

在樊治平的眼中，培养人才是令自己最有成就感的一项工作。"只有高水平的科研才能支撑高水平的教学和高质量的人才培养。东北大学作为研究型大学，必须做到把科研成果充实到教学中，以科研为导向加大人才培养力度。"

人物简介

樊治平，长江学者，国家杰出青年科学基金获得者，教育部"高校青年教师奖"获得者，享受国务院政府特殊津贴。现任东北大学工商管理学院副院长，管理科学与工程学科首席学科带头人，二级教授、博士生导师。主要研究方向：管理决策分析、运作管理、服务科学、知识管理。作为项目负责人主持完成国家自然科学基金项目7项（含杰出青年基金项目和重大研究计划项目）。在管理科学研究领域，发表论文500余篇（含中国期刊网全文数据库400余篇），其中在国际重要学术期刊上发表论文100余篇（SCI或SSCI检索），Google学术H指数为37。出版学术专著（合著）12部。作为主要完成人曾获得辽宁省科技进步一等奖1项、三等奖2项，辽宁省自然科学二等奖1项、三等奖1项，中国高校自然科学一等奖1项，还获得省部级哲学社会科学优秀成果奖（政府奖）6项。连续四年（2014—2017年）入选Elsevier发布的中国高被引学者（Most Cited Chinese Researchers）榜单。

治学不倦，书写通信人生

——记计算机科学与工程学院郭磊教授

"万人计划"首批青年拔尖人才、教育部新世纪优秀人才、辽宁省"百千万人才工程"百人层次人才、霍英东教育基金会青年教师奖获得者、中国通信学会青年科技奖获得者、沈阳市五四青年奖章获得者、首届沈阳高校青年教师师德标兵获得者、四川省优秀博士学位论文获得者、中国通信学会青年工作委员会委员、中国通信学会高级会员、国际电气电子工程师协会（IEEE）会员、美国光学协会（OSA）会员。现担任四家国际期刊编委、十多个国际会议程序委员会委员、数十家国际国内期刊审稿人。

汇集如此优异和精彩于一身的人，就是来自东北大学计算机科学与工程学院的博士生导师郭磊教授。

兢兢业业，献身本职教学工作

作为本科生课程"信号与线性系统"和"光纤通信原理"及硕士研究生课程"光传送网"的主讲教师，郭磊把"备好每一节课，上好每一堂课，教育好每一个学生"作为自己教学工作的信条。他通过自己的科学研究将最新的科学知识融入到教学中去，使学生有机会掌握一些相关的专业前沿知识，课堂效果一直保持优良，并多次获得东北大学信息学院教学突出贡献奖。

郭磊作为首届国家大学生创新性实验计划项目指导教师所指导的大学本科生申请了3项国家发明专利（现均已授权），发表了多篇高水平学术论文。通过指导该项目，郭磊获得第九届"挑战杯"辽宁省大学生课外学术科技作品竞赛特等奖"优秀指导教师"称号和第十一届"挑战杯"全国大学生课外学术科技作品竞赛二等奖"优秀指导教师"称号。

呕心沥血，做研究生的良师益友

郭磊对所指导的研究生们严而有度，与研究生真诚相处，用爱与研究生沟通，成为研究生信赖的良师益友。

在郭磊的研究生里流传着这么一句话，"不论任何时间给郭老师发邮件发短信问问题，郭老师都能立刻回复。"这虽然是一句玩笑，但也充分说明了郭磊对学生的关心程度。在郭磊眼里，学生大过天，不管什么时候学生提出学术问题，他都会立刻放下手中的其他事务，为学生答疑解惑，即使是在出差途中也会用手机上网收发邮件为学生实时答疑。他不但关心学生们的学业，更关心学生们的生活，对每一名研究生的家庭情况进行详细了解，切实帮助学生们解决家庭生活中的困难，让他们毫无后顾之忧地安心学习。通过生活上的点滴关心，温暖着每一名学生的心灵，不仅让学生们认为他是学术上的导师，更让他们感觉到他是值得信赖的兄长和朋友。

郭磊所指导的博士研究生已经取得了斐然的成绩。他精心指导的博士研究生凭借出类拔萃的科研水平多次获得中国通信学会优秀博士学位论文奖，培养的博士研究生所撰写的论文多次获得辽宁省优秀博士学位论文。

钻坚仰高，潜心科学研究工作

郭磊在科研上从事光网络、无线网络、网络生存性及宽带接入网等方面的研究工作。他积极承担和参与国家各级项目，作为项目负责人或主要参加人承担国家自然科学基金等课题20余项。发表国际期刊论文180余篇，被SCI收录170余篇，他引1800余次，SCI他引700余次；获得授权发明专利10余项，取得软件著作权6项，成果应用于华为、辽宁电力等。2015年，郭磊主持完成的项目"光网络生存性机制与优化方法研究"获得教育部自然科学

奖二等奖，该项目是东北大学通信学科首次获得的教育部自然科学类奖励。2015年，郭磊参与完成的项目"光纤复合相线及接续装置的研究与示范应用"获得辽宁省科技进步奖二等奖，郭磊及其科研团队负责整个项目的理论研究和技术支持工作。此外，郭磊还获得中国通信学会青年科技奖、中国通信学会自然科学二等奖各1项。

在香港理工大学两年的科研工作经历，让郭磊的科研水平更上一层楼，与国际先进水平接轨。对科学研究的孜孜以求，使郭磊的学术能力逐渐得到了国内外相关研究领域专家学者的肯定。2008年，28岁的郭磊成为东北大学最年轻的教授，并入选教育部"新世纪优秀人才支持计划"，成为全国30岁以下获此殊荣的为数极少的青年学者之一。2012年，郭磊入选国家"万人计划"首批青年拔尖人才，是辽宁省唯一一名入选者。

追求卓越，着力梯队人才培养

在努力提升自身科研学术水平的同时，作为通信学科的青年学术带头人，郭磊着眼于未来，致力于培养、着力打造梯队青年教师的科研素质和学术水平。通过邀请国内外同行专家讲学和鼓励青年教师积极参加各类高水平学术会议等方式，增强青年教师的学术敏感度，保持与高水平前沿学科信息的接触与沟通，学术梯队内已有两名青年教师入选教育部"新世纪优秀人才支持计划"，多名实验室成员在通信领域的顶级国际期刊发表论文，并获得多项国家发明专利。

郭磊在工作岗位上努力追求理想，认真履行岗位职责，不计个人得失，爱岗敬业，勤奋上进。他为人谦和，低调淡泊，严谨务实，是一位真正的青年学者；他勇于创新，敢于拼搏，惟治学不倦，是通信技术的青年科研带头人。他用行动和勇敢克服了一个个科研困难，他用努力和拼搏攻克了一个个学术难关。他默默奉献、勇于担当，倾情投入教学科研、学科建设、人才培养的一线工作，为东北大学通信学科的崛起做出了突出的贡献。

人物简介

　　郭磊，男，汉族，1980年4月出生，中共党员，博士，教授，博士生导师，现任东北大学计算机科学与工程学院副院长。现担任四家国际期刊编委、十多个国际会议程序委员会委员、数十家国际国内期刊审稿人。作为项目负责人或主要参加人承担国家自然科学基金等科研课题20余项。发表的论文被SCI检索170余篇，他引1800余次，SCI他引700余次，授权专利10余项。成果得到华为、辽宁电力等应用。获教育部自然科学二等奖和辽宁省科技进步二等奖各1项。优异的科研业绩和学术成果得到了国内外同行的广泛认可和高度评价。培养的博士研究生所撰写的论文多次获得东北大学优秀博士论文、辽宁省优秀博士论文和中国通信学会优秀博士学位论文。

知行合一　青春逐梦

——记软件学院优秀学生干部张少魁

博观而约取，厚积而薄发

让优秀成为一种习惯，用责任书写家国情怀，无愧于青春，无愧于时代。他是来自东北大学软件学院2014级软件工程（国际班《英语》）专业的本科生张少魁，中共党员，现已保送至清华大学计算机系直博生。

他担任班长四年，带领班级三次获得"东北大学先进班集体"称号，并获得东北大学最美班长称号。大学期间，他的学习成绩长期居于专业第一名。他长期参与学术科研工作，并在SCI二区期刊、A类会议上发表学术论文。他还多次参加社会公益活动，曾经在美国犹他州Southland小学担任中文教师。他作为东北大学唯一代表，入选第十三届中国大学生年度人物200强，入选"《人民日报》'国家奖学金获奖学生代表名录'"。

业精于勤　厚德载物

"青春是用来奋斗的。努力学习，心怀感恩，奉献社会，勇做新时代的见证者、开创者、建设者。"这是张少魁心中始终坚守的信念。

"张少魁是一个和时间赛跑的人。"这是伙伴们对他最多的也是最准确的评价。大学期间，他没睡过一个懒觉，每次上课总是第一个到教室，一有时间就一头扎进图书馆，讨论问题到深夜成为家常便饭……他深知学习是学生之本，只有像海绵汲水一样吸取知识，才能学有所成；只有向时间要质量、把时间的最大价值释放出来，才能不负岁月、不枉青春。"成功永远眷顾奋进者搏击者"，大学期间，他的学分绩点和综合排名稳居专业第一，三次获得国家奖学金。

在大二学年，他患上了比较严重的肺炎，每天需要早晚两次注射容量近似两瓶"脉动"的点滴。那时正值期末，东北大学浑南校区离医院大约有20千米，他每天为了正常上课，早晨5点钟强忍病痛起床前往医院注射后奔回学校；每天晚上又要在医院下班前赶回医院治疗。就这样每天往返近40千米，持续了近一个月。为了实现自己的理想，他选择了坚持，没有放弃应修的课程。

除了"学霸"，张少魁还有一个身份——"最美班长"。2014年，他开始担任班长，在他的带领下，班级连续三年荣获"东北大学先进班集体"称号。为了帮助大家提高复习质量，他主动向老师、学长要各科的学习资料，整理一些题目供大家来练习。同时在适当的时候查寝，督促那些学习吃力的同学，他不希望任何一名同学掉队。他带领的班级一直是全年级英语最好的班级，大一上学期他带头认真学习英语，并创造了班级同学英语四级100%通过的优异成绩！他积极帮助班导师在每周二晚上进行英语六级辅导，班级以83%的英语六级通过率排在全年级的首位。

作为一名党员，他时刻严格要求自己，既要成为学习的楷模，也要成为政治的表率。刚刚步入大学，他就递交了入党申请书，积极响应党组织号召，在自己申请加入党组织的同时，作为班长还积极带领班级同学向党组织靠拢。在他和班级同学的共同努力下，他们班级的党员数量是年级最多的。

磨砥刻厉　潜学研思

学习既要孜孜以求，也要活学活用。他累计参加院级、校级、省级、国家级、国际级的科技竞赛二十余次，获奖二十余项，他成为同学们心目中的"竞赛达人"。

2016年2月，他参与了美国大学生数学建模竞赛，充分发挥了他的数学、英文和编程能力。四天的建模，他拿出两天时间通宵，将一切困意、疲惫压制到极限。这样，他们组额外多出了10个多小时的时间完成最终的作品。比赛中，他专攻模型的建立和全部论文写作，与他数学建模团队的队友共同奋斗，拿到了国际一等奖！这个奖项不仅是给予他个人的一项荣誉，还是激励他继续参加科技竞赛的动力。

2017年5月，全国大学生计算机设计竞赛辽宁省赛区在东北大学举行。他的团队凭借机器学习算法的创新性和平台系统的灵活性，成功在辽宁省赛区获得一等奖，并顺利进入国赛。同年8月，他赴南京参加全国总决赛，最终获得全国二等奖。冬战严寒，夏战酷暑，连续奋战几个通宵，不眠不休。无数个夜里，实验过后，他都会筋疲力尽，但这时他常常会想起师长的关爱、同学的鼓励、家人的期许，他知道一切努力终究是值得的。

他长期参与科研工作，对于学术，他极深研几；对于科研，他深稽博考。从大三学年开始，他便融入了科研的氛围之中。他在IEEE Access期刊上发表探讨从源码级别评估机器能量损耗的论文 *Source-Level Energy Consumption Estimation for Cloud Computing Tasks*，该论文从计算机组成原理与程序设计的视角出发，给出了一个可根据源代码的结构来预估中央处理单元与内存电量损耗的模型，为未来降低计算机能耗、绿色计算打下基础。

他在清华大学计算机系实习期间，参与计算机视觉方向、基于深度学习的研究，同实验室的师兄、同学设计专门用于识别车道线的神经网络LineNet，并用其进行车道建模工作。该工作的成果不仅可以用于在自动驾驶中让车辆自动识别道路、判断所在车道与周边环境，还可以为日后地图应用的生产做充分的支撑。目前，该项工作成果已投稿到计算机视觉方向三大会议之一——的ECCV（European Conference on Computer Vision）上。

千里之行　始于足下

社会实践是施展才华的大舞台，也是历练人生的大课堂。作为一名新时代的大学生，张少魁让绚烂的青春在志愿服务和社会实践中绽放别样的光彩。

他曾多次参加访问社区孤寡老人、做社区清洁工志愿者的工作，他已无法用语言来清晰地表达这些故事在他生命中留下的珍贵印记，但这些都让他认识到了实现人生理想的任重道远，也让他拥有了一颗心怀感恩、感念与敬畏的心。他曾经参加赴美教小学生中文的志愿者活动，面对不同国家的小学生对中文的热爱和年幼学生的天真无邪，他不仅感受到了传播中国文化的欣慰感，也感受到世界的美好与身为中国人的自豪。除了教美国小学生中文的常用语之外，他还向小学生们讲授了中国节日的来历与习俗，改变了很多外国学生对于中国社会的看法。

读万卷书，行万里路。他还积极参加了学校团委组织的丰富多彩的社会实践活动，每年学校团委的社会实践考核，他都会拿到A的成绩。从红色足迹寻访革命遗址，到为东北大学进行招生宣传，他始终心有大我、胸怀大爱，始终传承着东大人"知行合一"的精神气质，始终铭记青年人的赤子之心、家国情怀。浩渺行无极，扬帆但信风，只愿通过自己的不懈奋斗能够实现自身的价值，也为实现伟大复兴的中国梦贡献一份微薄之力。

长风破浪　筑梦远航

清华大学计算机系的研究生竞争程度不是用激烈两个字就能简单形容的，申请人几乎全部来自清华大学的工科专业，或来自中国各大一流院校的计算机专业。想要取得成功，只能在清华大学计算机系研究生入学考试——堪称全国最困难的研究生入学考试——中脱颖而出。那时，他顶着实训的压力，每天挤出吃饭、走路、睡觉的时间复习。

面对人生的抉择，机遇与挑战并存，一个掷地有声的科研梦想告诉他必须继续前行。2017年7月，他凭借全面发展的综合实力，获得清华大学计算机系的夏令营资格；并在入围的150名来自全国各大顶尖院校的特优生中，成绩排入前50名！2017年9月，他以优异的综合成绩被保送为清华大学计算机系直博生。他将在中国最顶尖的学府——清华大学——继续探索科研世界、继续奋斗拼搏、继续扬帆起航。"现在，青春是用来奋斗的；将来，青春是用来回忆的。"习近平总书记的谆谆教诲成为他人生的座右铭，呼唤出他心底的最强音：用青春谱写新时代，用青春实践中国梦，勇做时代"弄潮儿"！

张少魁，男，1995年生人，中共党员，现就读于东北大学软件学院2014级软件工程（国际班《英语》）专业。三次获得国家奖学金，四次获得东北大学优秀学生一等奖学金；获得美国大学生数学建模大赛一等奖、全国大学生计算机设计竞赛二等奖、全国大学生英语竞赛三等奖等科技竞赛奖项；获得辽宁省优秀毕业生、沈阳市大学生标兵等市级以上荣誉称号，并三次获得东北大学优秀学生标兵荣誉称号。

千帆阅尽　归来仍是少年

——记中荷生物医学与信息工程学院姚育东教授

在东北大学浑南校区生命学馆B座中荷生物医学与信息工程学院的办公楼里，时常会看到一位身材不高、面庞白净、儒雅谦和、走路带风的教授学者。你和他擦肩而过的时候，他会眼含笑意，微微颔首与你打招呼，当你和他交谈的时候，你会发现他思维敏捷、言辞准确、善解人意。他，就是东北大学中荷生物医学与信息工程学院教授、博士生导师，加拿大工程院院士姚育东教授。

殷殷报国情 拳拳赤子心

姚育东，祖籍杭州，2016年5月以国家特聘专家身份被引进到东北大学中荷生物医学与信息工程学院工作。作为一个典型的南方人，没有回到自己的家乡，有着"上有天堂，下有苏杭"之称的杭州，也没有因为自己专业方面的优势去到母校东南大学、南京邮电大学，同样没有接受来自北京、上海、深圳各地知名高校频频伸出的橄榄枝，而是义无反顾、踏踏实实一头扎到东北大学。除了是对院长、同学、挚友钱唯教授的信任与感谢，也是把心系祖国的深情转化成为中荷学院培养拔尖创新人才、提升师资队伍水平、整合资源申请国家重大项目这些点点滴滴具体的日常工作之中来。姚院士将自己在学术方面的经验以及所学、所思、所想倾力传授给学院的青年教师、研究生、本科生，指导有效而精准，在欣喜收获之余，你会为他的赤子之心而感动。

每周工作100个小时

初听到这个工作量，大家心里面马上开始计算一天的工作时长，一周100个小时，一天就需要十四五个小时在工作。这对于一般人来讲都会有些困难，超出负荷，但对于姚育东院士来讲，却是乐在其中不自知。只要在学院，姚院士每天的工作日程表都安排得满满当当。踏踏实实做事，抓住重点，解决难点，使教师学生们切身受益，敢于担当，勇于突破，孜孜不倦，奋斗不已，是姚院士奉行的工作原则。

"大数据、大平台、大合作、大东北"！围绕姚育东院士总结出的四大中心思想，由他主导的各项工作开始执行和具体实施。

创建学院"优（青）杰（青）长（江）"教师研修班，定期召开会议，讨论如何发表高被引论文、SCI论文的格式，逐个逐句审查一篇篇需要修改的论文，学习交流国家自然科学基金获批项目报告，与东软软件架构国家重点实验室、东软熙康洽谈合作申请开放课题项目等等，这些老师们能够抓得着、用得上、急需提升解答的难点疑点一点点被攻破。研修班受到教师们的热烈欢迎，每次开会除了教师，连在读博士生也都踊跃参与进来。

在他的组织和倡导下，中荷生物医学与信息工程学院、生命科学与健康学院、软件学院、信息科学与工程学院、计算机科学与工程学院五学院建立了学术交流研讨平台，定期开展学术报告会，组建五学院微信群，取长补短，互通有无，了解各学科最新的研究方向，寻找科研交叉合作点，擦出火花，激情碰撞，使得姚院士提出的"交流、学习、合作、探索、创新"思想有了平台和课题的强有力支撑。

中美学生开展合作研究，姚院士在中国和美国的研究生以深度学习方法开展生理信号分析合作研究，通过例会周会推动研究进展。设立本、硕学生暑期研修班，让学生们组队完成一个个小课题，尽早积累科学研究经历，总结科学研究方法，提高应用实践能力。联合医院、企业共同申请"心脑血管疾病"研究课题，为大东北服好务。

只要是在学院，姚院士每天都会一直工作到晚上10点，在物业师傅的催促提醒下才离开办公室。因为忙，加上冬天天寒地冻，好几次姚院士干脆直接就睡在了办公室里。即便是身在大洋彼岸，他每天仍通过微信群、电子邮件等方式指导学生，为学院发展献计献策。

向勇敢致敬

姚院士是南方人，有着典型南方人的特点，讲话温和含蓄，但在处理问题时，在关键点上，需要有人承担责任发表意见的时候，他一定是态度坚定明朗，勇敢地站出，表现出很强的领导力，使得工作高效而富有成果。

新环境、新课题、新项目，即使对于有着深厚学术造诣的姚院士来说，在大数据人工智能课题研究方向中，仍然需要一边学习开发语言，一边摸索，一遍一遍地查询资料，目的是为了更好地培养指导学生。

当你不再拘泥于眼前，当你开始渴望星辰和大海时，你会将目光放得更长远；当你热情地汲取知识时，你就会日渐找到自己前行的目标与意义；当你无悔地拼搏后，你才会有更多机会，收获一段闪闪发光的人生。传奇还在继续，让我们向姚育东院士致以最质朴、最真诚、最发自内心的敬重和感谢！

人物简介

姚育东，东北大学中荷生物医学与信息工程学院名誉教授，美国斯蒂文斯理工学院终身教授。1989年到2000年，他曾先后任职于加拿大 Carleton University、加拿大 Spar Aerospace Ltd. 及美国 Qualcomm Inc., 从事卫星通信和无线通信的研发工作。他拥有1项中国专利及13项美国专利。姚育东教授的研究领域包括无线通信、认知及软件无线电、物联网健康医疗应用、机器学习及健康医疗大数据分析。姚育东教授曾担任 *IEEE Communications Letters* 和

IEEE Transactions on Vehicular Technology 副编辑，*IEEE Transactions on Wireless Communications* 编辑。2011年当选 IEEE Fellow，2015年当选 Fellow of National Academy of Inventors，2017年当选加拿大工程院院士。

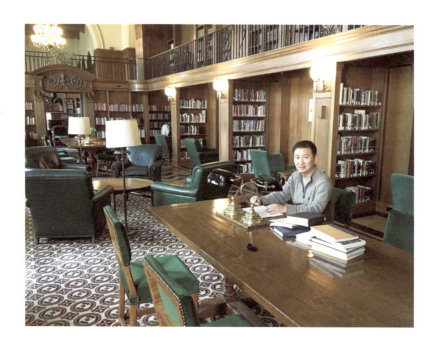

坚守初心十七载，师者情怀伴青春

——记中荷生物医学与信息工程学院党委副书记、副院长王帅

2018年是王帅辅导员生涯的第十七个年头，于她而言，选择留校担任辅导员就是选择了无私付出与责任担当；于学生而言，她是青春路上的"陪跑者"，温暖知心，不离不弃；于家长而言，她是能够放心托付的好老师，专业耐心，细致周全；于同事而言，她是工作中的好搭档，睿智严谨，谦逊友善。

红烛熠熠：以倾情奉献铸就无悔选择

作为一名管理学科的毕业生，王帅老师曾面临着这样的选择：一面是她质朴的师者情怀，另一面是多家知名企业抛出的橄榄枝。然而，短暂地犹豫、权衡并没有动摇来自她内心深处的呼唤，最终她毅然选择了看似平凡的大学辅导员工作。而她清楚地知道，这份工作远没有外界看到的那样光鲜亮丽，所要面对的是繁杂的工作内容、从不固定的工作时间，甚至是不被常人理解的生活方式。

2016年5月31日，这一天对于王帅老师而言无疑是灰暗的。在家人的一再劝说下，当圆满完成一年一度的校运动会工作之后，她终于把三个月前体检显示有问题的项目进行了复查。手术如期安排，为了不让大家担心，她没有对同事和家人声张，甚至连长期在外地出差的丈夫也是在作为家属签字的时候才知道，这不是一次"平常"的外科小手术。在被推进手术室的前一刻，王帅老师还在电话里"淡定"地安排着自己住院期间的工作和家中琐事，向年迈的父母谎称自己出差几天，请他们帮忙照顾不谙世事的孩子，事

无巨细地叮嘱中充满了愧疚与牵挂。

　　然而，出院还不到五天，甚至连伤口上的缝合线还没来得及拆除，她就哑着嗓子、忍着疼痛又回到了自己深爱的工作岗位上。家人心疼又埋怨地说："学校既然已经给了病假，你就不能安心在家休养几天吗？"他们不知道的是，她不愿错过学院一年一度的发展战略部署会议，更不能错过与她一带四年、即将毕业的学生们一起拍摄毕业照的时刻。看着她苍白却温暖的笑脸，同事和学生们都感到非常惊诧而突然，难怪最近她一直在用微信的文字功能交代工作，大家这才恍然大悟。

　　十七年来，在学生工作和个人生活面前，她总是毫不犹豫地选择前者。每每与人聊起自己当初的职业选择时，王老师总是平静而坚定地说："若可以重来，我还会义无反顾地选择辅导员这份工作；都说奋斗的青春最美丽，而我有为之骄傲的战场，从事着伟大而神圣的事业，我的青春时光见证了学生们的成长，而我可爱的学生们也成就了我的青春奋斗史。"

润物无声：以真心关爱守护青春蜕变

　　"王老师，我们宿舍的那个降级生一直在喝酒，在寝室又哭又闹还吐了一地，谁劝都不听……"正逢周六晚上，王帅老师接到学生的电话后，立刻赶往十几公里以外的学校。降级生小文（化名）是一名自入学以来每到期末考试前都要找借口申请休学的南方女孩，也是王老师关注和记挂的重点对象，而小文消极应付的态度使得之前的多次教育和劝说都没有取得明显效果。推开寝室的门，王老师看着散乱在地上的酒瓶子感到一阵心疼，她迅速上前抢下了小文正要继续往嘴里灌的酒瓶，而小文看到老师后也清醒了些。和其他学生一起把小文扶到了床上，王老师给小文倒了一杯温水，还加兑了刚从家中带来的蜂蜜。随后，她轻轻地握起小文的手，温柔地拍着她的后背，直到小文彻底安静下来，并微微地打起了鼾声，才把手缓缓地抽出来。等她收拾干净呕吐物已经晚上十一点了，王老师又叮嘱了寝室其他学生一定要多关照可能起夜的小文，这才长出一口气，转身离开。

第二天，小文主动找到了王老师，敞开心扉讲述了自己的经历。原来，小文因为家庭原因在高中时就患上了轻度抑郁症，上大学之后因与父母的联系更少，课业负担又非常重，抑郁症病情出现了反复。王老师意识到这是一次进行疏导教育的好时机，她向小文讲述了自己为人母的心路历程，特别是因为工作繁忙而忽视了孩子时内心的无奈与愧疚。小文听了深有感触，对父母的态度也缓和了不少。谈话结束后，王老师深知虽然小文已经从心里开始接纳自己，但仅凭一两次谈话作用非常有限，需要给予持续的关注和鼓励。她常找小文谈心，还将教师节时学校送的绿植赠给小文，两人亦师亦友亦姐妹的感情随着点点滴滴的相处就这样被建立起来。

期末考试前，小文又出现了明显的抑郁症状。当感觉谈话开导效果不大时，王老师提出陪小文去进行专业的心理咨询，虽然小文坚称自己没有问题，不需要看医生，但终究没能拗过意志坚决的王老师。当两个小时的心理咨询结束后，走出咨询室的小文一眼就看到了等候在门口的王老师。看着一脸疲惫却又满是欣慰的王老师，小文情不自禁地跑上前去紧紧地抱住了她。此刻，王老师知道，这个孩子的心结就此解开且不会再成为她青春路上的羁绊……又一次月光下与小文告别，而这一次王老师离开得很轻松、很安心。

启明星辰：以专业素养助力精彩人生

"我不是所谓人生导师，我更愿意当学生们青春路上的陪跑者。"王帅老师总是能够凭借所积累的专业技能帮助学生确立自我认同的小目标，进而规划出真正属于学生自己的幸福人生。

新生入学没多久，在军训期间表现优秀的小男就主动找到王老师，说出了自己对未来大学生活的迷茫，王老师随即借助"平衡轮"技术，通过直观、形象的手段，循循善诱地帮助小男厘清了自身现状，明确了远近目标，并制定了分阶段成长方案。在王老师的关注和指导下，经过自身的不懈努力，小男在大学四年中取得了优异成绩，但是在面临毕业去向选择时，他却又一次犯了难——到底是应该选择保送清华大学读研还是到美国一流大学深造。王老师以"勿忘初心，扬长避短"为主题，指导小男列出了一个"决策平衡单"，帮助小男认清了纠结的关键之处，以及不同选择可能存在的利弊。最后小男决定先到清华大学读研，再出国历练，学成后回国建功立业，以此来实现自己的人生价值。

近年来，王帅老师提出的"幸福就业"理念成功引导着越来越多的毕业生迈向属于自己的人生新征程。连续多年，其所在学院的毕业生就业结构实现"双过半"，即本科毕业生国内外继续深造比例过半、已签约毕业生中到专业相关行业内工作的比例过半，毕业生就业去向满意度100%。在王老师看来，辅导员就应该是这样，在学生困惑迷茫时，不做代替学生决策的独裁者，而是做拨云见日、加油鼓劲的教练，用心陪伴，静待花开。每逢教师节，来自世界各地毕业生的真诚问候是她总要晒晒的幸福，在她看来，那种骄傲与荣耀是无可比拟的。

这就是她，新生军训时与学生一起摸爬滚打、流汗流泪，取得成绩时一起欢呼雀跃的"王老师"；平日里走访寝室时亲和聊天、检查卫生时严格要求的"王导"；送别毕业生时，拿着长长的名单因为做最后一次点名而数度哽咽、泪流满面的"帅姐"。十七年的时光，悄无声息地溜走，只留下一连串或浅或深的足迹；十七年的时光，她聆听着前辈的教诲、见证着学生的成长、珍惜着同事的友谊、追求着自己的价值；足迹的尽头，她仍义无反顾砥砺前行，因为此时此刻在她身上背负的是更多的责任与爱。

王帅，女，1979年3月生，汉族，中共党员，国家二级心理咨询师，生涯教练，德育讲师。现任东北大学中荷生物医学与信息工程学院党委副书记兼副院长，全面负责学院学生党建及思想政治教育与日常管理工作。2014年9月荣获"2012—2014年度东北大学先进教育工作者"称号，2017年4月荣获

"2016辽宁省高校辅导员年度人物"，2017年6月荣获"第九届全国高校辅导员年度人物"提名奖，2017年7月荣获东北大学2015—2017年度"优秀教职工共产党员"称号。

小南湖旁　静候花开

——记生命科学与健康学院优秀毕业生任春晓

每一次惊羡旁人的完美绽放，都是无数汗水浇灌而来的！"天底下没有一蹴而就的成功，也没有不劳而获的幸事。能用两只手去努力的事就请不要用一只手做！"

她是来自东北大学生命科学与健康学院生物工程2013级学生任春晓，现就读于耶鲁大学。

四年的本科生活，于她而言既是青春的记忆，更是腾飞前的力量蓄积。在校期间，她的学习成绩四年稳居年级第一，获两次国家奖学金，所在团队更是在IGEM比赛中荣获金奖并获得最佳基础部件奖提名。经过四年的潜心学习、努力提升，她终获得耶鲁大学、哥伦比亚大学等五所顶尖级高校的offer。

你若盛开，蝴蝶自来

"文静端庄，性格沉稳却不失阳光乐观，秀气俏皮的脸上有着一双爱笑的眼睛"，大概这会是你对任春晓的第一印象。在被问及为什么会选择生物工程这个专业时，任春晓向我们讲述了她与这个专业之间奇妙的缘分。

面对生物工程专业并不是很乐观的就业前景，任春晓身边的许多同学在大一学年结束时选择了转专业，而绩点排名第一有机会转专业的她却毅然选择继续留在这个专业。她说："结束大一学年的学习，我对这个专业的了解仍不是十分全面，但我已逐渐对它产生了兴趣。我想任何一个专业，只要你足够优秀、有够量的砝码，就业都不会成为问题，也不会成为你前进路上的阻碍，毕竟三百六十行，行行出状元嘛！"而任春晓在三年之后也用她傲人的成绩向我们证明了这一点——你若盛开，蝴蝶自来。

"靠运气"上耶鲁？

打开任春晓的微信朋友圈，你会发现，大学四年中她所发的动态数屈指可数，但每一条动态都是含金量极高的"干货"。

"大一刚入学时，辅导员老师亓红强院长让我们写下自己大学四年生活的规划，并且发送到朋友圈，以做监督。于是，我人生中的第一条朋友圈便'奉献'给了自己大学四年的一个规划。"任春晓笑着回忆道，"现在回想起来，其实这件事真的是既有趣可爱又很有意义。看着当年自己写下的规划，站在大四回顾大学生活，好像每一步都和当初设想不谋而合。"

从初入大学时大致确立要出国留学的目标，通过有效的"魔鬼训练"来提升自己的英语口语水平，到大二学年在院学生会学习部担任部长来锻炼个人工作能力；从大三学年整整一学期的赴美学习交流再到大四学年的iGEM团队比赛中勇夺金牌，终获得耶鲁大学和哥伦比亚大学的双offer，任春晓每一次惊羡旁人的完美绽放，都是用无数的泪水和汗水浇灌而来的。

从沈河校区到南湖校区，再到浑南校区，三个校区的一花一木都是她每早6点练习英语发音的忠实听众。为了提高自己的语言成绩，她坚持每天5点半起床到室外晨读。为了加大练习的难度，她采用"牙签练习法"——将牙签横着咬在嘴里练习口语，最后练到咬着牙签和不咬牙签读出来的英语都一样的准确、清晰。她始终坚持每天抽出一个小时的时间来练习口语，风雨无阻，从未间断。

"现在再回想起那时的自己，也会觉得不可思议，当初自己怎么就坚持下来了？可能是真的发自内心地愿意去做这件事情吧，心中有动力，就会享受这个过程，也就不觉得那么苦那么累了。"

性格谦逊的任春晓在谈及获得耶鲁大学的offer时，笑称："大概是自己比较幸运吧。大学期间，自己主要的研究方向是基因工程，可能恰巧和耶鲁大学某个教授的研究方向吻合，就把我录取了。"但显而易见，任春晓的成功并非是简单地靠运气，她所获得的一切荣耀，都是上天对她的勤勉不懈的最好恩赐。

IGEM 比赛上大放异彩

愚者错失机会，智者善抓住机会，成功者创造机会，机会只会留给有准备的人。IGEM 实验初期的赴美交流学习让任春晓错过了实验的前期过程，回国后的第一周她便立即开始"恶补"实验的相关内容。一边奔于准备各种出国所需的材料申请，一边还要抓紧一切零碎的时间做实验。几天的暑假却只换来了实验结果的不尽如人意。"漫长而艰难的 IGEM 实验曾令我几近崩溃，但现在回想起那段日子，真的是一段很宝贵的经历。高强度的实验让我不得不主动研读大量的文献资料，实验操作也愈加娴熟，抗压能力也得到锻炼，我真的从中成长了好多。"

2016 年 10 月美国波士顿的第十三届 IGEM 决赛现场，任春晓用一口流利标准的英语代表团队向在场的评委讲述实验过程、展示实验成果。面对外国评委所提出的各种刁钻问题，她从容不迫，使外国评委都对面前这个小姑娘的聪慧睿智和流利的英语赞不绝口。

古语有云："天将降大任于斯人也，必先苦其心志，劳其筋骨。" 而所有的苦难与背负尽头，也注定是属于任春晓的行云流水般的此世光阴。

走过了那么多的坎坷，那时看来还是种种挑战，如今变成了不愧于心的记忆。

白山黑水浇灌的梦想

谈起自己最大的变化，任春晓坦言，"东大教给我、带给我的东西真的是数不胜数，东大源远流长的历史文化底蕴，教给我如何能在这纷繁的社会中找到一个适合自己的安静乐土。"

她很享受本科四年在浑南校区上自习时内心的沉静，"看着身边人垂头翻阅着书本，耳朵里传来的都是书本翻阅的沙沙声，这种氛围、这种感觉是很奇妙的。"她很感激能在东大、在浑南校区度过自己人生中宝贵的四年，这四年她见证了学校的成长，而浑南也见证了她的成长。

浑南教学馆、小南湖、食堂……各处都留下了任春晓练习口语时的洪亮声音，当然也不吝回馈以及时的鼓励。在大三学年，学校给了她前往美国学校交流的机会，交流的这一年中任春晓在知识结构、外语水平、眼界等方面都有了大幅的提升。"去美国交流的这一年，是我过得最充实的一年，每天都能学习不同的东西。"

徐志摩说过：得之，我幸，不得，我命。任春晓是幸运的，因为她能够在大学里施展自己的才华、追求自己的理想、实现自己的目标！

路遥山高水长，今又远航，恩师永难忘

托福107分、GRE153+168、两次国家奖学金、三次东北大学一等奖学金，以及不胜枚举的各种荣誉，任春晓是大家眼中名副其实的女神级学霸。但她的四年大学生活也并非毫无波折，她也曾感到迷茫无助，她也曾在签保研资格放弃书时踌躇不已，她也曾因父母的反对而动摇过出国留学的信念。"说起那些曾经的困惑和迷茫，我真的要感谢两个人：一个是我的辅导员亓红强院长，另一个是指导我IGEM实验的丁辰老师。"任春晓说。

"亓院长就像是生科院里和蔼可亲的大家长，他关心每一个学生的成长发展。我也会在重要的转折点和他聊一聊自己的未来规划，他知道我未来想出国深造，便鼓励我考取一个更好的语言成绩，为我推荐各种能够帮助到我留学的科研项目。""丁辰老师曾在欧洲、美国多地留学，他教授给我的一些新理念使我更加坚定了出国留学的想法，我虽与他相识时间不算太长，但他

对我的影响却是很大的。"任春晓提到了一件丁老师做的让她十分感动的事：在申请国外高校时，丁辰老师亲自为她写推荐信，每申请一所学校，丁老师便为她提交一次推荐信，过程很烦琐也很劳累。丁辰老师本身就有很繁重的实验任务，但却依然耐心地为她一次次地提交相关材料和推荐信。

"海阔凭鱼跃，天高任鸟飞。"未来路遥山高且水长，今又远航，恩师于心永难忘。

任春晓，生命科学与健康学院生物工程2013级学生，一个沉稳坚毅、乐观爱笑、懂得感恩的女孩。她用四年的时间进行了一场华美的蜕变，托福107分、GRE153+168的语言成绩，在校期间曾获两次国家奖学金、三次东北大学一等奖学金，IGEM国际比赛中所在团队获得金奖，一连斩获耶鲁大学和哥伦比亚大学等多所顶尖大学的offer。奋斗之路，她也曾迷茫，也曾踌躇，但她始终以乐观、坚韧的态度克服一个又一个的困难。

教学相长，愿永远做学生的良师益友

——记江河建筑学院霍克副教授

《礼记·学记》有言："虽有嘉肴，弗食，不知其旨也；虽有至道，弗学，不知其善也。故学然后知不足，教然后知困。知不足，然后能自反也；知困，然后能自强也，故曰：教学相长也。"

在引领建筑专业的学生走向成功的凤兴夜寐中，在与学生共同成长的道路上，霍克不仅是学生最崇敬的老师，也是他们的知心朋友和伙伴。回顾三十多年的教学经历，霍克能有所收获并得到学生的爱戴，正是因为他在工作中始终坚持"教学相长"的理念，在与学生相处中坚持做学生的"良师益友"。

技近乎道，艺通乎神，唯有以一颗匠心待人、待物，方能筑梦。

教学相长，做学生的领路人

沉静而明亮的双眸，朴实而真诚的笑容，清晰而坚定的话语……他是江河建筑学院副教授霍克，同时也是东北大学最受学生喜爱的老师之一。

霍克在学院里所讲授的是"建筑设计基础"相关课程，为了与时俱进，不断解答学生的困惑，他在教学内容和教学方式上年年有所创新。他说，没有学生对知识的不断追求，就没有他的进步。因此，他总是对学生怀着深切的感激之情。

在霍克眼中，"建筑是工程与艺术的结合"，更是文化的组成部分。他认为，学习建筑既要对文化的所有方面有所认识和了解，对文化与建筑相关的部分进行体验和研究，更要关注当代的文化和地域的文化，工程和艺术只是文化的一部分。

他建议学生：读万卷书，更应行万里路！与建筑相关的理论和知识学习，著名建筑案例的阅读和亲身体验，对地方优秀建筑传统的考察，对自然、社会、文化的了解及敏锐的观察能力的培养，都需要学生走出校门，看看更大的世界。而在选择职业的过程中，霍克强调学生要根据生存、时代需求、社会责任和个人兴趣来选择！而其中个人的兴趣最为重要，这是最能体现幸福感的！

良师益友，永葆初心

在霍克看来，仅仅是"教学相长"还不够，他对自己的要求始终是成为学生的"良师益友"。"良师"首先要求品德端正，其次要求知识储备丰厚，再次要求具备诲人不倦的教学态度。他说，他不但是一名讲授"建筑设计基础课"的老师，也是一名国家一级注册建筑师，日积月累的建筑实践为他的建筑教学积累了丰富的知识，使基础性质的课程不再显得单调。同时，由于建筑学专业恢复的时间较短，教师短缺，原本一个班两名教师的教学配置由一名教师来担当，而且由于专业的特点，每名同学的设计作业都不相同，因此他要花费更多的时间来给学生进行作业指导。霍克告诉我们，他会和自己指导的学生共同探讨他们作品集中最最细节的问题，并且不断地要求他们进行修改、完善，甚至光是排版就会改上二十多次。这些工作会一直持续到深夜，于是错过了班车的霍克就会留在浑南，和学生一起挑灯夜战。而这些，没有诲人不倦的态度是不能完成的。

"益友"要求学生既得到老师的教益，更要求老师和学生成为相互尊重和相互关爱的朋友。在指导学生的设计作业时，他经常用"我建议你这样做"，而不是用"你必须这样做"的语气来表达师生间相互平等与尊重的关系，使师生间的关系更像是朋友间的关系。他还说，记得暑期实习时，旅途上的学生主动分担他的负重，列车上热情为他提供食物，烈日下为他撑伞遮阳等都体现出朋友间的关爱，因此要感谢他们。

霍克还用自己的亲身经历告诉学生，学习，最重要的品质是踏实，是一步一个脚印完成自己的任务。他说，现在部分学生对目前基础设计的学习不是特别重视，但基础知识的学习是未来理论学习的开始。千里之行始于足下，没有扎实的基础知识的储备，未来无论是做人还是做事都未免浮躁。

"有目标、沉住气、坚持干"是霍克一直以来的信条。他心怀着"博学之，审问之，慎思之，明辨之，笃行之"的态度践行"自强不息、知行合一"的东大校训；他怀抱着"为天地立心，为生民立命，为往圣继绝学，为万世开太平"的志向，行在梦想的道路上，一步一个脚印，无问西东。

霍克教授从2005年开始在东北大学任教。这些年来，他始终用自己的一言一行印证着自己的信念，始终用自己对学生的每一滴付出彰显作为老师的价值。当他得知自己被提名为东北大学第十一届"我最喜爱的老师"时，他说，获得提名就已深感荣幸，他没有更高的奢求。他只是告诉所有喜爱他的学生，他们对知识的渴望是他不断进步的源泉，他永远会是学生最好的良师益友。

人物简介

霍克，1960年2月生，副教授，国家一级注册建筑师，辽宁省建筑师协会理事。主要研究方向：城市住区规划与设计、办公与学校建筑设计、住宅建筑设计、城市景观设计、生态规划与设计。主讲"建筑设计基础""建筑生态学概论"等本科生、研究生课程。主持数十项城镇规划、建筑设计和室内设计工程。

凭一腔热血，袭两袖清风；
站三尺讲台，育四方桃李

——记江河建筑学院张丽娜老师

张丽娜，2007年毕业于鲁迅美术学院油画专业，同年进入东北大学建筑系工作，讲授"建筑美术""建筑摄影"课程。作为一名普通的教师，她没有轰轰烈烈的事迹，也没有惊人的壮举，只是甘于平凡，兢兢业业，对待工作认真负责，踏实勤奋。

细水长流的心智改善

在教学上，张丽娜始终结合实际，认真教学。她具备扎实的理论基础，认真研究教学大纲，结合建筑学专业的特点，使建筑美术的教学更加符合本专业的教学要求，使得学生在学习美术过程中认知美，提高审美趣味，真正能从课堂中获得艺术修养的提高，设计出更优秀的建筑作品。

因此，在课堂教学中，她首先激发学生学习美术的兴趣，使本就没有美术基础的学生能够接受并主动探求建筑与美术的关系。与此同时，她还针对本校建筑专业刚刚成立，有很多相关的教学不能同时进行的现状，增加了对美术史的教学，使学生对美术作品、现代艺术有了更深入的了解，提高了学生的艺术修养和审美标准。

在五年的教学改革期间，她曾前往中国美术学院、鲁迅美术学院、同济大学等其他高校进行学习交流，学习老八校建筑学美术基础教育，找到自身教学中的不足，探寻建筑与美术基础教育之间的关系，并发表教学改革论文《建筑学美术教学现状问题及调整意见——以东北大学建筑美术教学为例》，探寻符合艺术自身规律并与建筑教育现实要求相适应的新的教学思路，又根据东北大学的建筑美术教学现状和特点，提出了切实有效的课程调整方案与实践措施。在教学改革期间，也为学生举办了多次展览，增加学生的学习兴趣，增强自信心，增进学生之间、师生之间的交流，以取得更大的进步和更好的教学效果。除此之外，她指导的学生还多次在历届全国高等学校建筑与环境设计专业美术作品大赛中获奖。

她还一直在做教学方法上的引领者，与学生用心沟通，因材施教。鉴于专业的性质，她在教学中针对建筑学专业学生美术底子薄的特点，依据不同的基础，利用学生自身的特点，与学生真心对话，采取鼓励为主的教学方法，因此她的课堂十分生动精彩。在学生眼中，张丽娜一直关心每一个学生的成长，帮助教导每一个学生进步，极其认真地指导每一个学生的作品，学生的每一点进步都凝聚了她辛勤的汗水和心血。同时，她为人谦虚，乐于助人，善于启发和鼓励学生开拓进取，是学生的知心朋友，是学生喜爱敬佩的好老师。

坚持不懈的自我超越

在做好教学的同时，她也努力加强自身素质的培养，先后参加各种国内的大型绘画作品展。作品《夏日清橙》入选"纪念辽宁省美术家协会成立50周年大型美术展览"获优秀奖。参加第四届全国美术院校油画专业应届毕业生优秀作品展"新视觉 感性的形式与趣味"获优秀作品奖。2009年，参加第11届全国美展，作品《橙》获省优秀作品奖。同年参加学校组织的"我和我的祖国"高校庆祝新中国成立60周年作品获一等奖。2011年，作品《风景》入选"纪念建党九十周年——辽宁优秀作品展"。2014年，多幅作品参加何氏眼科美术馆群展；作品《流淌》参加第12届全国美展；作品《江南系列》参加"江南如画——中国油画作品展"。2016年，作品《殇》入选辽宁省第五届水彩粉画艺术展；作品《伦敦街景》入选全国水彩"画"插图展，作品《南京 南京》参加"纪念中国共产党成立95周年暨辽宁美协成立60周年美术作品展"并获铜奖。2017年8月，水彩作品在杂志《美术大观》展览。同年作品在第八届世界水彩华阳奖水彩征画比赛中获得佳作奖。

在提高自身修养的同时张丽娜老师也注重在教研方面的研究，2008年3月，《浅析当代女性艺术》发表于核心期刊《美术大观》243期。2009年12月，《视角——女性艺术》发表于核心期刊《美术大观》264期。2013年11月，《当代木刻版画的发展态势》发表于核心期刊《美苑》，10月《关于建筑美术教学的思考》发表于核心期刊《辽宁大学学报》增刊中。2015年，以第一作者在《科技创新导报》发表论文《沈阳市流动摊贩空间生产研究——以东北大学南湖校区周边流动摊贩为例》。2016年，《漆的艺术表现》发表于《艺术工作》第6期。2016年12月，参加完成的瓦房店市宜居乡村建设总体规划在2016年度辽宁省优秀工程勘察设计奖评选中获"城市规划类"一等奖。2017年出版专著《静物·建筑水彩表现》。2017年3月，《论李唐〈万壑松风图〉的艺术特征与时代面貌》发表于《美术大观》，4月《辽宁早期壁画墓建筑特征及其文化渊源》发表于《美术大观》，同年获得国家艺术基金青年创作项目。

担任美术教学的同时，她也承担"建筑摄影"的教学任务，经常组织学生外拍，增强实践教学。也多次担任学校组织的各种大型会议和娱乐活动的摄像工作，任劳任怨，坚守第一线。每年暑假，她都要组织学生外出写生，虽然艰辛，但与学生一起获得了更大的快乐。

作为人民教师，不能仅满足于学习借鉴前人的经验，停留在"传道授业解惑"的程度上。她常说，要有所发展、有所创新，这样才能跟上时代的步伐，科技的进步，在思想上、行动上尤其是在教学工作上，必须与时俱进，努力成为一名优秀的教师。

她说："我们既要想到不耕耘就不会有收获，更要想到有十分的耕耘并不一定有十分的收获。但是最重要的是先要去耕耘，因为人生的'季节'是不等人的。作为教师保持'职业青春'常在的秘密只有一条，那就是终身学习、不断进取。成绩也好，荣誉也罢，它们只能代表过去，它们将是我前进的动力，我将永远以一身激情似火的热情，投身于教育教学工作之中。"

人物简介

　　张丽娜，女，东北大学江河建筑学院建筑学专业教师，多次荣获东北大学工会积极分子、东北大学"三八"红旗手等光荣称号。辽宁省美术家协会会员，沈阳市侨联摄影家协会会员。先后主持国家艺术基金青年创作、辽宁美术考古与美术史论特色教学改革研究等项目。其作品《风景》《流淌》《殇》《南京 南京》《废墟》等多次荣获国家级、省级奖项；著有《中国当代木刻版画的发展态势》《关于建筑美术教学的思考》《建筑学美术教学现状问题及调整意见——以东北大学建筑美术教学为例》《静物·建筑水彩表现》等多篇论文和专著。

敬业奉献　扎根浑南谱新篇

——记学生工作处副处长张哲

　　"不积跬步，无以至千里，不积小流，无以成江海。"张哲同志扎根浑南校区，坚持立德树人的学生工作理念，始终把学生的成长记在心间，肩负着学校的嘱托，在一点一滴的付出中，践行着"一切为了学生"的庄严承诺，收获着一名学生工作干部的成就与满足。他在工作中勤勉务实，严于律己，得到了学校各级领导的高度肯定，赢得了同事的全面信任和大力支持。甘于奉献，勇于创新的他，正用自己的一言一行，谱写学生工作干部的育人新篇。

攻坚克难，统筹协调，开拓浑南校区学生工作新局面

　　张哲同志根据学校的总体工作的安排部署，负责文法等六个学院首批4600余名和第二批软件学院1800余名学生的搬迁工作。面临新校区建设不完善、学生思想不稳定、筹备工作时间紧张等诸多不利因素，他勇于承担，不畏困难，精心筹划，科学安排，多次实地考察，多次调整搬迁方案，加强学生的思想教育，宣传学校发展理念，制定搬迁安全预案，最终顺利完成二次搬迁任务，做到了无一名学生受伤、无一件行李丢失。

　　张哲同志积极协调校内外有关单位和部门，为新入住的学生创造良好的学习生活条件。学生搬迁入住后，面临着无手机通信信号、无网络、无体育运动场所、无夜间出行路灯、无安全保障措施、无超市、无水果店等日常所需无基本保障的情况，学生和家长思想情绪波动很大，他坚持每天走访学生寝室，时刻关注学生动态，同时及时做好学生和家长的思想工作，十一假期

坚持在浑南工作岗位上值守，确保了搬迁入住初期学生的安全稳定。他积极协调学校有关部门和校外有关单位尽快解决学生的生活所需，将学生的冷暖安危始终放在心里，落实在工作中，共处理学生提出的合理化建议二十余条。

张哲同志以制度建设为抓手，开拓学生工作的新局面。建立《浑南校区学生宿舍管理制度》《浑南校区学生有事汇报制度》《浑南校区学生工作干部值班制度》《浑南校区学生工作例会制度》《浑南校区学生突发事件安全预案》等十余项规章制度。分配并初建六个学院的学生工作办公室，组织开展浑南校区学生工作干部工作培训和研讨，迅速建立起学生工作阵地，建立两校区办学条件下的学生工作机制。建立建设浑南校区学生自管会，充分发挥学生组织的自我管理和自我服务功能。

一分付出，一分收获，在学校搬迁至浑南校区的过程中，他主要负责的学生搬迁工作取得了圆满成功，在过渡期，学生工作有效开展，学生迅速进入学习生活状态，为学校下一步的建设和发展奠定了良好的基础。

传承创新，彰显特色，丰富浑南校区学生工作新内涵

张哲同志在工作中不断探索两校区办学的学生工作模式，立足于浑南校区，不断思考浑南校区传承东北大学精神和文化的举措和途径，不断创新工作方式方法，提高学生工作的针对性和实效性。在工作中，大力弘扬新校区建设过程中体现出来的东大人自强不息的东大精神，激发学生爱校、荣校的思想感情，将东大精神在学生工作中体现和传承。组织开展以"我爱我家"为主题的寝室文化建设活动、以"我与母校共成长"为主题的主题教育活动、以"我为社会主义核心价值观代言"为主题的教育活动等多种形式的日常思想政治教育活动。根据浑南校区的实际情况，将大学生的思想政治教育工作和解决学生的实际困难相结合，建立并完善学校与学生沟通的长效机制，依托先锋网建立浑南校区专版、组织开展学生接待日、公布学生工作干

部的电话、实施"暖居工程"等，通过与学生的积极有效沟通，切实解决学生的实际问题近百项，取得了良好的效果。精心筹划和安排，以全新的校园、全新的面貌，顺利完成浑南校区第一届迎新工作。克服场地受限的困难，圆满完成浑南校区第一次军训任务。组织毕业生给母校留言，开展毕业教育，完成毕业生离校工作。做好两校区办学大型活动过程中学生的组织工作。

张哲同志坚持推动的两校区无缝衔接的校园文化建设，常态化的工作推进与重点问题的关注相得益彰，相互促进，使得两校区学生教育及管理工作既浑然一体，又形成了浑南校区特色校区文化。

久久为功，狠抓落实，建立浑南校区学生安全稳定新常态

安全稳定工作关乎学生的安危，关乎学校的建设，张哲同志始终把该项工作作为重中之重，把学生工作的使命和责任始终放在心头。他认真研判了浑南校区学生安全稳定工作面临的形势，深入分析了工作中面临的挑战，建立了"五级学生安全工作队伍体系"和"五项安全教育及管理内容体系"，提出了"两个全覆盖"的安全教育及管理工作理念，出台了值班制度、应急预案、有事报告制度等十余项管理办法。他创新教育形式，建立了"立体式安全教育模式"，将传统的说教式安全教育丰富为学生视听、学生参与、校园覆盖等多种形式，提高了安全教育管理的实效性。同时，他注重网络安全稳定与学生安全信息员队伍建设，建立了专门的网络信息搜集工作队伍和全覆盖的学生安全信息员制度。两年来，共召开安全主题班会100余次，开展全校性安全教育主题活动18次，制作安全教育视频20期，制作并发放《安全教育漫画》《浑南攻略》等材料8000余本，制作安全提示2000余张，组织1300余名学生代表参加安全知识考试。两年内，无一起恶性学生安全稳定事件发生。

此外，张哲同志具有较强的进取精神，严谨笃学，勤于钻研，两年中，

获批沈阳市大学生思想政治教育课题一项，发表论文两篇（其中一篇为核心），获东北大学优秀论文一等奖一项、二等奖一项。参加教育部培训二次，积极开拓视野，不断提升业务水平。

人物简介

张哲，男，中共党员，1978年1月出生，2010年至2014年7月担任东北大学校团委副书记，2014年7月至2017年9月担任东北大学学生处副处长兼浑南校区管委会副主任，2017年10月至今担任浑南校区管理委员会副主任。曾先后获得"东北大学优秀学生工作者""东北大学机关党委优秀共产党员""辽宁省大学生社会实践先进个人""沈阳市优秀团干部"等荣誉称号。

责铭于心，负任砺行

——记浑南校区管理委员会副主任薛必春

责任，不是一个甜美的字眼，它如岩石般冷峻，给人一种约束、一种力量。责任对于每一个人来说都不陌生，但在平时的工作生活中，并不是每一个人都可以时刻将责任二字扛在肩头。薛必春，东北大学优秀共产党员，直属部门服务育人先进工作者标兵，他将责任当作人生的信条，影响着身边每一个人。

伊始之坚，不敌怀情之深

2014年1月，浑南校区管理委员会（以下简称"管委会"）组建成立。在浑南校区投入运行的前期筹备工作中，他积极主动地参加校内外调研，参与谋划浑南校区运行模式的设计。2014年9月，浑南校区正式投入使用，各种问题不断涌现，师生面临的各种问题被无限放大，薛必春通过走访、召开协调会、参加接待日、进行满意度调查等多种途径，全面深入了解校区师生的服务需求和对现有服务的意见建议，与相关职能部门沟通，有针对性地进行调整，并加强信息反馈和结果追踪，尽最大可能为师生排忧解难。他经常说："与其在办公室坐着等师生的建议电话，不如去外面多转转，把问题先解决。"

由于浑南校区远离主校，需要管委会承担的事务相对较多，有些专业性很强的工作，如电力、供暖、绿化、招投标等都需要有系统的专业知识做支撑，同时还要了解国家的相关法律法规。薛必春通过学习，熟练地掌握了相关法规知识，有力地支撑起管委会的技术需求。在短短四年间，薛必春一边开展各项工作，一边起草了管委会各项工作制度和业务规范，包括《东北大学浑南校区物业服务质量检查管理办法》《浑南校区管理委员会固定资产管理暂行办法》等近四十项规章制度。在浑南校区的保障服务采取市场化服务方式的前提下，面对各种商业服务组织，薛必春带领各科长，学习各种法律法规，起草合同条款，制定了一系列严格的规章制度和科学的管理流程，使得各项工作可以依法依规地开展，并有效地防范了各种风险。

2017年，图书馆和新教学楼投入使用。为了保证学生能够如期上课和自习，薛必春多次与物业公司沟通协调，提前谋划，组织楼内的开荒保洁，克服重重困难，满足学生上课和自习的需要。同时，提前策划配备楼内开水器、教师休息室的家具，摆放室内绿植，对教室进行通风等，营造良好的学习环境，他说："我们有责任让在校园里的每一名师生和工作人员的工作、学习得到良好的保证。"

责任，在薛必春看来，不简简单单是一个名词，而是他对这个校区的情怀。

事务之繁，不敌念党之诚

管委会党支部成立于2014年5月，成立四年来，薛必春一直担任管委会党支部书记。"一名合格的共产党员，不能只有共产党员的标签，要真正在工作生活中起到模范带头的作用。"薛必春说。薛必春用自己的实际行动，带动了整个党支部工作、学习的热情。为了把支部建设得有特色、有凝聚力、有战斗力，薛必春除了带领全体党员认真学习《关于新形势下党内政治生活的若干准则》《中国共产党党内监督条例》等党内法规及习近平总书记系列重要讲话精神外，还开展了"与计算机科学与工程学院1506团支部共建""向廖俊波同志学习"等一系列丰富多彩的活动，使得参与其中的全体党员在活动中都提升了自身素质，党性修养也得到了一定提高。

作为党支部书记，繁重的工作任务并没有让薛必春忘记对年轻党员的关心。他积极开展党员思想政治工作，经常与党员同志谈心，了解其思想动态，并设身处地地为他们解决问题。他说："我做一天的党支部书记，我就有责任带好支部里的每一名党员。"

责任，在薛必春看来，不简简单单是一个名词，而是他对爱党事业的忠诚。

护校之难，不敌守校之坚

浑南校区投入使用前期，校园内还有部分建筑并未完全竣工，薛必春考虑到校区师生的安全问题，率先垂范，主动带领管委会的全体男同志担负起校区夜间的值班值守工作，每周都要值夜班，寒暑假、春节期间还要连续值班24小时，可是他从未有过怨言。在薛必春的带领下，浑南校区的安全工作得到了很好的保证。

无论大会小会，薛必春强调最多的就是"安全"。四年来，"安全"仿佛成为了薛必春的代名词。在每月定期召开的部门安全工作会议、每周召开的物业工作例会上，薛必春都第一时间传达学校的安全工作精神，部署、检查安全工作事宜，并且组织各类安全、应急方面的培训，要求相关人员做好详细的安全检查记录。

在安全问题上，薛必春从不敢怠慢。在他的带领下，《浑南校区管委会安全教育培训管理制度》《浑南校区管委会安全事故管理制度》等8项管理制度相继出台。通过层层落实安全工作，与各进驻单位和工作人员签订一系列安全责任书，校区实现了安全工作网格化管理，真正做到了有法可依、有据可查。他说："安全是一切工作的前提保证，保证校区的安全是我们最大的责任。"

责任，在薛必春看来，不简简单单是一个名词，而是他对这个校区的守护。

人物简介

　　薛必春，男，1968年9月生，中共党员，硕士研究生。1993年8月参加工作，现任东北大学浑南校区管委会副主任。先后多次荣获"东北大学优秀共产党员""东北大学先进教育工作者"等荣誉称号。

初心不忘，教学研究两手抓

——记东北振兴研究院副院长李凯教授

一边，是教书育人、体贴学生的老师；一边，是精于科研、带领团队发展的副院长。东北大学工商管理学院的李凯教授，一人担起两项重任，为学生的发展及东北振兴的研究做出了突出贡献。

科研面向实践，高要求、深层次追随新时代主题

2015年10月，在中央对东北地区等老工业基地振兴做出新一轮战略部署的大背景下，东北大学和中国（海南）改革发展研究院联合发起设立"中国东北振兴研究院"。2016年4月13日，国家发改委办公厅复函东北大学和中国（海南）改革发展研究院，同意国家发改委作为中国东北振兴研究院的指导单位，指定振兴司作为日常联系协调单位，并要求东北大学和中国（海南）改革发展研究院将"中国东北振兴研究院"建设成为以"东北振兴理论和政策研究"为特色的新型高端智库。研究院在时代的要求下应运而生，工商管理学院的李凯教授担任研究院的副院长。

不懈努力、久久为功，向东北振兴事业交上优秀答卷

李院长主持的东北振兴研究院的日常工作主要分为四部分：课题研究、智库活动、人才培养和咨政服务。

第一部分课题研究主要是开展东北振兴理论、政策和战略研究，参加国家发改委和东北三省一区发改委组织的研究研讨和调研活动，承担国家发改

委、其他国家部委和东北三省一区政府委托的重大政策与战略课题，组织相关机构和研究人员开展课题申报、课题招标等工作。第二部分是智库活动。活动包括举办每年一届的东北振兴论坛，组织东北振兴重大难点热点问题的交流研讨活动，创建东北振兴大讲堂，开展与振兴东北老工业基地相关的国际学术交流合作活动。在每一年的东北振兴论坛上，李院长都会做专家发言，向大家展示最新的研究成果。第三部分是人才培养。前期主要是公务员的培训，培训对象以东北三省县处级领导干部为主，提供专题研讨与专题培训服务。第四部分是咨政服务。主要是加强舆论引导，就东北振兴重大问题在主流媒体主动发声，形成社会影响，为东北振兴营造良好的舆论环境，传递正能量。同时，围绕地方政府需求，承接各类项目，解决经济社会发展中遇到的实际问题。

成立两年多以来，东北振兴研究院已经取得较好的成绩：研究院编制的《中国东北振兴研究院简报》，及时报送国务院东北地区老工业基地指导小组成员单位、东北四省区党委、政府及相关厅局、社科院、高校等部门。时任中央政治局委员、国务院副总理刘延东，时任国家发改委主任徐绍史等领导都对简报做出了重要批示，体现了国家领导机关对研究院工作的高度认可与重视；研究院汇集、处理与储存东北振兴动态数据信息，为党和国家东北振兴决策提供信息服务，并跟踪评估全面振兴东北老工业基地的动态进程，撰写出版的《东北老工业基地全面振兴进程评价报告》蓝皮书，是李院长带领下研究院的标志性成果；此外，一年一届的东北振兴论坛，已在全国范围内具有较大的影响力，也成为目前研究院的标志性成果。以2017东北振兴论坛为例，论坛当日观看新华网视频直播的网络在线人数达1.14亿人，所有端口总浏览量达3.92亿人次。"2017东北振兴论坛"初步成为网络热词，新华社、新华网、人民网、中国新闻网、央广网、中新社、中国新闻网、《中国青年报》、中国网等全国性媒体转载论坛报道百余篇，研究院在东北振兴研究领域的重要地位逐步凸显，影响力与日俱增。

身为人民教师，就要以学生的获得感为己任

除了日常在研究院的工作，李凯作为工商管理学院的教授，同时肩负着日常上课及带领研究生、博士生进行课题研究的工作。在学生的眼中，李凯是一名细致贴心的好老师。目前，李凯老师负责十名硕士生、十名博士生的日常指导工作。每周三上午，他会和学生们一起参加研讨会，听取学生们最近的研究成果，让大家互相交流、各抒己见，同时针对每名学生的研究课题逐一进行指导。平日里，他还会根据学生们的具体情况，灵活安排时间，对学生进行一对一的单独指导，讨论学术论文。学生眼中的李老师也是一位热心的老师，针对家庭困难的同学，他会额外资助一部分生活补助，帮助学生缓解经济上的压力。

教学研究两手抓，李凯院长正以卓越的行动响应新时代现代化建设的号召——努力探索教学新路子、实现科研新突破、创新振兴新模式、促进实践新发展。

人物简介

李凯，男，中共党员。东北大学教授，博士生导师，兼任东北振兴研究院副院长，教育部高等学校经济学类专业教学指导委员会委员。作为负责人之一，指导完成了国家科技攻关重大计划项目"沈阳市用高新技术改造传统装备制造业示范工程"及其核心子课题"沈阳市用高新技术改造传统装备制造业、推进先进装备制造基地建设战略与对策研究"，其成果支持了中央关于东北老工业基地振兴的战略决策。作为负责人承担了国家自然科学基金项目3项，教育部博士点基金项目、省市纵向课题及企业项目20余项，出版专著4部，在学术期刊《管理世界》《中国工业经济》《中国软科学》《管理评论》《南开管理评论》等发表学术论文100余篇，获得部级优秀教学成果一等奖，辽宁省科学技术进步奖三等奖，中国机械工业科学技术奖二等奖，中国黄金协会科学技术

奖二等奖，辽宁省自然科学学术成果一、二等奖，全国优秀科技工作者及辽宁省优秀科技工作者等多项奖励。

桃李不言，下自成蹊

——记跨文化战略研究院办公室主任王一

初识王老师，只觉此人英姿飒飒，言谈举止颇为儒雅。短暂接触后，便会被他热忱的工作态度和迎难而上的决心所折服。交往长久了，又会受其触动：他把工作视为自己的事业与青春，对他的崇敬又更深了一层。

以学生为根本，矢志不渝

2005年，从东北大学思想政治教育专业毕业的王一，毅然选择留校工作，从事的是他最喜爱的学生工作。从一名普通的学生辅导员，到文法学院团委书记，再到文法学院学办主任，他把自己最宝贵的十年奉献在了他挚爱的学生工作岗位上。

十年间，王老师共带出三届毕业生，他们奋斗在全国各地各领域的工作岗位上。对于学生就业这件事情，王老师可谓煞费苦心。从大一起，每个学生都会受到职业生涯规划的指导，在不同阶段会有不同侧重。大一时注重树立职业生涯规划意识和充分认识自我；大二时注重综合素质与能力的提升；大三时引导学生锁定职业目标；大四时引导学生树立正确的就业观，做好就业准备。指导学生就业的工作是一项讲究方法并且周期极长的工程，在王老师的办公硬盘中，存有每一名学生的具体信息，包括家庭情况、性格特征与就业愿望，他会根据不同学生的不同特长开展个别化引导。因此，王老师带出的每一届学生，在就业率与就业质量上都是极佳的。

在担任文法学院团委书记期间，王老师打造了一支行动力强、综合素质高的学生会队伍，这支队伍活跃于东北大学的团学工作中，举办的各项活动质量在全校都是有目共睹的。无论是每年元旦晚会上的华丽绽放，还是文化艺术节上的精彩纷呈，再或者是运动会上的有力保障，文法学院学生会的标签向来是"来之能战，战则必胜！"值得一提的是，2013年，由文法学院创作的话剧《离离原上草》在全校公演，不仅在校内受到了好评，更得到了新华网、《中国青年报》、《辽沈晚报》等多家媒体的广泛报道。而这部话剧，从编剧到演员，再到工作人员，无一不是文法学院学生会的成员，而王老师更是这部话剧的执行导演。王老师不仅自己做事雷厉风行、思路清晰、逻辑严谨、敢打敢拼，还把这种素质传递给了他带领的学生。

在指导学生期间，王老师不仅注重学生的就业问题与综合素质的培养，更注重对学生奉献意识与志愿服务意识的树立。担任文法学院团委书记期间，他鼓励学生积极参加志愿服务活动，并且亲力亲为，带领学生到新民县公主屯小学参与支教活动，并且与该小学建立了长期的支教合作关系。在一系列爱心志愿活动成功举办的基础上，王老师领导文法学院团委组建了"小蚂蚁爱心服务站""阳光志愿者协会""东北大学绿色力量环保协会"等一批以爱心志愿服务为主旨的学生社团，立足文法，服务东大，面向整个沈阳。

在全情投入工作的基础上，王老师还时刻关注国内学生工作理论的前沿成果与发展趋势，并且为此立言著说笔耕不辍。2008年，《当前高校大学生榜样教育的困境与对策分析》获得2008年度辽宁省高校思想政治教育优秀论文二等奖。同年，《当前高校大学生榜样教育的困境与对策分析》获得2008年度辽宁省高校思想政治教育优秀论文二等奖。《浅析网络时代背景下的大学生思想政治教育》获得冶金高校思想政治教育研究会2009年度优秀论文一等奖。2010年，论文《大学生网络成瘾的成因、危害分析及对策研究》被评为辽宁省高等学校心理健康教育研究会第六届优秀论文二等奖；论文《分阶段实施大学生职业生涯规划教育的研究》发表在国内高水平期刊上。2013年，他代表东北大学参加了在北京大学举办的第五届全国体验教育高峰论坛。他始终相信，杰出的实践成果离不开扎实丰富的理论基础，这是他努力学习的动力源泉。

以未来为导向，拼搏不止

2016年，王老师离开了他心爱的学生工作岗位，走向了"跨文化战略研究院"这一全新的工作阵地。作为与国家汉办合作的成果，"跨文化战略研究院"极为年轻，其发展路径在全国都没有经验可循，只能摸着石头过河。面对并不熟悉的工作内容，王老师不断给自己充电补习，迅速适应了新的工作内容与工作机制。两年来，王老师多次走访国家汉办，为研究院拉项目、拉资金。在他的不懈努力下，2016年研究院顺利且高质量地完成国家汉办委托的研究项目"孔子学院舆情分析"，获得了高度赞扬。

针对研究院的未来发展，王老师不断与研究院领导进行讨论，共同思考。自2016年以来，研究院与沈阳市和平区委联合举办了两届"中国家教家风论坛"，邀请国内专家学者、行业模范共同研讨，在沈阳市乃至全国都取得了示范效应，为家教家风这一优良传统的弘扬起到了积极的推进作用。针对社区建设与社会治理的热点问题，两年来研究院承接了东北大学城乡社区建设研究院的项目，与省民政厅开展合作，利用东北大学的专家优势为全省的民政干部举办了一系列讲座，同样在全省范围内收获了极佳的口碑，也为跨文化战略研究院打造了一块亮眼的品牌。一场场论坛与培训的成功举办，背后依靠的是王老师严谨的考证与细致的布控。一次次考察场地，一遍遍审核材料，一场场身体力行的后勤保障，他用热情与汗水浇灌出研究院的发展成果。

从2016年开始，王老师还担任东北大学黑龙江省招生组的副组长，负责学校的招生宣传工作。黑龙江省地域广阔，并且交通不便，大部分城市仍没有通行的高铁，并且招生组内人员缺乏，工作推进的难度可想而知。然而，就是在这样的情况下，王老师带领两三个研究生，走遍了黑龙江省的各个地市开展招生工作，与大部分省级重点中学建立了优质生源基地，帮助东北大学在当地扩大了知名度。同时，东大近三年来在黑龙江省的录取分数线持续增高，为我校优质生源的输送打下了坚实的基础。

以热血浇灌事业，青春无悔

都说身体是革命的本钱，然而视工作为生命的王老师的身体却总是亮起警示灯。长期劳累的工作攒下了一身职业病，但是在工作需要的时候，他又总是将自己的身体状况置之度外。认识他的人，一定会熟悉这样的场景：王老师裹着厚实的衣服，手腕上还有没来得及揭下的吊瓶胶条，带着保温杯，在晚会或其他大型活动的场地中，有条不紊又热情洋溢地指挥着会场的每一个人。似乎是有些违和，但每个人心底都为之一暖，似乎有他在，便没有什么解决不了的问题。

王一，男，1982年出生于辽宁大连，东北大学跨文化战略研究院办公室主任，讲师。2005年参加工作，先后担任文法学院团委书记和文法学院学生工作办公室主任，东北大学黑龙江省招生工作组副组长。曾荣获辽宁省高校思想政治教育优秀论文二等奖一次，冶金高校思想政治教育研究会优秀论文一等奖一次，2010年辽宁省大中学生暑期社会实践活动先进个人，2012年辽宁省大中学生暑期"社会实践与社会观察"活动先进个人，沈阳市优秀辅导员一次，沈阳市社会实践优秀指导教师一次，沈阳高校大学生思想政治教育工作创新奖三等奖一次，东北大学优秀辅导员四次，东北大学优秀团干部五次。

筑梦东大·那份情怀和期盼

五月校园随想

于春艳

徜徉在五月春光的校园里，煦暖的风吹拂着面庞，绵密的阳光透过花期刚过、叶片还不茂盛的海棠花树，照在文管学馆门前的青红砖小广场上。

这是我们搬到新校区的第四个年头。

在这四年里，我们亲眼目睹了浑南校区的建设：从刚搬来时大片荒地上几栋教学楼的荒凉，到现在碧波荡漾的小南湖畔芳草依依、绿柳成行；风雨操场、公共教学楼、新学生宿舍的建成给师生提供了更多学习和生活的便利；质朴而庄严厚重的现代化图书馆的投入使用让校园更添浓浓书香；还有正在建设中的学生中心、田径场、自然花溪等景观绿化工程施工现场火热而繁忙……

回想第一次走进远离市区的浑南校区的那个秋天，满眼黄土、几座红楼、片片荒草；尽管办公室更大、条件更好，有班车接送，有物美价廉的工作餐；尽管知道浑南校区还在建设完善，而搬迁到新校区会为学院发展创造更好的物质条件、提供更广阔的空间，但是要说我们搬得甘之如饴、欢欣鼓舞那是不可能的，更多的是无奈和对南湖校区的不舍和眷恋。

记得搬迁当天有校报记者采访我们一个同事，问他搬迁新校区的感受，那个同事望着窗外大片的荒地，迟疑了一下，说："新校区好啊，敞亮！"被我们一时引为笑谈。如今回想起来，那宣之于口的称赞背后，有多少无法直抒的怅怀。

时光如水匆匆流过，浑南校区也从简陋到日趋完善，虽然很多在建项目依然正在紧张地施工，但校园已经不再是杂草丛生、尘土飞扬的建筑工地，我们也不会再雨水和着稀泥踩下一串串脚印。在不经意间，校园每天都发生着变化，就像春天树木的枝叶，一不留神，已经由刚抽青的嫩芽长成舒展的叶片。

就像在这样煦暖的春日，吃过丰盛的自助午餐，你可以和同事相伴去小南湖散步，在湖畔看看长得还不太大的锦鲤在水中结伴而游，偶有观鱼的人投喂一些馒头面包，锦鲤争相抢食，就会在碧波上掀起一片浅浅的红浪；也可以在校园里随便转转，看看生机勃勃的春日美景，看看新校区建设的日新月异，伴随挖掘机的操作声，在心中勾勒一下校区建成后的风景。

如果你喜欢运动，也许会相约三五伙伴，背上运动装备，到风雨操场来一场酣畅淋漓的篮球赛；或打打羽毛球、台球、乒乓球；或和着音乐节拍在跑步机上任汗水肆意流淌，伴着自己自由而急促的呼吸，让思想在奔跑中天马行空。

又或者，你更喜欢静谧美好的午后时光，那可以去图书馆坐坐——可以在巨大的落地玻璃窗前，沐浴着阳光遨游书海，也可以在温暖柔和的台灯下，温馨、恬静地体验阅读的美好；或者去图书馆一楼西北角的咖啡书吧，选一本好书，捧一杯香茗，伴随氤氲袅娜的香气，指尖在书页间流连，在舒适的阅读环境中放任时间安静流淌，也可以在这惬意的交流空间里与同事、好友共享；要不去朗读亭点一篇直抒胸臆的美文也行，或激情澎湃，或隽永婉转，体会朗读的乐趣。

心安即是归处。四年来，我们已经渐渐融入浑南校区，爱上了这个正在蓬勃快速建设发展的新校园，这里是莘莘学子的人生驿站，也是我们教职工事业发展的平台和生活的家园。虽然我们依然怀念南湖校区的那座管理楼，怀念学院门前的银杏树，怀念汉卿会堂花园里的小松鼠，怀念碧波荡漾的南湖……毕竟那里承载了我们太多美好而珍贵的回忆和我们奋斗的青春。但我们更清楚，在浑南校区这片充满朝气的沃土上，管理学院的今天和未来会有更多的高层次学术领军人才和中青年学术骨干携手同行，向着"在管理和经济学领域，成为国内一流、国际知名的高水平研究型学院"的目标继续前进，为东北大学"双一流"建设和建成"在中国新型工业化进程中起引领作用的'中国特色、世界一流'大学"贡献力量。

时光容易把人抛，红了樱桃，绿了芭蕉。又是一年五月，春夏之交的风格外温柔，腼腆而又热烈地拥抱着这个校园中一颗颗奔放不羁的心和他们所追逐的梦——在两侧还间或能看到挖掘机和施工现场的校园路上，学子背着书包步履匆匆，宽敞明亮的自习室里都是埋着头写写算算的认真执着，设施齐备的室内外运动场上青春光影奔跑跳跃，高品质现代化图书馆里有沉浸于书海中的睿智思考……不久的将来，这些如五月般充满活力、满怀激情与梦想的学子们，会离开这个也如五月般生机盎然的校园，奔向繁花似锦、灿烂炽热的人生之夏，并在人生的收获之季采摘累累硕果……

远离城市的喧嚣，浑南校区在五月和煦的暖风中散发着纯净与自然的美好，也释放着蓬勃的朝气和积极进取、力争上游的意志。它不仅有着淳厚内敛、沉稳大气的建筑群落，也继承了东北大学厚重的历史积淀和人文情怀，更为东大注入新的活力，为东大文科和新兴学科的发展提供更加广阔的发展空间，在建设一流大学的新起点上，引领着一批批新时代青年自强不息、知行合一地开始新的征程，去探索精彩的新世界，去创造更加美好的明天。而如火如荼建设发展中的浑南校区也必将迎来绚丽多彩的繁盛夏天和硕果累累的收获季节，续写东北大学波澜壮阔的历史新篇章。

于春艳，东北大学工商管理学院《冶金经济与管理》编辑部老师。

东大·浑南·青春风

马艺菲

　　九十五载的峥嵘岁月，九十五载的春华秋实，蓦然回首，您已走过风风雨雨，九十五载的春风化雨，九十五载的桃李芬芳，翘首凝望，您已经饱经风霜。乘风破浪抑或是轻曳扁舟，大步流星抑或是不疾不徐，沧桑巨变，白云苍狗，九十五年，不变的是您风雨兼程、砥砺前行的坚定；不变的是您书香翰墨、薪火相传的精神。时光荏苒，白驹过隙，我已经在这个充满梦想的校园里度过了三年时光，在这一千多个日日夜夜里，我的喜怒哀乐，我的荣辱得失，都与您分享，您已经是我另一个家，另一个感情的归宿。

　　"海不辞水，故能成其大；山不辞土石，故能成其高"。东北大学，正是以兼容并蓄、创新开放的精神迈着步子，吸收着新时代的理念与思想，成为时代的弄潮儿。东北大学浑南校区正是在这样的精神理念下茁壮成长。东北大学浑南校区建设用地1337.55亩（约89万平方米），一期建设项目的十个单体建筑楼包括图书馆、信息科学大楼(信息学馆)、生命科学大楼(生命学馆)、文科一楼(文管学馆)、文科二楼(建筑学馆)、风雨操场、学生生活服务中心和学生宿舍，分别由全国八大著名设计院的顶级大师设计完成。东北大学浑南校区从根本上解决了制约东北大学发展的瓶颈问题，提升了学校办学空间，改善了学校的办学条件，为广大师生工作和学习提供了优质的现代化的教育资源和生活环境。浑南校区重点扶持文科与新兴学科发展，进一步优化学校的学科布局，促进学校办学规模、质量、结构、效益协调发展。浑南校区力争建成科学民主的学术校园、信息快捷的数字化校园、高雅优美的文明校园、健康环保的绿色校园、与社会和谐互动的开放校园，将成为推动学校进一步跃升、服务区域经济社会发展、走好新型工业化道路的强大引擎，成为沈城南部又一道靓丽的风景。

我作为一名东大人已经三年多了，在这一千多个日日夜夜里，我也和东北大学浑南校区一起成长，一起进步。浑南校区管理委员会是一个温馨的大家庭。我初到这里时，还是一个刚步入社会的学生，是这个大家庭鼓励我、包容我、督促我、鞭策我，使我更加进步，使我更为成熟。记得刚进东大的时候，我还是一个懵懂的姑娘，主要从事办公室宣传及网络推广工作。虽然是些发布公告、编册插图的工作，看似不起眼，但却非常磨炼人的意志和考验人的耐心。不管在哪个岗位上，我都把自己当作一颗螺丝钉，组织把我拧在哪里，我就在哪里发挥作用。在这三年里，以前做事马虎粗心的我，渐渐变得耐心细致了，不管事情有多忙多累，我从不抱怨，而是一件件地完成所有的工作。我学会了在工作前把要做的事情列好清单，完成后再一一划掉，以免有任何差错和遗漏。工作完成后仔细检查校对，确保工作零失误。在领导的关怀和同事的信任中，我牢记理想，努力奋进，做好每一次工作，信息采集及时彻底，情况通报简练透明，信息交流明确认真，发挥出管理委员会作为浑南校区的协调枢纽作用。但是在工作中，我有时候性格还会显得有些急躁，做事想法有些简单，拿捏事情欠缺分寸，容易冲动和情绪化。这些都是我需要改进成长的方向。我会继续努力，在东北大学的怀抱中茁壮成长为一名优秀的东大人，为东大贡献自己的力量，为东大庆祝一个又一个生日。

世间的万物都在不停地展示自己的风采……从东升的太阳中寻找节奏，从葱绿的森林中寻找色彩，那翠绿的树叶在风中快乐地摇摆，使整个校园都弥漫着绿的清香——这是青春的颂歌。我们的青春为何这般朝气蓬勃？我们的生活为何这般龙腾虎跃？因为我们都有不变的理想，为那不变的理想而为之奋斗；因为我们相信，希望和奇迹永远存在。千百个东大人，凝聚在一起，努力奋斗，使四野永不荒凉，使未来充满希望。找一片沃土，播种我们的希望；引一道清泉，浇灌我们的理想；洒一缕阳光，照耀我们的前程；择一片天空，腾飞我们的梦想。

马艺菲，东北大学浑南校区管理委员会综合管理办公室老师。

经年"戎马"，霜鬓为谁？

马立晓

2011年6月，基建处处长成为了我新的身份。一年后，学校机构调整，新校区建设办公室与基建处合并，我正式接手新校区建设工作。开疆拓土的艰难只有亲身经历才知道，诚如我题目所用的"戎马"一样，艰难而豪壮。新校区建设初期，浑南校区选址用地是一片水田，周边居民基本迁移完毕，几处破败的民舍更徒增荒凉。我带领新校区建设的同志们每天往返于老校区与这片寄托了数代东大人梦想的土地之间，没有办公室，一把遮阳伞和几把塑料凳撑起最初的建设任务；没有食堂和热水，便跟工地工人吃住在一起；没有取暖设施，只有厚厚的绿面棉大衣包裹；没有手机信号，只有人手一台的对讲机指挥着新校区马不停蹄的建设。吃住在工地成为工作常态，我最长的一次40天未回家，每天既要运筹帷幄，把控全局，又要巡视工地，落实节点，深夜和凌晨也需要经常到工地巡视。自新校区建设至今，全体建设者几乎放弃了所有节假日，日夜冬夏奋战在建设一线，才完成了这项艰巨的任务。

校区建设与单体建筑建设不同，校区整体的管网、围墙、道路等基础工程均需要从头做起，哪一项未考虑周全都会给后续校区运行带来问题，我丝毫不敢松懈，新校区的建设得益于全体新校区建设者团结一心、攻坚克难，也得益于几个"老伙计"专业总工的辛勤付出。每每想到这，心中难免悲痛，虽然逝者已矣，但总会回想起一起奋战的日子。新校区建设除了工期紧、任务重、资金压力大等诸多困难，还有周边治安环境带给我们的挑战。

他们都说我严格，经常会在工地上训斥人，监理单位和施工单位均有不符合要求的管理技术人员被我开除。其实对于个人来说，训斥人只是一种管理手段，在那段特定的历史条件下，在诸多条件的限制下，想要如期交工，确保学校顺利搬迁，没有"铁腕管理"是不可能实现的。看着一栋栋建筑拔地而起，顺利交工，新校区建设团队也在此过程中不断成熟壮大，作为团队带头人，我备感欣慰。

仅用不到两年时间，在四季分明的东北，有效时间仅有不到15个月的时间内，新校区建设者完成了一期八大单体建筑和道路、综合管网等基础设施的交付使用，真可谓是"奇迹"，而"奇迹"创造的背后是新校区建设团队的奉献与担当。这一奋斗历程是东大人新时代"自强不息、知行合一"精神的最好诠释，更是助力学校"双一流"建设的坚强力量，为学校开疆拓土的几年历程已成为我人生中最重要的记忆、最艰辛的记忆、最难舍的记忆！

马立晓，东北大学基建管理处原处长。

让我难忘的浑南岁月

马 波

亲身参与浑南校区图书馆临时分馆和正式馆建设的众多回忆和经历，至今仍让我难以忘怀。

记得第一次走进东北大学浑南新校区是在2014年9月。为配合学校先期几个学院进驻浑南校区的整体部署，校领导班子决定，要在浑南校区建筑馆B座一楼和三楼成立浑南校区图书馆临时分馆，即图书馆浑南校区读者服务部。图书馆全体馆员积极响应，在完成南湖校区图书馆各自岗位本职工作之余，利用其他时间积极投身到浑南校区临时分馆的图书转运和图书上架工作中。我的第一次浑南之旅就是在这样的大背景下开始的。记得那天是一个星期六的早晨，天空淅淅沥沥地下着小雨，我和同事们怀揣着激动的心情坐上了南湖通往浑南校区的班车，经过近40分钟的颠簸，我们来到了浑南校区。下车后映入眼帘的与我在旅途中的美好想象产生了极大的反差，校园里一片黄土，没有明确的道路和指示标识，弯曲和坑洼的土路在小雨中显得格外泥泞，正在忙碌施工的工人随处可见，图书馆的正式馆舍被高高的脚手架和墨绿色围挡罩得严严实实，看不清它的模样。临时分馆设在校园西北侧建筑馆B座内的一楼和三楼内，至今我仍清晰地记得临时分馆内那崭新而又摆放整齐的书架和阅览座位，记得垛得高高的打包待上架图书，记得各种标配的网络和自助借还设备，记得馆员们轰轰烈烈、热火朝天的图书上架工作场面，也同样记得建筑馆B座内的电梯不通、卫生间禁用、手机信号不通等艰苦条件和工作环境，以及馆办刘主任从白塔堡定盒饭，中午大家围坐一起，有说有笑的聚餐场面……

再次来到浑南校区，并参与浑南新馆建设，已经是2017年1月，图书馆正式馆投入使用之前，需要将提前预留的打包图书转运至浑南新馆，并进行图书精确上架，我们几名部主任陪同馆长提前查看新馆场地和书架情况，并为后续寒假的全馆中图法图书转运和上架工作做好前期准备。经过两年半的建设，此时的浑南校区已经发生翻天覆地的变化，整齐的教学楼和学生宿舍，窗明几净的学生食堂，干净整洁的柏油马路和停车场，清晰的指示标牌，大气而设施先进的体育场馆等一个个地映入我的眼帘。说实话，这是我第一次看见浑南新馆的真实面目，如此宏伟和高大的馆舍建筑，整体风格和红砖色调与整个校区十分协调一致，走进图书馆正馆，虽然内装工人仍在继续施工，我们仍然可以感受到3.9万平方米馆舍的空旷，初入新馆的心情是兴奋和幸福的，好像刘姥姥进大观园一样，看哪儿都很好奇和新鲜，宏大的馆舍四通八达，使得初来乍到的我们很容易迷路……再次来到浑南校区并初次走进图书馆新馆，我们每个人都感受很深，新校区的快速发展和巨大变化凝结了全体建设者的辛勤和汗水，而随着图书馆新馆舍的交工和投入使用，我们每一名图书馆员也同样感受到了肩上的压力和重任。不忘初心，牢记使命，严格做好馆舍接收，尽快捋顺业务工作，努力做好新馆馆藏建设，尽快创造出优雅舒适的读者借阅环境，尽快让华丽而大气的现代化馆舍早日发挥出其在浑南校园教学科研文献保障中的突出作用。作为东北大学图书馆的一员，我感觉任重而道远，那天，我暗暗下定决心，一定要积极参与浑南校区图书馆的馆藏建设工作，努力把领导交予的工作任务做好。在后续的寒假浑南新馆中图法图书上架工作中，我们又看到图书馆全体馆员那熟悉而热火朝天的图书拆包上架工作场面，这种场景似曾相识，工作虽然十分辛苦，但每一名馆员的内心却无比快乐，能够亲身参与到这百年不遇的图书馆新馆建设工作中是每一名东大图书馆人的自豪和荣耀，看到浑南校园美丽的阅读环境由我们自己亲手创造，我亦感到今生无憾。

也许是命中注定我与浑南新馆的缘分未尽，2017年2月开学之前，受馆领导指派，我被调派浑南新馆五楼，全面负责五楼馆藏建设和楼层管理工作。说实话，调派浑南对我的家庭影响很大，但家人的支持让我很快打消了远赴浑南新馆工作的顾虑，把年幼的孩子交给父母，坚决服从组织安排，绝不辜负领导期望，到图书馆最需要我也是最艰苦的地方去，去努力实现属于自己的人生价值。来到浑南新馆正式报到后，理想和现实的落差仍然超出了我的想象，馆舍的内装施工仍未结束，室内环境恶劣；缺乏办公场地和办公设备；五楼书架不全，后续书架到馆日期仍不确定；待拆包上架科图法图书总量很大（近21万册），且来源复杂，工期紧，任务重；五楼馆员配备较少，只有6名，且都与我缺乏相互了解……面对这样艰苦的工作条件和复杂局面，我没有怨天尤人，而是始终保持着建设浑南新馆的信心和责任感，勇于担当，积极思考，并深挖内部潜力，尽力为图书馆搬迁领导小组分忧，能自己解决的困难决不向领导张嘴要条件，力争把工作做好。面对6989包（近21万册）科图图书排架混乱的复杂局面，我积极组织楼层馆员现场研究解决问题的最佳工作流程，并严抓过程控制和结果检验，努力保证图书上架排架准确率，力争把这项工作做成良心工程。面对人手严重不足的现实困境，我积极调整现有馆员的工作时间，并充分利用劳务公司、学生馆员与学生自愿者等外部资源，努力保证工作进度。作为党员和楼层主任，我能够时刻做好群众表率，亲力亲为并努力带动大家克服困难，勇敢前行，毫不夸张地说，我亲自上架和排架图书的工作量不比任何一名楼层馆员少。正是这种团结带领和坚持，才使得缺兵少将的我们漂亮地完成了如此巨大的工作。2017年7月，我被评为2017年度东北大学直属部门"服务育人"先进工作者。

回首我所亲历的诸多浑南岁月，尤其是亲历的浑南新馆五楼馆藏建设工作，感触颇多。我深深地感到，要想把浑南新馆建设好，我们每一名东大图书馆人都应该做到勇于担当，并尽力做好自己的本职工作。首先，作为东大图书馆人，我们都应该树立爱党、爱国、爱校、爱馆的理想和信念，并积极投身于学校和图书馆的发展和建设中，永远将参与学校发展建设，尤其是将参与现阶段浑南校区的发展建设作为实现个人价值的最好体现；其次，作为一名图书馆部主任和党员，我应该做到勇于担当，努力做到亲力亲为，并时

175

刻为普通馆员做好表率，基层领导干部的言传身教、引领和带动永远都是完成一切艰难险阻的成功保障；再次，作为一名图书馆的基层业务干部，在遇到实际困难时，我不应该怨天尤人，而是应该不等不靠，多动脑筋，集思广益，深挖潜力，办法总比困难多，只要永远保持旺盛的斗志和信心，就没有战胜不了的困难；最后，作为一名浑南新馆的楼层主任，我更要做到对下属楼层馆员的时刻关爱，多与馆员做好心灵的沟通，并努力共同构建一支积极乐观、团结向上、业务能力扎实的读者服务队伍，良好的读者服务团队永远都是完成各种业务工作及输出高水平读者服务的有力保障。在浑南新馆将近一年半的工作中，我与我的馆员团队从陌生到熟知，在工作中已经建立起十分深厚的情感，我想这种在同甘共苦中所建立起来的真情实感正是众多浑南岁月的真实写照。

回忆珍贵，但我更想展望未来，站在美丽的浑南校区图书馆前，我愿意对它大声呼喊："我热爱你，我愿意自觉付出，我愿意将你建设得越来越美好！"

马波，东北大学图书馆流通部副主任。

新时代、新东大、新梦想

亓红强

时间的巨轮缓缓而动，在历史的书扉上留下他深刻的痕迹。逝者如斯夫，不舍昼夜。几经坎坷，几多波折，中国共产党引领中国人民走上了新时代新征程。东北大学也在国家进步、民族发展的过程中担当着自己的使命。

还记得1923年，民族浩荡国家存亡，领土与侵略、野心与阴谋、权力与斗争犹如一片乌云笼罩在东北这片肥沃的黑土地上。然有识之士笃定：若要中国强，必要少年强。在一批爱国人士的共同努力下，东北大学于1923年诞生，后张学良担任校长，陆续整改教育体系，不惜花重金引进当时的青年才俊、各界巨擘。可以说沈阳设校、经始维艰，更恰逢国难当头、生灵涂炭，百姓悲恸欲绝、罹遭摧残……日寇侵华，华北之下再容不下一张安静的书桌，东大学子被迫走上了流离燕市、转徙长安的西迁道路。然则，一二·九运动中，东大学子首当其冲、示威游街、长歌当哭，高呼："勖尔多士，复我河山。"痛国难之未已，恒怒火之中烧。一边爱国一边学习，一半理想一半信仰，化腐朽为神奇，于乱世书写奇迹。时过境迁、沧海桑田，多少年过去，今天的中国已发生了翻天覆地的变化，几代东大人虽有逢世盛衰的差别，但永远不变的是东大人"自强不息、知行合一"的品质，与祖国同呼吸、与民族共命运的爱国情怀。

我们如今的新时代，既是近代以来中华民族发展的最好时代，也是实现中华民族伟大复兴的最关键时期。广大青年既拥有广阔发展空间，也承载着伟大时代使命。梁启超曾有言："故今日之责任，不在他人，而全在我少年。"古尚如此，今更如此。少年智则国智，少年富则国富，少年强则国强，少年独立则国独立，少年进步则国进步。在党的十八大精神指引下，为

了实现跨越式发展，东北大学校领导班子高瞻远瞩、另觅校区，于2013年开始实施浑南校区建设计划。从前期设计到后期施工，从打好坚实的地基到"叮叮咚咚"的装修，从最初零星的两栋学生宿舍楼到如今各学馆的鳞次栉比，从开始的荒草丛生到现在的园林花草的栽种、明亮宽敞的教室、高级先进的实验室设备、舒适静谧的图书馆……东大始终坚守为学生切身利益着想的原则、为国家培养栋梁的目标，短短18个月的时间，浑南校区投入使用，四年不见，美丽的浑南校区呈现眼帘，用实际行动诠释了什么是"东大速度"。而作为首批搬入浑南校区的生命科学与健康学院，更是东北大学建设发展过程的又一力作，他为东北大学未来学科建设和发展开辟了新的战场。"三顾茅庐"聘请知名学者和教授、不惜重金购买先进仪器设备，这些都凸显出学校党政班子推进学校建设发展的决心和勇气。在推进学院建设和发展中，老师们更是宵衣旰食，中组部"千人计划""特聘教授"等专家、学者亲赴讲台传授知识，*Nature Communications*、*Proceedings of the National Academy of Sciences of the United States of America*（简称*PNAS*）等期刊上一批有重大影响力的文章陆续刊发，在"播种计划—苗圃计划—青林计划"为主要内容的培育体系下，学生们也纷纷拿下了国际遗传机器设计大赛（iGEM）金奖、全国生命科学创新创业大赛一等奖等成绩，本科生以第一作者身份发表SCI论文达10篇以上……

东北大学的故事还在继续，百年校庆指日可待，每一个东大人心中都有一个梦想，那就是东大发展与民族振兴紧密相连。青年学生应肩负着伟大时代使命，以青春之我、奋斗之我，为民族复兴和祖国建设添砖加瓦。青年是新时代的见证者，青年是新时代的开创者，青年是新时代的建设者，青年生逢其时大有可为。只要永怀自强之心，坚持奋斗之行，我们必将实现我们的"东大梦"。

亓红强，东北大学生命科学与健康学院党委副书记、副院长。

浑南新图书馆建设中的一些记忆

刘　畅

东北的春天总是让人对它又爱又恨，爱它的冰雪消融向暖复苏，恨它的阴晴不定转瞬即逝。今天的天气格外不错，前一日的小雨过后，校园里到处散发着泥土和草木混杂的清新味道，坐在五楼南面向阳的办公区里，回转座椅望向窗外，此刻正是上午第一二节学生下课的时间，楼前的主路上满满地走着来往的各色学生，有的上完课急匆匆地赶去远一点的教学楼开始下一节课，有的划着滑板戴着耳机往寝室楼的方向滑去，有的则是三两说笑着相伴走进图书馆……每天的这个时候是入馆的一个小高峰，如果站在馆一楼的大厅里，一定能看见好多下课的学生纷纷走进馆里，大多数人对这个大楼的布局早就烂熟于心，径自走到自己喜欢的区域准备自习或者借阅图书。和往常的每天一样，短暂的躁动之后，大厅又恢复了平静……

这里是浑南校区的新图书馆，六年前，这栋崭新的大楼还仅仅是在一张又一张的平面设计图纸和模拟效果图上，从规划选型、奠基建设、精装进场、设备安装、馆藏上架、馆舍试运行到正式投入使用，这个从无到有的曲折过程，凝聚了各方的智慧与努力，到现在回忆起当时的场景还历历在目。

能够亲手参与建造一座图书馆，在原有设计的基础上融入现代的服务理念，通过自己的努力能够把理想变为现实，想必是每个图情专业出身的馆员职业追求中的一件大大的幸事。我是2012年底接到当时所在的技术服务部张明昊主任的参与建设新馆的通知，说是主要参与馆舍家具装备之类的建设工作。当时的我刚刚做完馆里中文和外文资源整合系统的建设工作，平时也主要负责馆里的部分软件平台运营工作，听上去和建设新馆，尤其是搞家具装备建设更是风马牛不相关的工作内容。带着这些疑惑和想要好好做的决心，2013年初正式开始了我的新馆建设工作，没想到的是直到2017年11月11日浑南新馆正式投入使用，这一干就是五年。

新馆的建设周期不算短，这期间经历的事情自然也不少。直到2017年初新馆由基建部门交付到馆方使用前，为了能够把新馆建好，真正做到如新馆功能需求说明中写到的"图书馆正在成为校园文献资源中心、信息共享中心、学习研究中心和文化交流中心。因此，新图书馆的功能设计应满足这'四个中心'的建设需求"，我也做了大量的调研走访和案头准备工作。一方面走访了包括清华大学、北京大学、上海交通大学、武汉大学、中国人民大学、南京大学、中山大学、北京外国语大学、国家图书馆、南京图书馆、上海浦东图书馆、杭州市图书馆等几十家有新馆建设或者老馆升级改造经验的图书馆，通过与相关建设者的沟通交流收集了不少家具采购的经验，同时对各类型的馆舍空间布局和服务新举措也有了一定的了解。大量的走访使得我对浑南新馆的功能空间定位和家具的采购品类与设计思路逐渐清晰明确起来。此外，我也自学了一部分图书馆建筑规划设计基础理论、美学通识、招标采购法律法规以及CAD软件的识图操作等内容。每次多方工作会议或者汇报之前我都会做足准备工作，了解的知识和技能越来越多，和基建、资产部门的沟通自然也就越来越顺畅。

新馆的家具建设是在馆舍空间规划的基础上完成的，我们在家具采购之前，了解楼体设计师崔愷院士的设计思路，将东大的历史沉淀融入到新馆的建设，同时也从馆舍使用方的实际功能出发，实现了"大开间、全开放"的服务理念，对全部图书实行开架借阅，实施"藏、借、阅、检、学、研"一体化的开放式服务模式。我们在现有楼体格局的基础上实现功能空间的二次定位。

新馆里除了三、四、五层大开间的借阅空间和一层的600人报告厅的既定设计，我们还在完成藏书量200万册、阅览座席3000个的设计要求基础上，将馆内的剩余空间做了细致的分割，包括教室阅览区、东大文库、古籍文库、不同座席数量的大小培训教室、团体和小组研修室、光影播放室、咖啡书吧、信息共享空间、多媒体与创客空间等更多符合各类读者的个性化研修、交流、休闲需求。尤其是休闲空间，三、四、五层南区的大块空间和三层东西连廊区域是软体设计的重点，每个区域的家具造型和功能都不一样，色彩上也是同层区域统一，不同楼层有区分。各楼层的公共空间区域也穿插安置了一些圆形、三角形、U形和S形的休闲学习空间，既丰富了空间的变化，也为临时性的小型团队提供了多样化的空间选择。

早前整理电脑资料的时候，查看新馆的建设文件，统计一下也有95个GB的存量。回想过去几年和新馆的数百页楼体设计图纸、十几轮空间设计方案、几万张家具参考图例，百余份家具设计稿、六七万字的招标技术文档以及各种各样的家具经费申报、执行和汇报材料耳鬓厮磨的日子，从最初的如履薄冰到后来的游刃有余，有辛苦也有收获。这是我和浑南馆共同成长的五年，也是职业生涯里浓墨重彩的五年，非常感谢在此期间一起工作的领导和同事们，给了我充分的信任与鼓励。多年之后回想起来，依然为能够亲历其中而感到荣幸与自豪。

刘畅，东北大学图书馆系统部主任。

图书馆空间文化的传承与创新

——记录与浑南校区图书馆的 500 天

刘　骁

　　记得来浑南校区上班的第一天，看到图书馆四平八稳正襟危坐于荒芜之中，顿时眼前一亮，尤其到了夜晚，黄铜色的灯具在室内智能照明的映衬下，点亮了整座图书馆，也点亮了整个校园，那个场景真的特别震撼。浑南图书馆在试运行前曾于建筑学馆设立临时分馆，馆员克服了非常艰苦的条件在为师生服务的同时，也在默默守候着浑南新馆，他们之前所做的一切对我们来讲都是巨大的震撼。所以在工作中所做的每一件事，包括每一次的浑南馆接待参观、安全巡查、组织读者活动以及日常管理等，我都希望能够对得起前人的智慧与汗水，对得起东大这片土地，对得起东大图书馆人的守候与执着。

　　在完成不知是第几次的验收工作记录整理以后，匆匆忙忙吃过午饭，赶去参加一点钟的学生接待日，耐心解答同学使用图书馆的过程中遇到的各种问题。会后两点钟回到图书馆协调家具的安装，看着民国风格的真皮沙发、实木桌椅整齐摆放在预设位置，图书馆又增添了几分舒适，心里一阵欢喜。下午三点钟，完成95周年校庆校友接待工作，为参观人员详细介绍图书馆这些年来的变化，感慨万千。下午四点钟，终于回到自己的座位上，跟同事们一起探讨"真人图书馆"的活动方案，想着该如何把图书馆的国学经典用我们自己的方式传承下去。九点钟，不知不觉已经下笔千言到很晚的夜里，一个人独自巡视图书馆，看着同学们努力奋斗的小小身影，真想对他们说："别学太晚了，图书馆的大门明早八点钟依然为你们敞开，我们的图书馆员依然盼望着你们的到来。"

很多师生可能对图书馆员这个职业不太了解，可能也不清楚图书馆员对于师生学习生活来讲意味着什么。我非常幸运能够在图书馆这个领域研习十年，十年来我走过、参观、拜访了许许多多的图书馆，其中，有外观设计很有艺术气氛的图书馆，有信息化程度非常高、具有时代特色的图书馆，有稀有资料非常丰富的图书馆，也有时常举办各种文化活动的图书馆，更有非常适合静坐发呆，享受慢活人生的图书馆，等等。所有这些印象到今天，已经深刻烙印在我心里，无论是服务师生还是图书馆的日常管理，我都会带着这些特别的回忆，丰富枯燥的事务，点亮心中的理想。我相信这份理想也是东大人、东大图书馆人最想要到达的高度：为学校"双一流"建设，不忘初心，砥砺前行。

浑南图书馆从建设初期到现如今设备逐步完善，这几年来的变化令人瞩目。在浑南新馆投入使用之后，随着硬件设施的提升，图书馆发生了很多可喜的变化，最直接的变化来自新馆的接待参观人数与日俱增，这就增加了我的工作难度，有的时候甚至不夸张地说是分身乏术。去年经我讲解的大型接待就有三十余场，近半年来迎来了九十五周年校庆，馆里平均每周接待校内外人员参观三到五次，后来我们二楼的综合服务台开启了新生入馆教育的读者服务，也同时承担起校内外的讲解参观工作，我们的馆员与图书馆物业积极配合，尽量满足校内外读者对于浑南馆的这股参观热情，对于师生对图书馆的这份热爱我感到非常欢喜。

图书馆办公室的工作代表了图书馆的门面，浑南馆办公室只有我一个工作人员，所以在平时的工作中我不敢有一丝的懈怠，争取做好图书馆的"看门人"。比如，在图书馆日常管理与读者服务的每一处细节，我都要做好记录，仔细思考读者与图书馆的关系，有些服务的开展以及活动的举办甚至要酝酿好几个月，因为要非常慎重，最终我们的小团队创造了一系列属于自己的特色品牌活动，像"知行讲坛–真人图书馆系列"活动。我们在服务过程中重新审视新馆的传承与创新，找到了属于东大人自己的文化基因，就是向读者学习，与院系积极合作保持联系。所以我在办公室日常管理、举办活动的时候特别注重与读者的交流，让更多的读者参与进来。我们招募了一批又一批志愿者，为学生提供了一个又一个助学岗位，在各种师生需要的场合推广我们的服务。

一次次的实践，使我发现了一条新的路径，也是受到馆舍设计师崔恺院士的启发，就是如何用空间的语言而非形式的语言去传承东大的文化，反映东大人某种内在的精神——自强不息，知行合一，让东大百年来积淀的文化再回到这座图书馆。所以，当我成为浑南图书馆第一批"看门人"的时候，就想要把馆里各区域利用起来，我相信也只有让读者参与、融入，才能真正让大学文化在传承中创新发展。图书馆员承载着一些责任，在未来，我们会保持一颗对文化敬畏的心、对读者感恩的心、对自我砥砺的心，去传承东大的文化基因。

故事写到这里，站在座位后面的落地窗前，看着远处正在建设的石桥、水系，近处的花园、广场，不禁想起那个500天以前形单影只的自己，现如今已经成为了一支队伍。是的，是一支队伍，这支队伍在浩浩荡荡地前行，走过春夏秋冬四季变换，希望与你相遇。

刘骁，东北大学图书馆老师。

难忘的浑南值班岁月

刘维轩

2014年9月29日，对于东北大学来说，注定是一个不平凡的日子，6个学院全建制从南湖校区喜迁浑南校区，标志着浑南校区正式投入使用。经历了白日的热闹、激动后，夜晚的浑南校区静静地进入了安宁的睡梦中。然而，许多人不知道的是，从这时开始，东北大学历史上覆盖面积最大、涉及范围最广的值班工作正式拉开了序幕。

为了确保浑南校区启用后各项工作顺利进行，维护校区安全稳定，在学校领导的高度重视下，浑南校区实行夜间和节假日总值班制度。通过建立多角度、全方位的值班队伍，将值班工作覆盖到学生学习生活、安全保卫、后勤保障等各个方面，确保浑南校区安全、稳定、和谐、有序。

根据浑南校区的建设进度和周边环境实际情况，校区执行的是学校党政领导带班、分组值班的工作机制。为此专门设立了浑南校区总值班室、浑南校区管委会值班室、驻浑南校区学院值班室、公安处值班室、学生工作干部值班室。同时，在校医院、宿舍、教学馆、能源动力中心、变电所等关键位置，也均有工作人员实行24小时值守。

回想当时的情形，至今仍历历在目。那时整个东北大学从上至下，所有人员都从学校事业发展大局出发，从保障浑南校区安全的高度深刻认识到值班工作的重要性，所有值班人员众志成城，力排万难，圆满地完成了值班任务。

犹记，学校领导哪怕是事务再多、工作再忙，也要做好夜间的值班安排，严格地执行值班规定。从晚上5点钟开始，在教学馆、学生宿舍、学生生活服务中心等地方，都留下了校领导们事无巨细地记录每一个细节的身影。是他们，用自己的实际行动告诉同学们：浑南校区一定会让你们学习和生活得安心、舒心、放心！

犹记，校机关的全体处级干部，在完成南湖校区值班任务的同时，还要兼顾浑南校区的值班工作。每次，都是在一天忙碌的工作之后，来不及吃上一口晚饭，就匆匆坐上发往浑南校区的班车；而第二天一早，又是来不及吃上一口早饭，就要马不停蹄地赶回南湖校区继续新一天的工作。他们尽心竭力，毫无怨言，因为他们始终牵挂着浑南校区！

犹记，进驻浑南校区的各个学院，从院领导到职员，甚至连实验员、专业教师都被发动起来，全面投入值班工作。很多人出差回来之后来不及回家，便从机场、火车站直接赶到浑南校区。那时，他们心中唯一的想法就是要全力保证值班工作的顺利开展，就是要全力保障校区的平稳运行。

犹记，公安处的巡逻车，从晚上5点以后会一直巡视到天亮，车顶上那闪烁的警灯，就是让同学们知道有人正在不远处默默守护着你们，从日落到日出，从黑夜到天明。

犹记，学生工作干部值班队伍，是举全校之力，由全校所有学院以及学生工作职能部门的工作人员组成。他们同时兼顾两个校区的值班任务，不辞辛苦地奔波于两个校区。一直到今天，这支值班队伍仍在继续为校园的安全平稳运行贡献自己的力量。

犹记，浑南校区管理委员会在只有5名男同志的情况下，担负起了每周7晚的值班任务；连续2年，每个节日和双休日，管委会的领导都不曾休息，他们都要亲自来到浑南校区值守，为的是让同志们的休息时间更多一些，让浑南校区的条件更完善一些，让浑南校区的景色更优美一些，让浑南校区的运行更顺畅一些。

犹记，全年365天，无论是劳动节、国庆节还是春节，无论是晴天下雨还是刮风下雪，无论是清晨、傍晚还是深夜，那么多为浑南校区默默付出的人，那么多感人至深的画面，那么多动人的事迹，都在东北大学的历史进程之中熠熠生辉，他们所散发的光芒照亮了校区稳步前进的道路。

每当和曾经参加过值班工作的领导或同事们聊起当时的情景，都是感触良久，回忆颇多。看到浑南校区安全、平稳、和谐地运行，看到浑南校区师生灿烂的笑容，看到浑南校区飞速地成长发展，觉得所有的付出是那么的值得和骄傲！

　　那些在浑南校区值班的日子，值得我永远珍藏于心底，念念不忘。

刘维轩，东北大学浑南校区管理委员会综合管理办公室主任。

以青春之我与母校共奋进

闫　研

时光荏苒，浑南校区的发展建设也日新月异、万象更新。回首新校区的发展变化，历经从无到有、从小到大，拔地而起、日臻完善，让人感觉到一种生生不息的力量。如今，有气派宏伟的图书馆，让学子们畅游书山学海；有景色怡人的"小南湖畔"，让学子们迎风信步、临亭凯歌；有设施齐全的风雨操场，让学子们尽享运动的激情和快乐；有现代化建筑风格的各大学馆和教学楼，让学子们埋头钻研、发奋学习、逐梦理想。在浑南校区这片热土上，处处镌刻着学子们与母校成长共进的青春印记。

青年学生在哪里，我们的工作就做在哪里，青年学生有什么样的需求和困难，我们就努力回应和解决这些需求和困难。作为团学干部，引领凝聚青年学生、服务学校中心工作和发展建设是我们的核心使命，我们既要做与新校区建设发展共同进步的亲历者和见证者，做立足新校区实际服务团员青年成长的生力军和主力军，更要做引领凝聚青年明确使命责任、投入到新校区未来建设发展的开拓者和奉献者。

一、夯实团的组织建设基础，培养专兼结合的团学骨干队伍

2014年，伴随着第一批师生入驻新校区，校团委第一时间在学生公寓3舍A126室申请设立了一间团学活动室，老师和同学们在一个办公室开展工作。一名专职副书记、一名工作人员常驻浑南校区，团委其他同志根据工作需要及时深入新校区，负责开展团的工作和指导学生组织开展工作。我们立足浑南校区实际，加强新校区团学工作顶层设计，定期召开新校区团学工作会议，与各个学院团学组织加强联动，建立科学规范的工作机制，有效增强

新校区的团学工作合力。

浑南校区团的工作既要从整体上服务学校团学工作大局，又要立足新校区实际，建设符合浑南校区特色的团学工作格局。在广泛调研的基础上，我们采取"一个组织、两区并行、职能共建、区域有别"的思路建设校级学生组织，对学生会、研究生会、社团联合会、学生科协、志愿者协会等学生组织进行了机构调整和人员配备。针对浑南校区学生宿舍管理模式及特点，在校学生会、研究生会增设学生宿舍服务中心，利用各学生公寓内的开放活动空间，加强寝室文化建设，服务学生成长成才。经过不断发展，目前浑南校区已组建各类学生组织和社团120余个，有效发挥了学生组织"自我教育、自我管理、自我服务、自我监督"的积极作用，新校区团的基层组织建设职能明确、运转高效、坚实有力，学生组织、学生社团的活力不断提升。

二、加强活动阵地建设，为新校区团学工作提供有力保障

浑南校区建成之初，如何满足新校区团员青年对学生活动场地的使用需求，为青年学生的成长发展创造良好环境，成为新校区团学工作需要重点解决的现实问题。学校领导多次强调："要努力为广大师生创造更好的学习、工作、研究、活动条件和空间，用智慧和汗水开创东北大学更加美好的未来。"校团委坚持"拓展阵地功能，强化阵地管理，分层次、多元化加强阵地建设"的工作思路，积极整合新校区各方资源，协同浑南校区管委会、学生处、计划财经处、教务处、资产处、后勤服务中心等部门，积极为学生在新校区拓展活动空间，加强设备维护和技术服务等方面的保障。

从2014年的"飘香广场"到2016年的"风雨广场"，从3舍依托学生活动室打造的"水墨轩""图书吧"到5舍B141室设立的"青年之家"学生权益综合服务站，从学生生活服务中心3楼的团学活动室到信息学馆B624的多功能舞蹈教室，等等，每一处团学活动场地投入使用的背后都凝结着学校领导、各部门对团学工作的关心和支持，见证着团学干部辛勤工作的汗水和驰而不息的努力。目前，校团委在新校区建设团学活动场地9处，学生活动室

6间，推行微信线上预订借用系统，方便学生使用，先后制定了10余项浑南校区团学工作规章制度，每年风雨操场网球馆、学生生活服务中心等场地累计提供主题团日、报告讲座、社团活动等会务服务和技术保障700余场，服务师生2万余人次，基本满足了学生的使用需求，有效推动了团学活动的健康有序发展。面向未来，随着浑南校区学生活动中心建设的稳步推进，将为新校区学生提供环境更加优美、设施更加完善的团学活动舞台，我们也将努力挖掘社会资源，加强与校园周边企业、社区合作共建，为学生开展社会实践、志愿服务和能力拓展等提供更多更好的阵地支持。

三、加强校园文化活动建设，打造浑南校区特色团学工作品牌

校园文化建设是全面推进素质教育的有效载体。我们重视校园文化活动以文化人、以文育人的功能，坚持"立足校区需求，突出浑南特色，培育精品校园文化活动品牌"的工作思路，着力打造健康向上、格调高雅、丰富多彩的新校区校园文化活动体系，积极组织开展各类具有浑南特色的校园文化活动。

在新校区入住之前，我们有针对性地策划制定了《东北大学2014—2015学年浑南校区学生活动规划》，涵盖2014级新生迎新晚会、"唱响青春，筑梦东大"纪念一二·九运动79周年合唱比赛、精品艺术进浑南专场民族音乐会、2015年元旦晚会和嘉年华活动等大型活动10余场，院级特色活动100余场，极大地活跃了新校区的校园文化氛围。浑南校区入住当天，校团委、大学生志愿者协会开展"助力搬迁"志愿服务、"美我新家"教学楼清扫活动，一千余人次学生志愿者身体力行助力新校区搬迁。还记得活动当天风雨交加，天气渐冷，但是完成志愿服务的学生脸上都洋溢着笑容，场面十分感人。入住新校区后，我们组织600余名学生志愿者开展"绿意浑南，你我共筑"植树绿化活动，学生与学校领导、机关和各学院的老师们一起，亲手在道路两旁挖坑栽树，在校园栅栏上种植爬墙虎，为新校区绿化建设贡献出自己的一份力量。如今，这些小树都能挡风遮雨，学生在校园里徜徉于树下，一定会有不一样的思考和感悟，相信终有一天，它们都会长成参天大树。

2016年以来，校团委重点打造浑南校区"我与母校共成长"主题校园文化节活动，分为"浑南时光·我记我录""浑南新意·我思我在""浑南风采·我展我行""浑南未来·我创我享"等多彩纷呈的活动模块，让青年学生感受新校区的点滴发展变化，在记录见证中与母校共同成长，为新校区的发展建设添砖加瓦，营造健康向上的校园文化氛围。结合新校区周边活动资源不足的情况，我们组织开展了"出彩青春·践行沈阳"日常社会实践活动，每周组织新校区一定数量的学生往辽沈地区企业参观座谈，并走进博物馆、纪念馆参观学习，帮助学生了解感受辽沈地区经济、文化和社会发展状况，提升人文素养，明晰社会责任。学生会、研究生会积极开展"十佳提案评选""学生接待日"等生活服务活动，学生社团联合会开展"春风十里·浑南有你"社团嘉年华等活动，增强了学生们对新校区建设发展的参与感、认同感和归属感，建立形成了浑南校区团学工作校园文化活动的特色模式。面向未来，我们将继续打造高层次、高品位、高质量的校园文化活动，持续性开展浑南校区"我与母校共成长"主题校园文化节等品牌活动，以服务青年学生成长需求为工作目标，推动浑南校区校园文化活动的蓬勃发展。

一个时代有一个时代的主题，一代人有一代人的际遇。作为团学工作干部，身处学校创建"一流大学"和浑南校区建设发展的历史时期，我们要始终不忘初心，牢记使命，团结引领凝聚青年学生，坚定信念，励志成才，勇做新时代学校发展建设的主人翁，以青春之我，创建青春之"浑南"、青春之东大，与母校共奋进，为东北大学的美好未来贡献更多的智慧和力量。

闫研，东北大学团委书记。

从小到大，驱动服务

——浑南图书馆临时馆短暂的历史记事

孙昌汇

2014 年的夏天，东北大学浑南校区的变化用日新月异来形容是不准确的，应该用时新日异来描述才是勉强贴切的。许多同志即使奋战在新校区投入使用的紧张筹备中也没想到，短短一个多月以后，这里就要迎来新学期的开学检验并运行起来。

一、2014 年的夏天，建一个袖珍图书馆

浑南图书馆坐落在浑南校区中心，规模、功能在国内也是靠前的。但是，2014 年图书馆周边的脚手架告诉图书馆浑南临时馆先遣组，那里不是当下的战场。一期临时馆被安排在建筑馆 B 座一楼一个规划实验室和三楼一处走廊封厅，藏书能力 10 万册多一点。

先遣组成员大都是来自沈河校区，来到这里单程就要将近两个小时，那时候还没有班车。刚一下车，飘扬的尘土与飘扬的旗帜共同送来了热情的欢迎。无路、无电、无水、无网、无饭、无厕，房间里还是施工收尾状态，尘土、残渣让人无立身之处，打个电话都需要到处试验寻找有信号的地方。校区在一天天变化，临时馆筹备工作也在一天天地艰难推进。艰难的条件与高悬的工期要求考验着先遣组的成员们。临时馆只有书架是新购的，其他桌椅、电脑等都是从沈河校区馆搬运过来的，图书馆搬迁的烦琐与组织难度可以想象，就不再赘述了。

临时馆的面积很小且分散，但是，图书馆在筹备的一开始就以尽量满足更多的读者需求为目标，图书、报刊、电子检索、自习角、入校离校手续

（以前沈河馆没有的功能）等服务全面地建立起来，可谓麻雀虽小，五脏俱全，形成了藏书8万册、期刊200种、报纸50多份、检索终端30台、阅览座位196个这样一种规模的袖珍图书馆。这一年，我们与读者一样渴望新馆的投入使用，同时，临时馆员工也练就了全面的技能，成为多面手。

二、2015年的夏天，扩建一个小型图书馆

经过一年的运行，新馆还要等两年。图书馆主动向校领导和浑南新区管委会申请扩大临时馆。2015年的暑假，临时馆因地制宜的服务扩展计划得到大力支持并实施。浑南管委会负责扩建的自习区电源、灯光、防护等施工。临时馆又一个无休的暑假在搬迁中展开了。最终，临时馆藏书能力翻番，借还图书翻番，期刊品种翻番，阅览座位接近翻两番。研究生毕业论文提交、审核、收藏等工作也从方便读者的角度出发开展起来了。由此，建筑馆B座一楼到三楼相对完整独立的小型图书馆就算建立起来了。

这一次的搬迁扩建，我们还获得了一个有益的工作经验，那就是运用数据库技术自己编程，定位每一册图书的精确位置，为多头图书并架重排提供了高效保障，经文献检索，这种做法在国内图书馆中还没有先例。

扩建后的临时图书馆不仅在文献数量、服务空间上进行了扩展，服务时间也延长到了晚上22点，晚班回家的馆员接近零点到家已经很普遍了，她们自己开车的少，大都要等22:20的班车到南湖校区再打车回家。由于临时馆扩展的一楼部分都位于北侧，且占用的是走廊位置，那里冬天采暖条件很差，最低室温在10℃左右，常温在13℃左右，可以说临时馆的员工克服着与时代不符的艰难条件提供着服务。但排队的读者，低温中坚持自习的东大学子们让我们感到了希望，懂得了意义，增强了干劲。这一年异地借还服务也启动运行。

三、2016年的冬天，搬迁到大型图书馆

2016年，这一年新馆的好消息不断传来，图书馆做了全面的新馆搬迁准

备工作。临时馆主要负责多达10余个头绪两种分类排架体系的中文图书进新馆排架规划及准备工作。2017年的寒假还是挺冷的，浑南校区的大风依旧爱刮存在感。这个寒假，临时馆所有工作人员加班，从事着细致的准备工作。经过数据库编程定位，临时馆的16万册图书作为定位母本，要做到精确对应到新馆的每一格架位上，为此，临时馆的藏书要仔细排序，并将新馆架位格号对应标签夹到对应图书中，方便其他各处图书混编。新馆的书架上也临时用记号笔进行了编号。单调、重复的单调，重复的单调很容易疲劳。有人将近退休还在坚持，稍微惊险的是一个孕妇，当时还没去检查不知道怀孕。

搬迁时，是需要大门洞开的，往常冬天10℃的室温也不见了。寒假期间，沈河校区的班车停运，许多员工上下班又艰难起来。

凭借前两次搬迁的经验以及这次的精心细致准备，向新馆的搬迁尽管总量再一次翻番，但需要全馆员工共同集中上架的时间并没有延长，浑南三次搬迁全馆出动的工时数都是几乎相同的，避免了无谓的串架来回折腾的过程。刚开始搬迁时，新馆电梯还没使用，搬家公司人力往楼上扛，一度很让人担心工期，但是，没想到居然请到了云梯车，效率大增，看来社会真是进步太大了。

随着所有图书、设备搬迁到新馆，浑南临时馆也胜利地完成了历史使命，结束了其短暂的生命。

追记：图书馆浑南临时馆其实是个不存在的称号，就像电视剧《永不消逝的番号》中叙述的一样，没有名分，没有挂牌，没有标志（但是，那就是图书馆的代表、形象，人们心中的临时馆）。如今只存在于曾经奋斗过的馆员及几届早期的学子心中。也许多年以后，我们只能从那两届毕业生的离校留影中寻找她的踪迹了。她的存在与消亡是东北大学发展进程中一个支流的一段小插曲，也像大江截流时的导流明渠，大功告成之日，使命完成就要废弃、遗忘。但她恰恰与东大浑南校区的成长同步了一小段时间，是见证，也是一部分经历。听说那里二楼的自习区还将保留，因为那里是走廊区，两边没有什么办公教学房间，不影响安全疏散。那里是考研学生自习的乐园，由于开放的环境无法管理，可以长期占座，就让它保留吧，成为东大一景。相比于其他场馆，那里的低温不容易犯困，是学习的好地方。

临时馆的生命是临时的，但使命是永恒的。那里的员工没有因为其短暂而荒废其意义。一次次的搬迁，一次次的壮大，是为了更好地服务东大学子，独自在角落里默默地绽放（校长去过几次，但相信有许多东大员工从来就没去过那里）。三个冬天的冷风没有让花朵更绚丽，只是让心理更强大。很遗憾，浑南校区2015、2016两届毕业生，他们陪伴临时馆时间最长，但是没有等到新馆启用，许多学生去南湖图书馆留影。也有学生在简陋的临时馆留下他们的青葱岁月留念，他们穿着骄傲的毕业礼服来照相留念，也许那里有他们不愿忘怀或难以忘怀的故事，但愿我们的努力曾在他们的心底留下过一丝温暖，能够成为他们记忆中的一部分。

那两年多，我们与学生建立了战友般的情谊。在开水器没安装前，完全开放的环境，有开朗的学生也会找我们讨杯水喝（其实这样的很少），遇到馆员推着一车书过门槛费力，也会有男生主动帮忙。那些时光，临时馆只有闭馆时间，开馆时间是机动的，有学生早来了就开，不会将学生拒之门外让其等候到8:30，也许困难的时候大家更容易理解包容吧。当然也遇到过一次学生将物业阿姨讲话大声的过错错告到校长直通车，事后大家弄清楚也都释然了。

如今，宽敞的新馆投入使用，临时馆会渐渐地被淡忘，但是，有些东西只有经历过的人才会印象深刻。但愿，那种一心为读者服务，人人都成多面手的精神永存，毕竟，那样的生活是充实的、是值得的。

————————

孙昌汇，东北大学图书馆读者服务部主任。

做浑南校区发展的奠基石

孙贺楠　董　雪　关建武

　　2014年，伴随着东北大学浑南校区的落成运行，浑南校区管理委员会应运而生，作为其中的重要组成部门——资源管理办公室，也开启了我们任重道远的历史使命。四年来，我们这个仅由3名成员组成的集体，担负着校区能源保障、设施设备运行、公共空间规划、资产共享管理、节能宣传教育的重任，大家克服了任务繁杂、人员紧缺、职能拓展等困难，在工作中积极探索、开拓创新，逐步实现了资源管理工作的科学化、信息化、精细化、人性化，为浑南校区的稳定高速发展奠定了坚实的基础。

勤勤恳恳，守护一方沃土

　　89万平方米土地面积、1584间房屋、50171件资产、1268台保障设备、3536平方米共享空间、6134个导视产品，这不仅是一串数字的罗列，更是我们全体成员用责任守护的一份使命，用汗水浇灌的一方沃土。

　　作为浑南校区的第一批开拓者和铸造者，我们知道自己肩负着怎样的使命。"责任重于泰山"，这是主任孙贺楠常说的一句话。全校区13000余名师生的供电、用水、采暖、制冷需求系于一身，35万平方米建筑面积的规划布局了然于胸，我们全面统计各类资产账目，系统建立信息档案，做到对浑南校区的一砖一瓦了如指掌，对保障设备的运行情况如数家珍。四年来，我们勤勤恳恳，以超凡的毅力不断夯实校区保障能力，以坚定的信念不断提升校园的环境品质。

　　供暖状况一直是决定北方高校校园环境品质的重要指标，然而"如何在城市集中供热的新模式下最大限度地保障供热效果"，又是摆在我们面前的一个重大课题。全科室通力协作，认真研读合同，积极沟通协调，逐栋建筑、逐个房间摸查供暖情况，深入了解师生诉求，组织相关各方现场研究方案，跟踪解决问题。每年几千个测温数据，数十次走访调研，十几次现场会，我们用脚踏实地的工作，日复一日的坚守，为这个课题给出了最好的答案。

孜孜不辍，探索管理新路

创新是发展的灵魂，在充分保障校区各项工作平稳开展的基础上，资源管理办公室紧密围绕部门工作，孜孜不辍，在探索管理新模式的道路上砥砺前行。

充分利用网络技术手段，深入探究管理方式方法，立足运行保障实际，全面提升监管水平。2016年，历时两年的研究与积淀，我们出台了东北大学第一部针对能源保障设备的综合性管理办法——《浑南校区设备运行管理办法》，为新型能源保障体系的建立打下了坚实基础。随后，我们又开创性地编制了《浑南校区设施设备运行管理手册》，清晰地梳理了能源保障的运行机制，明确了责任各方的任务和要求，将运行保障工作程序化、规范化、精细化，堪称浑南校区设备运行的"白皮书"。2017年，在健全了管理制度的基础上，我们又与专业企业一道，依据校区设备运行管理的实际需要，汲取现代设备管理的先进经验研发了浑南校区设备运行管理网络平台，收录全部保障设备的基础信息和运行动态，将运行保障的各个环节有机串联起来，真正建成高效运转的动态管理体系，为实现设备运行的全过程监管提供了有力抓手，为浑南校区信息化建设做出了初步探索。

"树魂立根，育人立德"，我们始终坚持将业务职能与育人培养相结合，创新工作方法，开拓沟通渠道，努力寻找更加契合的切入点，以各类养成教育活动为载体，带动各项工作的全面提升。结合"世界水日""节水宣传周"，持续开展节能宣传活动，历次活动不仅得到政府相关部门的高度评价，更被新闻媒体报道，并代表浑南校区获得了沈阳市"节水型先进单位"荣誉称号，在提高学生节水意识的同时，也为节能型校园建设做出了突出贡献。我们与江河建筑学院联合举办"东北大学浑南校区公共空间设计竞赛"，鼓励学生充分发挥自身专业特长，积极参与学校发展建设。活动反响热烈，广受师生好评，既培养了学生们的主人翁意识和对校园的归属感，也为更合理地规划公共空间提供了新的思路。

兢兢业业，甘做发展基石

凌晨5点，初冬将至的浑南更添了一丝寒意。变电所内，孙贺楠主任和关建武工程师揉了揉疲倦的双眼，终于长长地舒了一口气。他们在凌晨1点接到紧急电话，历时4个多小时全力组织抢修，终于赶在上课前成功排除故障，避免了一次因教学馆供电系统突发性停电故障将要造成的大型教学事故。这是工作中的一个缩影，作为浑南校区的"大管家"，我们每一位成员都兢兢业业，全力以赴，不敢有丝毫懈怠。

"园区内施工还很多，取水用电的点位也多，不看一眼不放心。"年近六旬的关建武工程师负责设备运行管理和能源监管工作，他每天都要在整个校园里转一圈，查看每一个取水点、接电位置，这一趟大约要四千米的路程，还要定期去校园内每一个设备间查看人员值守、设备运行状况，大半天的时间奔走在校园内，确保没有安全隐患和资源浪费的情况。我们唯一的女成员董雪负责资产管理工作，十几栋楼宇导视的建设，上万把房屋钥匙的交接，几千平方米公共空间的规划，她用一个个脚印丈量了每一寸土地，用一张张表格记录了每一个数据，让人们惊叹如此娇小的身躯居然可以承载这样大的工作压力。一个优秀的部门离不开好的领导，孙贺楠作为我们部门年轻的负责人，却有着成熟的管理能力和高度的责任心，他肩上担的是浑南校区平稳运行的责任，他心里装的是建设一流高校的愿景。他牺牲了无数个休息日，事必躬亲，力求完美，他研究更加科学高效的管理方法，求真务实，开拓创新，努力带领大家为浑南校区的发展建设交出一份又一份完美的答卷。

浑南校区发展日新月异，她每一个细微的变化都牵动着大家的心弦，她每一个点滴的成长都凝结着大家的汗水。万丈高楼平地起，资源管理办公室愿做那块最坚实的奠基石，为东北大学在这片沃土上的跃升发展提供最有力的支持。

孙贺楠：东北大学浑南校区管理委员会资源管理办公室主任。

董　雪：东北大学浑南校区管理委员会资源管理办公室老师。

关建武：东北大学浑南校区管理委员会资源管理办公室老师。

浑南校区图书馆开馆一周年礼记

李 宇

图书馆是知识的殿堂、智慧的核心，代表着大学的文化历史内涵，历来被求知者寄予厚望。东大人秉持着为国担当、敢为人先的奋斗理念一直不断努力缔造经典。东北大学浑南校区图书馆自2017年3月1日开馆以来已历时一年，经过全体馆员的辛勤努力，以崭新的姿态呈现在读者面前，为全校师生呈现了藏书完备、功能齐全、设备先进、环境优美、服务周到的现代化大学图书馆。

图书馆于2012年11月动工兴建，是东北大学浑南校区的核心建筑，总建筑面积4.37万平方米，地下一层地上五层，预设各类阅览座席3000个，藏书总量达到200万册。图书馆由中国工程院崔恺院士设计，作为中国建筑界的领军人物，东北大学图书馆是崔院士又一经典之作，建筑设计充分体现"以人为本，读者至上"的服务思想，采用"大开间、全开放"的理念，成为集情报文献资源、信息共享空间、学习研究场所和文化交流平台于一身的文化中心。

在浑南校区图书馆的建设工作中，图书馆全体馆员在馆领导班子的带领下，积极协作，努力拼搏，围绕空间布局、功能服务、家具采购、仪器布置、环境建设、人员培训等多个方面开展了多项建设工作，取得了良好的成绩。

一、科学规划

在馆长的带领下，图书馆员全员参加，集思广益，发挥各自专业所长，共同参与新馆的功能布局建设，致力于将新馆建设成为功能完善，布局科学、与国际一流大学图书馆一致的现代化图书馆。按照学校领导的总体部署，结合图书馆的实际情况，深入分析建筑设计结构，反复沟通协商，形成了含"休闲阅览区，信息共享空间，影音播放室"等二十余种功能空间，不仅可为广大读者提供丰富多彩的阅读文化服务，更与世界一流大学图书馆空间布局、功能服务理念相匹配。

二、家具购置

为了塑造浑南校区图书馆高雅温馨的阅读学习空间，图书馆做了长期充足的准备，先后多次派专人赴国内知名高校考察调研，学习研究国内最新的大学图书馆家具装修理念，并与设计团队深入研究，从而形成了东北大学厚重古朴的家具装修风格。图书馆先后组织招标10余次，2017年集中组织安装各楼层等十余个空间家具设施，历时近10个月，涉及多家国内知名家具公司，安装区域达3.7万平方米，总计安装家具近9600余件，全部顺利投入使用，为师生提供了舒适的家具设施体验。

三、图书搬运整理

图书是图书馆最大的资源，多年的积累，图书馆藏书总量超过320万册。为了给浑南校区广大师生提供优质的图书服务，图书馆先后组织多个部门，详细分析各个学院学科及专业布局，结合图书馆藏书体系，科学设计图书文献配置方案及搬迁规划。全体馆员放弃节假日，紧锣密鼓地搬迁图书，摆放有序。截至2017年12月底，图书馆累计打包图书6万余包，搬迁图书133万册，运送400余车次，使图书、期刊、报纸、古籍、学位论文全部搬运结束。通过馆员们的共同努力，所有图书面向读者开放，创造了布局科学、摆放有序、管理规范、美观整洁、方便快捷的借阅环境。

四、信息化建设

先进的服务举措需要现代化的技术手段，新馆建设伊始，图书馆即全力开展信息化建设工作，实施"东北大学浑南校区图书馆设备配置"教育部建设专项。努力从网络互联、资源共享、自助借还、智能提醒、一站式检索等角度全面推动数字图书馆的创新转型和智能化升级，提高服务水平。图书馆先后组织招标采购10余次，购置近1100万元信息化设备，完成了浑南图书馆数据中心机房搭建、门禁设备安装、自助服务体系建设、影音播放系统布置、培训视听设备配备等系列工作。经过近一年的不懈努力，全部设备顺利投入使用，极大地提升了图书馆信息化服务能力和服务水平。

五、标识系统购置安装

标识系统是现代化图书馆建设的重要组成部分，既是图书馆文化建设的内容之一，也是图书馆精神和文化的象征，表达了图书馆服务理念与文化内涵。为与一流大学接轨，打造精品标识，图书馆先后组织人员调研征集了位于北京、上海、济南、广州等10余所国内一流大学图书馆标识信息，咨询了十余家标识公司，现场勘查看样9次，反复整改标识文字材料20余次，从类别、材质、工艺、规格、色彩等方面都进行了详细的规定，形成了我馆特色规划方案，并顺利完成招标采购。根据设计规划方案，结合新馆运行实际情况，图书馆积极组织标牌安装及摆放。经过3个月安装调试，31种1000余个标牌全部安装到位，通过指示标牌，读者可以轻松掌握馆内空间结构、服务设施、图书布局等各种信息服务。

六、功能服务的开展

科学的建筑布局、先进的技术手段，为图书馆开展全面的功能服务提供了保障。图书馆为了给广大读者提供良好的信息服务、空间服务、学习服务、休闲服务等多种服务功能，全体馆员共同努力，开展新馆业务建设，满足读者实际使用需求，仅半年时间浑南新馆从负一楼至五楼各功能服务区即全部投入使用，各项工作平稳有序、稳步推进，使新馆从一个尘土飞扬、紧张忙碌的施工现场，变成了温馨舒适、高雅清新的文化殿堂。

七、积极开展环境建设

我国著名教育学家陶行知先生说过："一种生气勃勃、稳定和谐、健康向上的环境氛围，本身就具有广泛的教育功能。"图书馆要想成为师生向往的阅读、学习、休闲圣地就必须重视环境建设，为此，图书馆与浑南校区管委会、物业服务公司联手积极开展环境建设。施工安装过程中严禁建筑公司乱扔建筑垃圾，施工结束要求及时清理现场，保持馆内环境。对于施工完毕即投入使用的区域，物业公司组织系统清洗打扫，保证为师生提供良好的阅读环境。此外还通过标语、横幅、展板、自愿者服务等多种途径，引导师生自觉遵守馆内规章，共同创建良好的文化服务环境。

为了创造生动、清新、生机勃勃的绿色景观，图书馆进行了花卉规划方案设计，并进行了公开招标，总计投入近60余种700余株花卉盆栽，各色花卉高低错落，精致典雅，既突出清新明快的特色，又营造了图书馆绿色和谐的学习空间。

八、组织人员开展广泛培训

为了快速开展工作，保障服务质量，图书馆积极开展馆员的招募培训工作，浑南校区图书馆目前配置近40名员工，面对新的工作环境，图书馆对全体员工进行了系统的职业素养培训，以便他们快速适应新校区、新图书馆的工作氛围，开展业务工作。针对新招募员工更是采用"传、帮、带"的模式，开展入职教育、轮岗培训，并对工作职责提出明确要求，以保证服务质量。图书馆定期组织馆员参加专业培训，近一年的时间参与专业技能培训人员近30余人次，极大地提高了图书馆员的业务能力和服务水平。

九、开展丰富多彩的阅读推广活动

图书馆积极组织系列阅读推广活动，培养广大师生热爱阅读的好习惯，营造良好的校园文化。开展系列主题活动，如"世界读书日活动""毕业

季""新生入馆教育"等主题活动，丰富师生文化生活。在世界读书日以"读书好，好读书，读好书"为主题，精心为读者设计"袋走图书馆"环保书袋，向广大师生分发《浑南馆服务手册》《图书馆资源介绍》等彩色宣传画册；开展知识讲座、检索比赛、图书漂流、图书推荐等活动，通过系列活动积极引导广大师生读书、品书，努力创建书香校园。

十、召开学术活动，开展文化引领

开馆运行仅一年，图书馆先后组织实施"全国工科高校图书馆馆长年会""中国冶金教育学会图书馆研讨会""辽宁省高校图书馆信息素养教育学术研讨会"三次大型会议，与国内知名高校专家学者深入沟通交流，互通有无，积极宣传东大图书馆各项建设成绩，引领图书馆业界学术研究，推广东北大学优秀学术成果。

先后接待教育部、省、市等各级领导检查指导，校友参观访问等团队50余次，围绕馆舍建筑、装修设计、空间布局、功能服务、创新体验等多方面进行沟通交流，获得了广泛的赞誉。

浑南新馆投入运行已经一年，图书馆全年馆员团结一心，奋勇拼搏，为实现东北大学的跨越发展，创建优秀的科研教学服务窗口不断前行，付出了巨大的努力，也取得了优异的成绩。在2017年中共沈阳市委教科工委、沈阳市文化广电新闻出版局组织的"沈阳最美图书馆"评选活动中，东北大学图书馆荣获"沈阳最美图书馆"称号，并在全国各类学术研究及案例评比大赛中斩获奖项40余次，这些荣誉既是对图书馆全体员工辛勤工作的最好肯定，更是我们不断前行、砥砺奋进的无限动力。现阶段东北大学正处于快速发展的关键时期，图书馆人会继续保持锐意创新的朝气，以时不我待的精神，锐意进取、开拓创新，全面开创图书馆改革发展的新局面，为东北大学"双一流"建设，为东北大学事业发展而努力奋斗。

李宇，东北大学图书馆副馆长。

六载奋斗，一生荣幸

余祖国

我真正与新校区结缘是在 2012 年 3 月 22 日，在这天，时任东北大学党委书记孙家学给基建管理处与新校区建设办公室开会，宣布这两个部门合并，成立新的基建管理处（新校区建设办公室），马立晓任处长（主任），赵冬生任直属党总支书记兼总工程师，我与李伟任副处长（副主任），我主管工程招标、合同、材料、工程施工。在会上，孙家学书记对新校区建设提出了"安全、质量、进度、成本"的八字指导方针，明确了新校区一期建设包括 28 万平方米建筑、道路管网等基础设施必须在 2014 年 9 月完成，管理学院等六个学院必须完成搬迁。这使得我们清醒地认识到，虽然"进度"这一关键词只排在第三位，但却是我们最大的挑战。这次会议也标志着新校区建设进入最关键的实施阶段。会后，马处长就带领我们到现场实地踏勘，那时的新校区是真正意义上的一片荒地，但是看着这片荒地，心中还是非常激动，毕竟这是我第一次踏进今后几年我将为之奋斗的热土。

学校对新校区建设非常重视，提前做好了顶层设计，制定了一系列的规章制度与工作流程，根据工作职责的不同，对基建、计财、资产、审计、纪委等部门做了不同的工作分工，既协调又制约，形成了一整套行之有效的工作模式。我们基建处内部对制度建设也是非常重视，在学校制度的基础上，完善工作机制，强调工作纪律。由于人手严重不足，我们创造性地打破了科级建制，施行大部制，一人多岗，一岗多职，充分调动每个人的积极性、创造性。

基建工作既敏感又高危，为了不像有些高校那样，楼建起来了，人却倒下去了，一开始我们就对党风廉政工作极度重视，既扎好制度的笼子，又在实际工作中让权力在阳光下运行。早在2012年正式开工之前，我们就第一个打破了建筑界流传很久的传统：取消图纸会审后参建几方一起聚会吃饭的习惯；平时在工作中不吃有关利益方的一顿饭，不抽有关利益方的一支烟，不与他们发生工作以外的接触，更别说逢年过节时"意思意思"的问题了。而中央的"八项规定"是在2012年底实行的，所以从某种意义来说，我们是提前进入了"八项规定"的时代。

有了这样单纯而又健康的甲乙方关系，对于我们团队管理工程来说是非常有益的，我们只管按照规定与标准甩开膀子加油干就行了，中间我们处罚过施工单位、监理单位、设计单位，淘汰过造价咨询公司、招标代理公司，这可能在其他高校的基建史上也是比较罕见的，但也确保了工程有序进行。从2012年11月打下第一根桩开始到2014年9月，我们经历了2012年冬季罕见的严寒低温，也度过了2013年夏天少有的多雨高温，新校区一期建筑除图书馆、风雨操场外，连同能源动力中心、电力开闭站、煤气加压站、道路管网等基础设施一起按时交工，保证了一期六大学院的准时迁入，使得我校历史上校区第一次主动搬迁取得开门红。其间我因为工作压力太大而积劳成疾，患上重病，不得不住院手术治疗，并在术后第一时间重返"战场"，也有不少同志生病仍旧坚守岗位，真正体现了主人翁精神。

直到今天，新校区建设仍然任重道远，但看到昔日的荒地在我们的奋斗下一步一步正在变成美丽的校园，我心中的成就感与自豪感就油然而生。能以可用之身参建新校区，为学校"双一流"建设贡献自己作为共产党员应尽的力量，在新校区建设史留下了自己的足迹，这是我一生的荣幸。

余祖国，东北大学基建处副处长。

一次"化茧成蝶"的蜕变

——浑南校区体育场的成长与发展

宋婉约

自1923年东北大学建校至今，除九一八事变后学校流亡的那些年，东北大学建立新校舍的次数并不是很多。在这为数不多的时代变更中，我很荣幸地见证和参与了东北大学浑南校区的成立和发展。回顾2014年建立浑南校区至今的过程，有诸多的感慨，再看看现在的成果，又油然而生地高兴和自豪，为东北大学的发展而高兴，为浑南校区的建设自豪。

体育场馆管理中心作为为学校师生服务的一个部门，以为东北大学全校师生提供一个良好的运动健身场所为己任。但是在2014年浑南校区建校之初，我们却遇到了前所未有的难题：在运动场地还没有建设完备的情况之前，如何给学生创造一个锻炼身体的条件。我们围绕这个问题提出了很多种方案和计划，最后在管委会、学生处和体育场馆管理中心三个部门的共同努力下，在现有的三个学生宿舍内的34处位置安放了124台健身器械，来满足学生们的运动需求。而这34处的健身器材，也是浑南校区体育场在浑南校区最初的规模。

齐心合力创造，这正是浑南校区的优势，可以在百废待兴的土地上，共同地规划今后的蓝图。冰场在2014年的那个冬天，我们正是利用了这个优势，在场地上浇筑了大型的冰场，同时能容纳14个班级上滑冰课，供两个校区的师生使用，还在冰场举行了丰富多彩的冰上运动会。还记得冰场刚形成时，孙家学书记和孙雷副校长来到冰场看望学生们，和几个学生在冰天雪地的冷风中探讨浑南校区的配套发展时的情景。

经过一年多紧锣密鼓的建设，2016年9月，浑南校区第一个室外体育场建成交付使用，当晚上调试场地灯光时，大家都被它鲜艳的颜色所吸引。6

片翠绿色的网球场地，蓝色的比赛区域，全部都由进口材质的人工草坪铺设而成；红绿相间的18块篮球场地和8块排球场地，都是采用PVC运动地板的材质铺设的。即使是在晚上，27处灯光同时打开也会把场地照得光彩熠熠。在浑南校区的建设过程中，这么一处色彩鲜艳的体育场地也让我们这些参与者为之振奋。

作为体育场馆管理中心的一名工作人员，从浑南校区建校之初为体育健身项目发愁到现在体育运动的多样化，我的内心是欣喜的。2014—2017年每一年的冬天，我们都会为学生浇筑冰场，这几年，浑南校区的冰场已成为东北大学的特色运动场所。在冬天最冷的一个多月里，我们都要坚守在冰场上的板房中，为上课的学生提供免费租鞋服务。如果按一天最少4节课算，工作人员每天拿冰鞋和放冰鞋的次数至少的240次，可每当看到学生们穿着冰鞋站在冰场上的时候，就会觉得我们的付出是值得的。

2018年3月，浑南校区的田径场地开始施工建设，这是浑南校区室外第二块体育场地。在施工之前，我们就做了大量的准备工作，为场地的各项功能区域和设备设施提供了意见和方案。从效果图来看，这必将成为惊艳大家的又一建筑。

建设没有停止脚步，浑南校区体育场也有了日新月异的变化，从最初几处的健身器材，到现在几片的运动场地。有了优质的场地，如何提供优质的服务，是体育场馆管理中心面临的艰巨任务。相信在浑南校区发展的蓝图中还会有第三块、第四块运动健身的场所，我们任重而道远；但是在为浑南校区的建设和发展上，我们愿意贡献自己的力量，待百年校庆时交上一份满意的答卷。

宋婉约，东北大学体育场馆管理中心浑南校区体育场负责人。

铮铮风骨，知行世纪光辉

宋　静

九十五年，自强知行路；

十年饮水，难凉热血；

四年绘梦，不忘初心。

一、人杰地灵，风华东大

站在浑南校区街路交叉口，感历史更迭，叹先辈嘱托。学良路上，"研究高深学术，培养专门人才，应社会之需要，谋求文化之发展"，当日之声铿锵于耳；恩承路上捐资助学，开启文化育人的知行之路，耄耋之年奔赴往来以促复校，百年回首泪下两行；捷迁路旁，情怀之行、大义之约，更迭镌刻赤子之心；长春路远，疾风侧耳相伴，这一步很重，重于振奋打开体育之门，会海外学子，从今飞跃而行；树梁路前，理论结合实践，教研产激荡起技术的洪流，敢为学术先。每一条路都是一部历史，每一条路均是一曲诗篇，是东大人的大情大义、奋不顾身，是东大人的励精图治、自强不息。沿着街去体会、感受，每一步都承载着迁徙之路的阵阵呐喊，那些与青春、与成长、与国家、与情怀声声交织的呐喊，伴随着浑南条条街面一路向南。小南湖的秀丽，风雨操场的坚毅，图书馆的博览，活动中心的包容，环绕在街路上，交织在文化里，沉淀在历史下。站在这样的街路，就如同站在东大的历史中，站在奋斗的前辈中，站在这一路风华与国家同命运共呼吸的生生血脉之中。

二、人文日新，桃李东大

这一曲春秋的更迭，带来又送走，如洒落大地，带着同一个信仰、同一种品格、同一种坚毅、同一种情怀，自由生长。她的包容与宽广、博深与渊长、积淀与气度，如细雨如春风，滋养每一个这里的脚步。东大人是谦逊低调的，驻守在自己的岗位，坚持技术革新与品质完善，耕耘无休；东大人是坚韧恪守的，在学术的道路上永不言弃，突破不可能与极限，让科学的魅力常开在东大的实验室；东大人是开放图新的，青年学子，创新创业，对社会对国家的责任时刻在肩，一流建设的脚步从未放松，奋斗没有年龄，青年强则众志成；东大人是果敢大义的，守护在祖国和人民最需要的领域，一颗红心站边防，一曲高歌护家乡，一腔热血献蓝天。每思如此，心中异常波澜，东大从来不缺英杰，也从来不缺英雄。

三、青年荣光，知行东大

十年前初入东大，四年前共启浑南。东大之于我，如父兄，如师长，如青春的同窗，亦如梦想的导师。四年时间不长，却如一部几十年的故事，每一天都在见证浑南人的坚毅与果敢、开拓与创造，以灵气、梦想、坚守、信念，来不懈地探索东大人骨子里的热血与初心。浑南如同蓬勃向上、逐日升起的朝阳，又似澎湃激情、筑梦逐梦的少年，亦如壮怀满志、神采飞扬的青年。这样的白瓦红楼，这样的蓝天广袤，这样的清湖绿荫，点燃了成长的力量与创造的梦想。站在浑南东门，想起梁启超的《少年中国说》："红日初升，其道大光；河出伏流，一泻汪洋；潜龙腾渊，鳞爪飞扬；乳虎啸谷，百兽震惶……美哉，我少年中国，与天不老！壮哉，我中国少年，与国无疆！"

风骨依旧，气韵神采，俯首倾听，与中华民族的脉搏，同频跳动，不忘初心。

宋静，东北大学工商管理学院学生工作办公室副主任。

让 "奋斗的青春" 助力东北大学壮美的蓝图

张莉娜

"九十五载峥嵘岁月，九十五载春华秋实，九十五载弦歌不辍，九十五载薪火相传"，4月26日东北大学喜迎95岁华诞，我热爱的学校，祝你生日快乐！

2014年9月，我来到东北大学浑南校区工作，很荣幸成为浑南校区管理委员会的一员，更感到荣幸与自豪的是能够成为浑南校区第一批启动的见证者与参与者。作为新时代的东大人，身肩使命，创造东大的未来。

一、团结起来，建设美丽和谐校园

初识东大浑南校区，一片沃土，建筑林立，室内装修尚未完善，尘土飞扬……为了迎接新学期开学，时间紧、任务重，管委会全体人员齐心协力、攻坚克难，奋斗在校园每个角落，手执图纸聚精会神将图纸上的标注符号与房间一一对应，保障后续正常的工作。

世上本没有路，走的人多了便成了路。浑南校区初建时，校园里没有柏油马路，有的是沟壑、沙子、石头，各个学馆之间没有完整的道路可以行走，管委会每一个人凭借着心中的信念走出属于自己的道路，在各个土坑之间跳起属于东大的舞步。脚受伤了，沙粒进了眼睛，灰尘充斥着喉咙口腔，施工现场阵阵刺耳的响声，灰土遮住前进的路，但是，种种苦难环境没有阻拦管委会每一个人对工作的执着与热情，每天迎着朝霞，坚决圆满完成任务，让浑南校区靓装展现在每一个东大人的面前。

二、同心同德，建设文明舒适校园

2016年，习总书记在高校座谈会上强调学校应"围绕学生、关照学生、服务学生"，管委会本着"一切为学生"的理念，全面提高校园服务保障水平，提供舒适的学习、生活环境。浑南校区校园内生活服务种类齐全，有超市、文印社、通信营业厅、咖啡厅、礼品店等，可满足多样化需求。同时，为了保障服务质量，提高师生的幸福感，管委会质量监管办公室严格监管各类商贸服务，依据租赁合同，针对商贸不同特点，优化制度，完善考核标准。依据《浑南校区商贸服务质量检查管理办法》，形成以质量监管办公室为主导，管委会其他办公室协同，全校师生监督的新格局，以制度和全校师生的监督为抓手，创新监管方式，提高商贸的服务质量，认真倾听师生的意见及建议，解决师生合理诉求，保障师生合法权益。

新时代、新气象，创新驱动发展，创新服务类别，建设智能校园，任重而道远，只有坚持不懈地努力，才能实现的东大宏伟蓝图。在未来的某一天，你与机器人相遇，满足个性化服务，提供各类咨询与服务，已不再是新奇的景象。

三、众志成城，建设"双一流"大学

"建设世界一流大学和一流学科"是现实的，也是未来的。东大梦终将在一代代东大人的接力奋斗中变为现实。每个东大人都应该珍惜新时代的东大，做新时代东大的奋斗者。

自强不息、知行合一——"纸上得来终觉浅，绝知此事要躬行"。以知促行，以行求知，努力成为有理想、有学识、有才干的实干家。奋斗的青春才能发出耀眼的光芒。不忘初心，久久为功，共筑东大梦。

———————

张莉娜，东北大学浑南校区管理委员会质量监管办公室老师。

风雨同舟，我与浑南校区共成长

张晓川

1923年，在沈阳大南关诞生的东北大学，是一所具有爱国主义光荣传统的大学，其第一个喊出"不受外人侵略，兴办大学教育"，这一历史使命始终薪火相传，生生不息。百年前的华夏大地，山河破碎，民不聊生，列强环伺。民族独立和解放成为国人魂牵梦绕的期望，为了这一期望，东北大学应时而生。在决定国家民族发展走向的一个个关键节点，东北大学以深植血脉的报国信仰，一次次挺身而出，为国担当。

在95年的办学历程中，东北大学始终坚持与国家发展和民族复兴同向同行，形成了"自强不息，知行合一"校训。历史上，东北大学师生曾是一二·九运动的主力和先锋。在建设时期，学校先后研发出国内第一台模拟电子计算机、第一台国产CT、第一块超级钢以及钒钛磁铁矿冶炼新技术、钢铁工业节能理论和技术、控轧控冷技术、混合智能优化控制技术等一大批高水平科研成果，兴办了第一个大学科学园，培育了东软、东网等高新技术企业，在技术创新、转移和产学研合作方面形成了自己的办学特色。

2018年是东北大学建校九十五周年，2014年浑南校区在万众期待之中正式成立并启用，由此破解了发展空间瓶颈，逐步改善了办学条件，实现了协调发展的战略布局，为东北大学注入了新的活力。

作为东北大学最年轻的校区，浑南校区在建设之初就描绘出一幅幅壮阔的宏伟蓝图，我们有幸在其中参与见证着教学楼、学生宿舍、风雨操场、图书馆等一栋栋建筑拔地而起，经历着新校区配套设施不断完善的过程，体验着新校区发展中每一个成就的喜悦。在这里，每一处景观都透露着匠人精神，每一栋建筑都有着它独特的设计理念。经历过在南湖校区的生活、学习

与工作，我更加享受这片土地的和风与花香、希望与生机。

数年里，不知不觉间，驻浑南校区学院已达到八个，在住学生数达到1万多人。可想而知后勤保障工作就成为了重中之重，作为后勤保障服务工作者，我们始终把解决师生的实际问题和思想问题有机结合，提供靶向服务，增强供给能力，真正在关心人、帮助人、服务人当中实现教育人、引导人、塑造人，通过高质量的、有温度的服务达到育人的目的。我们永葆进取之心，不断学习，提出创新思想，始终秉承着可以尝试、不能轻视，可以大胆、不能大意的工作方法，真正做到比功过不比职务，比贡献不比荣誉，比奉献不比利益。我们的一切工作都是为了师生，践行以师生为中心的工作思路。对师生反映强烈、期待迫切的问题，有条件的抓紧解决，把好事办好；一时难以解决的，努力创造条件逐步加以解决。我们咬定青山不放松，持之以恒为师生办实事、解难事，把校区发展的硬道理更多体现到增进师生幸福感上来。

年轻的浑南校区时刻督促着我、教育着我，用那博大的胸怀包容着我的得失与成长，接纳着我满腔的豪情与舞动的青春，我不曾是画家，不能将您的壮阔描绘；我不曾是歌手，不能将您的最美歌唱；我不曾是诗人，不能将您的恩情吟诵。但是在过去的岁月里，有着无数的点滴催我成长，它们将化作东大精神永远收藏在我心灵的深处，作为我一生最为精彩的记忆。

时光如水，岁月如梭，一回首，东大已走过95个峥嵘岁月，在这片新的热土上充满着东大精神，传承着东大文化，在可以预见的将来，浑南师生共同拼搏与努力下，浑南校区的发展必将成为东大跃升发展中浓墨重彩的时代画卷。

在最美好的时光我们彼此相遇，我愿与你一起书写青春的新篇章。

张晓川，东北大学浑南校区管理委员会质量监管办公室主任。

东北大学95周年校庆

——浑南校区随感

陈东明

北国之城，
沈水之阴；
喜迁东大，
天地生灵；
献身求实，
团结创新；
一流建设，
工业引领。

马列领航，
文鸣法彰；
工商管理，
生命健康；
江河建筑，
生医保障；
计算思维，
软件导向。

历经变迁，
九五华诞；
自强不息，
史为惊叹；
知行合一，
芳华无限；
百年期盼，
吾曹奋勉！

陈东明，东北大学软件学院副院长。

软件学院的浑南校园情

陈 欢

东北大学建校 95 年来谱写了一系列壮丽的诗篇，也发生过很多重要的事件。浑南校区的建设是新时期学校发展进程中的重要事件之一，我们有幸见证、参与和感受了浑南新校区的兴建、搬迁和使用。

由于软件学院成立时办学条件极为有限，时任学校领导承诺在即将规划的新校区建设中，考虑给软件学院提供一个宽松的办学空间和良好的办学条件，以满足国家对示范性软件学院办学的要求。所以，学校最早在 2004 年开始酝酿在浑南购买土地建设新校区的时候，软件学院就参与了学院部分的规划，提供需求方案。2012 年浑南校区正式启动规划和建设，并确定软件学院为进驻单位，要求软件学院按照信息馆一栋楼再次提供需求方案。对此学院高度重视，由我作为负责人带领各部门提出具体方案，并进行几十次不同层面的研讨和论证，还与基建处进行多次沟通，最后确定了今天信息馆的建设方案。从那时起，在情感上软件学院就与浑南校区紧紧地连在了一起：我现场参加了一片荒芜中的奠基典礼，亲眼目睹了旷野之中一栋栋高楼的拔地而起。我们热切地期盼着国家对示范性软件学院要求的具有"相对独立的办学空间"尽快得到落实。

2015 年 7 月，软件学院作为第二批浑南校区进驻单位开始启动搬迁工作。从学校启动到结束搬迁，一共用了两个月时间，包括暑假在内。9 月我们已经在浑南校区迎接新生入学了。由于时间非常紧和条件所限，学院分三批完成搬迁：学生退掉了暑假返家的车票，老师更改了假期的安排，实验中心的同志们夜以继日地奋战在实验室布线装修的现场，确保了学校对软件学院搬迁工作部署的全部落实。但由于新校区不是按照原有的设计方案进行分配和使用的，软件学院有一届学生不能搬迁到新校区，给教学和管理工作带来极大的不便。学院领导班子带领广大师生以"不等不靠不要"的原则，没有向学校提一次要求，没有讲过一句困难。在整个搬迁中，学院没有换过一件家具，没有装修一个房间，没有花搬迁运输费以外的一分钱，顺利、安全、按时完成了搬迁工作。

实际上也有人是有情绪的：上班远了，同样工作却要付出更多上下班往返的时间；办学条件改善不大，学校没有兑现原有的规划使用方案，实际分配使用的只是原来整栋大楼十层中的三层，大大缩减了预期办学空间；校园环境还不完善，校园内道路、图书馆、教学楼等正在建设之中等，大家还没有感受到期待中的那个新校区。但这时我们能够以东大人特有的情怀体谅学校在新校区建设中的艰难和不易，知道大局与局部的关系，从内心服从学校整体布局。再看看身边人为新校区的建立付出的努力和心血，想想首批搬迁过来的学院当时所面临的困难和战胜困难的勇气，我们还有什么理由抱怨和不满呢？

搬离了南湖校区，虽然物理距离与校本部远了，但我们却时时感受到学校对浑南校区的关心和一如既往的建设投入。这里的设施不断完善，校园功能配套齐全，在学校"双一流"建设中发挥了不可或缺的作用。这也为软件学院提供了新的平台和机遇，我们把这里当成是学院发展的新起点，是我们热爱的新家园。今天，我们搬迁到浑南校区已近三年。三年来，学院以学校综合改革为契机，以推进"双一流"建设为重点，在人才培养、队伍建设、科学研究、学科专业建设、国际化办学等方面取得了一系列新突破和新成果。开办了大数据、互联网金融实验班，新增国家级精品资源共享课1门，获得辽宁省教学成果一等奖2项，引进优秀学术骨干4人，在校留学生有近百人，软件工程学科入选学校高峰学科建设行列、辽宁省重点建设一流学科，第四轮学科评估结果为A-并列第九……

回望三年来浑南校区日新月异的发展变化，作为亲历者，我们感到无比骄傲、无上荣光！展望学院未来的发展，我们踌躇满志，信心百倍！

踏入浑南校区的每一个早晨，都心怀憧憬，知道无限美好的明天都与这个清晨相关。

陈欢，东北大学软件学院党委书记。

与你的三年

陈国秋

四月的早晨，独自漫步在小南湖边，一帘微雨，一树桃红。斑驳的光阴在岁月的枝头缓缓绽放，轻柔的春的韵律在轻漾的碧水间奏响，轻倚在季节的路口，凝目红尘，已是满目苍翠，柔情慢展，这就是美丽的东北大学浑南校区。

东北大学浑南校区坐落于沈阳市浑南区的核心地带。三年前，没有丰厚的资本，没有辉煌的背景，在你面前只有一片未开垦过的土地。可你从未哀叹土地的贫瘠，从未埋怨前路的艰难。你只是挽起袖子白手起家，撸起袖子加油干，在三年的时间里改头换面，变成今天这个高楼林立、环境适宜、饱含青春的新校区。迢迢时光里，你用了三年的时间，实现了华丽转身、精彩蝶变。

我依然清晰记得，2014年，秋季开学伊始，浑南校区正式投入使用。那时候，只有工商管理学院、文法学院等部分学院入住，新校区的建设工作仍在紧锣密鼓的筹备中。偌大的校园里，只有矗立的四栋教学馆、三栋学生宿舍、一栋学生生活中心和风雨操场，甚至有的道路还没有修建好，校园绿化非常匮乏，内部组织结构尚未完善。在这里，师生的学习和工作环境是非常艰苦的，需要克服多重困难。但在"自强不息，知行合一"校训精神的引领下，每一个东大人都在与你并肩战斗。

2015—2016年，浑南校区又进驻了计算机科学与工程学院和软件学院等新学院。如今，一期建设项目顺利竣工，包括图书馆、信息学馆、生命学馆、风雨操场、学生宿舍楼、一号教学楼都一一落成使用。与浑南校区相比，南湖校区鸟语花香绿荫葱郁，亭台楼阁鳞次栉比，交通便利车水马龙，兼具了历史的厚重、沉稳。而新校区从无到有，从"空空如也"到"一应俱全"，所看之处尽是宁静美好，承载了新时代的期许和蓬勃的希望。

对于东大人来说，入住浑南校区的新"家"，是充满了憧憬的。浑南新校区，那里是东大生命里新生的力量。置身校园，每个人都无法抗拒东大传统和精神的感召，体会内心力量的充盈，并且从这充盈中感受精神的洗礼。

对于我来说，能够与你相遇，是我的幸运，这片校园带给我太多美好与感动。砖红色的办公楼宇，人性化的内部装饰，让我的工作环境变得更加舒适；高规格的后勤管理，以人为本的服务理念，让我的日常生活变得更加便捷；沁人心脾的校园风景，富有创意的师生活动，让我的整个身心变得更加快乐。

从我踏上这片校园开始，我就犹如注视着一轮初生的旭日一样注视着你，看着你露出小小的一角，辉映着朝霞，赛似刚从高炉里倾泻出来的钢水，光芒四射。我喜欢携带着我的小相机，独自漫步在校园里，无论是冬季的银装素裹，还是春季的花红叶绿，抑或是校园里这群可爱的人，我都把这至美的画面收藏在相机里，更收藏在我的心里。与你的三年时光里，我注视着你逐渐成长，你给予我无限惊喜。

走近东大，岁月的沧桑与时代的发展激情碰撞，生命的轮回与情感的寄托相得益彰。从一二·九运动群雕到汉卿会堂，从建筑学馆到冶金学馆，从刘长春体育馆到采矿学馆，这些故事都是曾经的，但故事里的精神却是永恒的。东大人历来对美好生活有着不懈的追求和向往，虽然几经迁徙，但东大根基仍在。古人云："欲治其国者，先齐其家，齐家而后平天下"。浑南校区的建设，便是东大人关心的"家"，这里的每一寸土地都满怀着东大人对"家"的热爱。放眼望去，新校区绿地面积扩大了，新栽种的花卉和树木正郁郁葱葱，人文与建筑交相辉映，和谐得就好像一幅画。

"城市孕育了大学，大学滋养了城市。"东北大学自1923年建校以来，逐渐与沈阳这座历史名城融为一体。如今，新时代的新号角已吹响，学校的发展与时俱进，日益昌隆。伴随着沈阳建设国家中心城市的步伐，东北大学迎来了建设和发展的重大机遇期。在浑南校区的建设中，学校秉承现代教育理念，继承东大优良传统，坚持现代化、数字化、智能化的技术取向，按照"一流的规划、一流的设计、一流的建设、一流的质量"的高标准，奋力把新校区建设为科学、民主、学术、文明、绿色、和谐、美丽的校园。

新校区的建设，为学校的发展提供了新的支撑。相比过去，新校区的图书馆和实验室更加智能化，将计算机技术、通信技术、控制技术与建筑技术有机结合，有利于人力资源、物质资源的和谐共享；扩大了实验室规模，引进更好的实验设备和仪器，营造浓郁的学术氛围；为广大师生提供了高效、多功能、便利舒适的工作学习空间。新校区食堂饭菜可口，环境整洁。学生公寓，更加温馨舒适，各种配套设施和服务俱全。此外，新校区实现"一卡通"数字化管理，学生手持"一卡"就能实现学生管理、学籍管理、宿舍管理等方面的联通，就能完成校园内各类消费、实现校园身份认证、查询各类信息等，使学校的管理工作实现真正意义上的现代化。

2018年，对于东大来说是不平凡的一年，浑南校区二期建设工程正式开启。同时，东北大学迎来九十五岁华诞。九十五年书香翰墨，九十五年风雨沧桑，九十五年光阴流转，九十五个春秋薪火相传。与东大共同成长的日子里，浑南校区是东大新开辟的天地，是她诞下的幼儿，是她无限的希望，既传承着东大厚重的优良传统与崇高精神，又有着年轻活力与无限创造。新校区日新月异，期间的酸甜苦辣是全体师生与新校区一起成长的见证。东大人秉承着自强不息的精神，朝着打造世界一流高校的目标，正在奋勇推动东北大学的前进。倾心于荒原，明天就能成为绿洲；倾心于心声，明天就能成为诗絮；倾心于憧憬，明天就能灿若霞光。

三年，在每个人的时间轴上静静绽放，承载着恒久不变的情感。我知道，我与你还有更多的三年，我们取其一盏豪饮，盛情举杯，为我们美好的未来干杯。

陈国秋，东北大学计算机科学与工程学院老师。

有氧，东大小南湖

范明雷

　　东北大学小南湖位于浑南校区整个校园的中心偏南处，因与南湖校区的南湖公园相呼应而得名，亦有人因为其形似金鸡而为其取名"金鸡湖"。2014年初次投入使用的浑南校区，一眼望去，除却几栋教学楼，可以说是一片荒凉。时隔四年，如今的浑南校区，图书馆、一号教学楼等建筑相继拔地而起，花草树木随处可见，一片绿意盎然生机勃勃。而这其中最美的不过于小南湖。

岁月静好，白山黑水养育自强东大人

　　走进浑南校区南门，伴随着声声鸟语、阵阵花香，首先映入眼帘的就是风景优美的小南湖。顺着蛇形蜿蜒的小路一端走到另一端便能够将小南湖的全貌尽收眼底。形如"金鸡"的湖面掩映在苇叶与睡莲之中，在微风的吹拂下荡起层层涟漪；水中金色的鱼儿闲适地游着，偶尔欢快洒脱，偶尔水草下小憩；水面上翩翩起舞的蜻蜓时起时落，挥动着薄如轻纱的翅膀，正应了那句"小荷才露尖尖角，早有蜻蜓立上头"。小路边柳枝摇曳，似招手、似爱抚，那温柔似能够滴出水一般；青青草地中的各色花儿静静开放，明艳得好像可以发光的小精灵，让人忍不住想要说一声你好；偶有横跨湖面的小桥，桥下的潺潺细水，那辗转悠扬的乐章沁人心脾。在任何一处随意驻足，都能够全方位感受到小南湖的美，让人忍不住感叹此境只应天上有，人间哪得几回游。

　　"白山兮高高，黑水兮滔滔，有此山川之伟大，故生民质朴而雄豪。"东大人学风质朴又不乏豪情满怀。流连于湖畔花草之中，仿佛可以隔绝世间所有尘嚣与干扰，只剩现世岁月静好，心至纯，则行至美。立于湖畔小山之顶端，湖光山色一览无余，又不免激起万丈豪情。"沐春风时雨之德化，仰光天化日之昭昭，惟知行合一方为贵，惟自强不息方登高。"东大人追求知行合一、自强不息，在遇到困难挫折的时候，约上三五好友一游小南湖，耳边是鸟语声声，鼻间是花香阵阵，闭上双眼，轻轻感受微风拂面，不知不觉间似乎就抛却了忧郁与烦躁，重拾信心去面对生活中的不如意，亦如古时那些怀才不遇或遭遇坎坷的诗人，在山水自然间找到不屈不挠的勇气。

心灵港湾，师生共享小南湖仙境之景

大学，不仅是要"教书"，更是要全方位"育人"。青少年是元气满满的、是活力四射的，图书馆、教学楼是学子们汲取知识的城堡，而小南湖则是学子们心灵的港湾。开心的时候到小南湖一游可以为喜悦的心情锦上添花，失落的时候到小南湖一游可以放松心态减轻压力。水中畅游的鱼儿，水面飞着的蜻蜓，它们的自由欢快似有魔力一般感染着那些为学业或情感所困的学子们，看着它们，似乎自己也身临其境般自由自在；那些明晃晃开着的花儿们，它们折射出的五彩斑斓的光芒照进学子们的心，使他们的心情也随之明朗，似乎生活中的一切挫折困阻都将迎刃而解；那草丛中身姿挺拔、枝叶繁茂的各类树木，看到它们就感受到了朝气，时时刻刻提醒着东大学子们保持作为青少年该有的坚忍不拔和朝气蓬勃。曾经被同学们认为是"高四"的大学校园如今成为他们眼中的圣地。

清晨，朝气蓬勃的小南湖是师生晨练的绝佳选择；当阳光渐渐明媚，风景秀丽的小南湖又变成了师生陶冶情操亲近大自然的好去处；傍晚时分，石头上背靠背坐着的恋人，小桥上相谈甚欢的挚友，无一不构成一幅幅绝美的夕阳图；毕业季来临，小南湖多了许多穿着学士服的莘莘学子，他们簇拥在小南湖周围，想借此地为他们在大学校园中的爱情、友情、师生情留下最难忘的回忆。偶尔到小南湖一游的时候还会看到蹒跚学步的孩童或是悠闲休憩的老人。东大人崇尚"爱校、爱乡、爱国、爱人类",不仅追求自身卓越,更以天下为己任。浓浓书香气熏陶着祖国下一代的花朵,让他们奋发好学,励志图强;宁静小南湖为年迈长者提供安享舒适时光的宝地,让他们感受到祖国的现时强大富足,祖国的未来充满曙光。

万物有灵,小南湖诠释"自强不息,知行合一"新内涵

从当初的一片荒芜到现在的生机勃勃,作为一名东大人,我们应该怀着一颗感恩的心去向那些前期建设的工人们和后期维护的园丁们致敬。入夜微凉时,他们牺牲休息时间马不停蹄地赶工,只为早日将如此美景呈现给我们;炎炎烈日下,他们不顾被汗水浸湿的衣衫不辞辛劳地维护着花花草草,只为给我们提供更加秀丽的景色。我想一定是因为小南湖凝聚了太多人的心血和爱心,才能够如此万物皆有灵,如此具有深入人心的力量。

习近平总书记在党的十九大报告中明确提出:"建设教育强国是中华民族伟大复兴的基础工程,必须把教育事业放在优先位置,深化教育改革,加快教育现代化,办好人民满意的教育。"东大人的成长和浑南校区的发展建设无不在诠释着"自强不息,知行合一"精神的新时代内涵。九十五年来,东大人从不曾忘记东大精神,在祖国危难时不屈不挠,和祖国共渡难关;也不曾忘记张学良老校长的办学宗旨,在如今国家全面建设中国特色社会主义强国,实现中华民族伟大复兴和中国梦的征程中,不断贡献自己的力量。作为一名东大人,使命如此其重大,能不奋勉乎吾曹?

范明雷,东北大学浑南校区管理委员会协调办公室主任。

以高起点打造"灵魂深处的家"

金　畅

有人说："你的家，就是你灵魂的样子"。校园是高校文化和精神的载体，每所高校都拥有不同的精神气质。按照建筑50年设计使用寿命估算，一座校园至少将有几十万名学子在这里学习生活成长，他们一生中最美好的年华将在这里度过，而美好的校园对塑造学子的情怀、气度和视野都会起到极大的作用。作为一名基建工作者，有机会建设新校区、有机会为几十万人建设一个"家"，既是巨大的压力和挑战，更是莫大的幸运和光荣。

建设新校区，我们面临着诸多挑战，最艰巨最重要的挑战有两项，一个挑战是如何建设一个高水平的、有特色的校园。东北大学既有的北陵校区和南湖校区是两个极具风格和特色的校园，主要建筑被评为国家级和沈阳市文物保护单位，鲜明的建筑特色在每个东大人心中都刻下了永久的印记。因此，站在这样高的起点上建设东北大学新地标极具挑战性，如何建一座既传承历史文脉又与国际接轨的高水平校区，我们意识到一定要以高水平的规划设计来引领高水平的校园建设。

总体规划设计吸引了国内最具实力、业绩最好的三家高校设计院和两家国外设计院参与竞标，经过两轮竞赛的角逐、专家点评、广泛征求意见、学校中层干部和教师代表投票等多个环节，最终日本鹿岛的规划方案被采用。该方案得到专家和东大人的一致认可，被评价为构思严谨、注重传承和可持续发展空间，是近年来难得一见的好方案。

单体建筑设计则采用创新性的组织模式——建筑大师集群设计，由崔恺、崔彤、庄惟敏、梅洪元、周恺、朱小地、单军和任力之等八位国内顶尖的建筑大师组成既有合作又有竞争的集群设计团队，他们共同考案东北大学两座原有校区的规划和建筑，共同与日本鹿岛设计师研究优化总规方案，共同制定特色校园和谐校园的设计导则，在"和而不同"的基础上每位建筑师都非常用心地结合建筑特征和自身特长设计出有个性的建筑。设计完成并投入使用后，得到了校内外各方的认可，新校区主要建筑被业内同行称作建筑学学生的教材。同时，建筑大师们对我校组织的集群设计也给予高度评价，认为是他们参与过的集群设计中阵容最强大、组织最成功、成果最满意的。

新校区建设通常需要 5～7 年，而我们必须在不到两年的时间内，用有限的投资将建筑大师复杂的作品完美地呈现出来，这就是我们面临的又一个重大挑战。我们在时任处长马立晓的带领下，克服重重困难，打破常规处处创新，无论是在管理机制上，还是在技术节点上，几乎每个环节都进行了有效的创新。同时，自新校区建设直至今天，大家几乎放弃了所有的节假日，日夜奋战，才完成了这项艰巨而光荣的任务。

面向未来，我们依然满怀激情与信心，基建人将继续发扬献身求实的东大精神，真抓实干打造建筑精品，续写百年老校建设篇章，为将东北大学建设成为"中国特色、世界一流"大学助力前行。

———————————

金畅，东北大学基建管理处处长。

你的故事——致图书馆

胡乃菲

我站在你的面前，看岁月的枝蔓爬满你的窗户，染绿我向着你的凝望。推开时光之门，溜出那些被尘封的过往，你的故事是一本读不完的书。

文承万代，馆藏千秋，你的故事开始于1923年。

肩负救国重任的东北大学诞生在盛京大地，东北大学图书馆应运而生。屹立于白山黑水之间，你与东北大学荣辱与共、兴衰浮沉。九十五年的发展历程中，你见证无数沧桑历史，成就无数卓越人生。

战火纷飞的1931年，你随校流亡，烽火连天的抗战岁月里，你为莘莘学子开辟出一片知识的绿洲、学习的乐土，你让东大的文化与精神得以保存与传承。

举国欢腾的1949年，东北人民政府代表会议会场设立在你门前，历史的长河因此记住了你的名字。

改革开放后的1985年，南湖校区图书馆建成并投入使用，作为高校先进图书馆的你迎来李鹏、李长春等时任国家领导人的先后视察，时任国务院副总理的方毅同志的题词使你成为当时高校图书馆的佳话。

时间的车轮滚滚向前，2017年，你迎来了历史上的里程碑。浑南校区图书馆投入使用，南湖校区图书馆改造获新生，你立志成为开放式、服务型、网络化、智能化、高品质的一流现代化大学图书馆。你以丰富的文献资源、先进的数字化技术、全新的设备和服务理念、高雅舒适的人文阅读环境始终站立在时代的潮头，便捷、高效，与时代同声相继；温馨、时尚，与社会同气相求。

"献身、求实、团结、创新"的校风引领着时代的风气，"自强不息，知行合一"的校训宣告着历史的担当。2017年，图书馆官方微信平台展开与学生间的紧密互动，阅读推广活动架起与读者沟通的桥梁。中文数据库建设先进单位的评价展现学科风采，"沈阳最美图书馆"的称号见证今日的成就。"东图人"用热情和汗水在这里唱响生命的乐章。馆藏丰富、设备先进、服务多元化逐渐成为你的标签。

"读者第一、服务至上"是你的理念，

"积极探索，勇于创新"是你的目标。

你因书籍的八方汇聚而成就，因人才的川流不息而闻名。

峥嵘岁月静静流淌，东北大学在变，中国历史在变，世界格局在变，唯一不变的是延阁书香。斗转星移，曾经的辗转颠沛，塑造了你不变的风骨。而今的行路志远砥砺前行，使你不断创新，成就卓越。

你是文化的绿荫，屏挡住愚昧粗俗；

你是知识的源泉，供给人甘甜雨露。

你是展示才华的平台，稚子们从这里起步；

你是锤炼人才的熔炉，成功者不忘你的熔铸。

你的春风吹拂着每一颗渴求的心灵，你的力量提供给每一位虔诚的信徒。

你是一座绿洲，一片乐土，你是传承中华文明的一棵常青树。

你的故事，才刚刚开始……

————————————

胡乃菲，东北大学图书馆老师。

窗前风雨是浑南

段亚巍

2011年8月4日，东北大学浑南新校区总体规划方案竞赛评审会召开，标志新校区建设前期规划工作正式启动。

2012年3月29日，基建管理处与新校区建设办公室机构合并，一支剑指浑南的铁甲劲旅迈进新校区。

2012年11月8日，新校区打下了充满希望的第一根桩。

2012年11月27日，新校区开工奠基仪式隆重举行。

2012年12月25日，新校区打完最后一根桩，共计6791根。

2013年5月27日，新校区主体工程开工。

2013年11月19日，入冬的第一场雪如约而至，标志冬季施工拉开帷幕。

2014年7月15日，新校区搬迁协调工作会议召开，新校区各项工作紧锣密鼓地进行中。

我们共同期待下一个日期……

作为东北大学党委宣传部的一名新闻记者，我清晰地记录着关于浑南校区建设的这些重要节点，这不仅是一份采访记录，也是对新校区30多万平方米点滴变化的记录。因为工作原因，似乎从新校区建设那一天开始，我就与她结缘，这份缘分从未间断过，一直延续着……

2014年9月25日，东北大学首批六学院教职工搬迁入住浑南校区。

2014年9月29日，六学院学生搬迁入住浑南校区。

2014年10月5日，浑南校区"国庆七天乐"主题校园活动之"美我新家"校园义工志愿服务活动举行。

2015年6月25日，教育部全国高校心理健康教育与咨询示范中心建设督查组来东北大学开展专项督查，在浑南校区文管学馆306会议室举行座谈会。

2015年7月20日，延边大学马克思主义学院来东北大学调研。

2015年12月9日，东北大学举办纪念的一二·九运动长跑比赛在浑南校区拉开帷幕。

2017年8月27日，东北大学浑南校区开学迎接新同学。

2017年11月11日，东北大学浑南图书馆开馆仪式举行。

这是继浑南校区投入使用后，我目前能查找到的曾去浑南校区采写的新闻报道的记录。也许你会好奇为什么2016年我一次都没有去过？那是因为我怀孕了，部门领导考虑我身体上的不便，所以没有给我安排去浑南采访。十月怀胎、产假和这期间的寒暑假，我大概有一年半的时间没有去过浑南，但"浑南"这两个字却从未在我的工作中隐去，每次都是听去那边采访的同事回来讲，浑南又有了哪些新变化：草绿了，花开了，树高了，楼多了，景美了，人多了，热闹了……偷偷地，我在自己的脑海里勾画着浑南校区一天天的变化，也回想着她当初的模样，回想着我曾在那里遇见的人……

2014年4月21日，我入职留校还不到一年，在部门领导的带领下，迈进了浑南校区。火热建设中的新校区工地，机器轰鸣，塔吊林立，尘土飞扬。戴着安全帽的我小心翼翼地走在这片土地上，用眼睛扫描这一切，准备用笔记录这里的人和事。

一张办公桌，一把座椅，一张上下铺床，一叠叠厚厚的文件，挂满工程进度表的四壁，这是余祖国在新校区办公的全部家当。

这是我第一次在一个领导的办公室看到上下铺床，后来才得知，他是部门的业务骨干，因为新校区建设工期紧、任务重，他经常吃住都在办公室，床铺也成为了必备品。

一个名叫"纪存"的青年人带我们从文科一号楼到学生宿舍，再到食堂。因为当时只是问了一句他的名字，没有写在纸上，所以我一直都不知道他的名字我写得是否正确，后来再没有机会遇见他。当时我走在他后面，他告诉我："在工地走路讲究的是'趟着走',不要有大幅地高低迈步,这样才不易踩到钉板等尖锐物。"

后来也因为工作原因出入过一些工地现场,每次我都能想起他的话,虽是一句简单的话语却让我受益匪浅。

那次新校区的采访,很多人都给我留下了深刻印象,经常会在日后的不经意间,回想起他们的故事。现在我自己也做了妈妈,白天8小时工作时长不能见宝贝,经常在中午午休的时候不自觉地打开手机相册翻翻照片和视频。有时看着孩子,就会想起何春茂老师曾给我讲的他的故事:为了新校区建设,十天半月不能回家,看不到孩子,只能通过电话听听孩子的声音。2014年采访时我还不能完全理解他的感受,今天似乎能体会他当时的不言苦。

在我采写的新校区建设者中,笔墨最多的要属吴真洁,她是领导给我定的主要采写对象。吴真洁,52岁,高级工程师,国家注册建筑师,基建处总设计师。因为家里也有亲人从事工程建筑行业,单看吴老师的这些头衔,我就知道她是真正的"行家",在没有见到她本人之前对她的崇敬之情就油然而生。当我真正见到她本人时,更是被她的敬业精神和工作能力所打动。看着她办公室落成堆估计要有五六米高的图纸,看着她几十本的工作笔记,看着她在家人病危时仍坚守工作,内心深处有太多的感动。也许支撑她的只是一个简单的目标——将设计大师的作品变为现实。现在每次走进浑南校区,看着那些颇具现代和设计感的建筑,我都会想起她,想起她曾为把图纸上的建筑变为现实而付出的心血。

在采写的新校区建设者中给我印象最深的还要属"老马"。马立晓,他当时是基建管理处处长,这个职务意味着他就是这片新校区建设的负责人,89万平方米土地的建设担子就这样落在了他的肩上。记得初见老马时,我根本没觉得这是一名处长,这不是建筑工人吗?但当采访开始后,他的专业素养、管理经验和领导能力不得不让人折服,不禁感叹他的非凡能力和超群智慧。通过采访才知道,为保证新校区建设过程中无一例安全事故,他每天吃住都在新校区，还经常半夜一两点拿着手电筒在建设工地上巡查。在我心里，他没有领导架子，没有特殊待遇，有的是和大家一样的付出和辛苦，有的是比别人多的那几许白发和皱纹。

"老马"的那句话如今我回想起来仍记忆犹新："东北大学多少年才能赶上建一次新校区啊，我们有幸参与其中，在历史的长河中留下自己一点印迹，荣幸之至，能不奋勉乎吾曹？"

也许在别人眼里，他们不是尽职的丈夫、妻子，不是尽职的爸爸、妈妈，更不是尽孝的儿子、女儿，但在我心里、在他们彼此心中，他们都是尽职尽责、顶天立地的建设者。也许因为了解了这群建设者背后的故事，所以我才更爱那片土地，也觉得那片土地更值得我们去爱。

2017年11月11日，我带着激动的心情，在阔别了一年半之后再一次踏上这片土地，她给我的惊喜真的不是一点点。从各具特色的四大学馆到位居中央的图书馆，从现代风格的风雨操场到功能齐全的学生服务中心。红墙明窗，堤岸杨柳，现代简约，祥和宜人……到处是视觉的享受，到处充盈着一派生机。

罗马不是一天建成的，奇迹也要一点一滴来创造。随着浑南校区的不断完善，我会继续用眼观察，用心感悟，用笔记录……我和她的缘分还会延续下去。

"阳光总在风雨后，请相信有彩虹……"东大浑南，明天会更好！

段亚巍，东北大学党委宣传部校报编辑部编辑。

我的浑南记忆

侯梦琪

    我曾是第一批入住浑南校区的东大学子，如今是在浑南校区工作的东大教工。浑南校区成立四年来，我见证着她的成长。她像一首动人的乐章，有时低沉，有时婉转，有时轻快，有时激昂，每个音符都萦绕在我的心房；她像一条奔腾的河流，也曾遇过礁石，也曾遇过浅滩，却一直奔涌向前，在我的心间流淌。现在让我拨开尘封的画卷，带你走进那段难忘的浑南记忆……

开端 · 历经坎坷

    2014年9月12日，作为工商管理学院研一新生的我在刘长春体育馆听赵继校长做《以开放的视野看世界看未来》主题讲话。9月30日，在我住进南湖校区第九宿舍不到一月后，工商管理学院作为首批入住浑南校区的六家学院之一，如期搬迁。作为学生负责人之一的我，在大客车上死命地喊："浑南宿舍的门不是一关就锁上，要在门外锁一下……"座位上的同学们都抱着不易放进货车的、易碎的、贵重的物品，就这样，我们来到了浑南校区。正如熊晓梅书记在浑南校区2018年新年联欢会上的致辞，搬迁的那一天风雨交加……

    大客车停在"西门"外，可能那根本不算是门，只有门墩和凹凸不平的沙石，我两手握着晾衣竿的两端，晾衣竿上穿着寝室四名同学的暖壶，跟跟跄跄地往里走，生怕暖壶磕碎。我已没办法搬我的另一个易碎品——一体机，只好找志愿者帮忙。那天中午学校食堂向我们派发了福利，所有菜品一律半价销售，我吃了一碗羊肉泡馍，这是我在浑南校区的第一餐，味道不错，就是有点咸。那天结束后，我发了一条朋友圈："比天空更蓝的是志愿者的外衣，比麻袋更沉的是我的一体机"。

浑南校区给我的第一印象就是坎坷。第二天的第一堂课是英语课，我们吃过早饭向建筑B座进发，现在看来并不远的路，当时看来异常遥远，因为满地的建筑废墟夹杂着野草和黄土，根本没有路，更没有路标，我想起了鲁迅的话："世上本没有路，走的人多了，便成了路"我们不知道走了多久，最后看到建筑B门口被大风吹歪的拱门，我们想应该是到了，虽然我们迟到了，但是老师也迷路迟到了，最后"皆大欢喜"。事实上那个时候学生和老师在浑南校区迷路都特别正常，每天上课都有一种探路者的感觉。看着现在浑南校区马路平坦、绿树成荫，我已很难回忆起当时的景象。

发展·意趣盎然

2014年12月21日，工商管理学院举办了搬迁至浑南校区后的第一次元旦晚会，当时浑南校区体育馆和图书馆都没有修建好，晚会在食堂三楼举行。虽然舞台、化妆间和更衣室都很简陋，但我们记住了小品引发的阵阵笑声。不仅元旦晚会，由工商管理学院承办、邀请美国经济管理学界多位知名教授的东北大学海外经济管理学者讲习营开幕式也在食堂三楼举行，被精心装扮过的食堂用来迎接国外贵宾也丝毫不"怯场"。

我对浑南校区食堂的印象十分深刻，虽然与南湖校区多个食堂相比，浑南校区唯一的食堂显得势单力薄，但这唯一的食堂的作用却无比巨大。洗澡、剪发、复印、逛超市、买水果、充话费、配眼镜、取快递、干洗羽绒服、咖啡店小憩，应有尽有，甚至你可以在一楼打网球、把饭桌拼在一起开班会。食堂一度还开过"小灶"——学府小火锅、朝鲜大冷面和烤串，味道都不错，后来禁不住外卖和白塔堡商圈的打击，均已不再营业，只有我这种"元老级"的人物吃过。

2017年1月4日，结束了两年半的研究生学习生涯，我毕业了。作为我校研究生学制改为两年半后的第一届毕业生，我的毕业照片中出现了多年来学生毕业照中都罕见的雪景。文管学馆、生命学馆、寝室楼以及被大雪掩埋的草地都留下我们喜悦的脸庞和不舍的身影，各个教学楼内现代化的楼梯、桌椅等基础设施，令我们的毕业照又高大上又有国际范儿。的确，还没有分别我们就开始想念这片土地和这片土地上生活过的人，单调的冬季因为浑南校区的映衬变得意趣盎然。

高潮·日新月异

2015年12月，我参加学校的非专任教师选留招聘，成为计算机科学与工程学院办公室的工作人员。2016年3月，我开始了在南湖校区综合楼11楼的工作生涯。奇妙的是，2016年9月，计算机科学与工程学院搬迁入住浑南校区。我开始从一名教师的角度审视浑南校区，此时的记忆离不开一个词——搬迁。

"搬迁"这个词似乎与住过基础学院、南湖校区、浑南校区的我和崭新的计算机科学与工程学院有着密切的联系，无论是我还是计算机科学与工程学院都经历过多次搬迁。在学院搬迁之前，为合理规划教师工作室空间，做好装修改造工作，我曾多次手提大把大把的钥匙奔走在信息学馆，数插座的个数、数家具的数量、检查门窗是否损坏、检查家具是否有划痕，以及在教师家具全部到位后的深夜，锁上所有房间的房门。

学院搬迁至浑南校区后，信息学馆的改造工作尚未完全结束，研究生实验室仍在建筑B馆。2018年1月，学院又完成了对研究生实验室的搬迁工作。也许是对搬迁熟悉，也许是对浑南校区熟悉，本次搬迁工作更为平稳有序、游刃有余。起初研究生实验室存在冬天冷、夏天晒、网络差、灯光暗等问题，但在学校和学院的努力下，大部分问题得到了有效解决，一切都朝着好的方向发展。

今天的浑南校区可以用日新月异来形容。图书馆报告厅建成开放，学院年底表彰大会不用挤在教室举行，宽敞的报告厅可以容纳学院全部教师和部分学生，舞台灯光和音响效果都超级好；体育馆建成开放，老师们午休时可以打篮球、打羽毛球，放松身心；小南湖建成开放，花1块钱买3个大馒头，喂鱼喂到撑得吃不下。

结局·跃升发展

看到征稿启事时，我心潮澎湃，往事如昨，历历在目。母校90周年校庆时，我曾在丽都索菲特大酒店担任接待校友的志愿者，今年正值母校95周年校庆，我在浑南校区写下了这篇文章。虽然她远离市区，交通不便，但她远离喧嚣，是做学问的净土；虽然她还在建设之中，但她的一切都新鲜而美好，她还有许多空白可以按照我们的想法填涂，还有许多未知值得我们走近和探索；虽然在她的怀抱里，我略显渺小，但从她诞生，我就从未离开。正如熊晓梅书记在浑南校区2018年新年联欢会上的致辞，浑南校区就像一个离家在外的孩子，时刻牵动着母校的心。但孩子总有长大的一天，机器人科学与工程学院入住、1号教学楼拔地而起……浑南校区从未停下前进的脚步，我对她的未来充满信心，我期待着浑南校区的跃升发展。

侯梦琪，东北大学计算机科学与工程学院办公室老师。

贺东北大学95岁华诞

顾 宁

东北大学肇始于公元1923年，今喜逢95岁华诞，堪称盛事，八方来贺，当属实至名归，寰宇同庆，应为深孚众望。余自入职"东大"倏忽亦15年余。其间如"新闻"设系，"文法""马列"分立，及至浑南新校区落成诸事，皆有亲历。余一介教谕尔，德疏才浅，值此"东大"振兴伟业，再展宏图之际，谨以长歌为贺，期以一己之精诚祈愿"东大"之恒昌。

民国烽烟起中原，白山黑水莫等闲。

父帅肇启"东大"史，汉卿承志执教鞭[①]。

宁减五万虎贲士，不使东北无文传。

安得广厦招才俊，不吝重金聘德贤。

梁君伉俪携手至，士钊[②]漱溟[③]恐赴迟。

春夜秉烛写建筑，秋朝谈笑议旧诗。

理工犹可开先河，文史直待遗后知。

塞外风雪一时间，毕竟人间四月天。

东洋倭匪卷土来，三省军民动地哀。

惜有华北三千里，难安讲坛半尺台。

自古青年多壮志，敢洒热血唤良知。

若无学子呼抗日，怎见西安兵谏时。

近代华夏多磨难，"东大"美名留青史。

四十九年[④]今非昨，开天辟地新中国。

辗转拆分何所愿，所愿东北工学院。

学子报国有誓语，先生授业无怨言。

沥血呕心育桃李，志如钢铁效春蚕。

十载改革⑤成伟业，神州一页换新颜。

复名"东大"众望归，再创辉煌舍我谁。

昔时理工独为重，今朝文采别样红。

开辟新园千百亩，栽培梧桐引鸾凤。

浑河两岸天下事，莫子山前读书声。

曾经荣辱成绝响，"双一流"上谱新章。

救亡悲歌犹在耳，万众"东大"当自强。

【注】

①此处指1928年张学良任东北大学校长。

②指章士钊。

③指梁漱溟。章、梁二人都曾任教于东北大学。

④指1949年新中国成立。

⑤1993年东北工学院复名东北大学。改革开放一般认为始于1978年，此处"十载"为虚指。

顾宁，东北大学文法学院教师。

九十五载　不忘初心　沧桑砥砺
九十五载　弦歌不辍　薪火相承

钱　唯

2018年4月26日，东北大学迎来了建校95周年！在此，我谨代表中荷生物医学与信息工程学院全体师生向学校95周年华诞表示热烈的祝贺！

白山兮高高，黑水兮滔滔

九十五载峥嵘岁月、栉风沐雨，东北大学始终坚持与国家发展和民族复兴同向同行，"自强不息，知行合一"，深深印刻在每名东大人心中，薪火相承。东北大学先后研发出国内第一台模拟电子计算机、第一台国产CT、第一块超级钢，兴办了第一个大学科学园，培育了东软、东网等高新技术企业，并孕育出国内第一所生物医学工程领域的中外合作办学机构——中荷生物医学与信息工程学院（以下简称中荷学院）。

有此山川之伟大，故生民质朴而雄豪。
地所产者丰且美，俗所习者勤与劳。

中荷学院自2005年成立以来，始终坚持东大人自强不息的校训精神，充分发挥国际化办学的优势以及　"产、学、研、医"相结合的特色，不断推动医学与人工智能、生命健康、信息、新材料等领域的相互促进与融合，致力于培养医工结合的新型交叉人才。

中荷学院集合了一群有梦想、爱创意的青年，他们善于思考并渴望了解世界上最前沿的生物医学与信息工程领域的知识与革新，恰逢一场刚刚开始的、席卷全球的医疗健康信息工程和大数据分析的改革浪潮，他们渴望改变世界。

何谓生物医学与信息工程？它主要涵盖了生物、医学以及健康大数据分析（数据生成、识别、传输、存储、通信、处理、集成、分析、挖掘、检索及处理）等学科及相关科学与技术。数据尤其是大数据智能（Artificial Intelligence，AI）分析正在改变着我们的世界，这一变革刚刚起步。在医疗信息化系统引入过程中，医疗健康大数据互通互联与数据分析是关键，放眼未来，医疗和健康数据将会持续激增。这是一场新的工业革命，而这场革命刚刚开始，我们将一起迎接许多可以创造具有革命性的数据管理机制与工具创新的伟大机遇。被称为"爱迪生的正统接班人"的库兹韦尔（他曾获9项名誉博士学位，2次总统荣誉奖，还曾被麻省理工学院提名为"当年杰出发明家"）指出，有两大进步可支持他的未来论点：第一是技术进步速度，他目前使用的安卓手机体型越来越小、功能越来越强大，比他20世纪60年代在麻省理工学院使用的1100万美元电脑便宜得多。而且随着时间推移，技术进步将令手机越来越小、越来越强大、越来越便宜。第二，美国康涅狄格州乔斯林糖尿病中心正使用生物技术关闭动物体内的脂肪胰岛素受体基因，这让动物吃再多食物也不会患上糖尿病或体重增加。生物技术应用在人体后，我们可以抛弃上千年不再使用的陈旧基因，大幅延长寿命。

愿以此为基础，应世界进化之洪潮。
沐春风时雨之德化，仰光天化日之昭昭。

2014年9月，中荷学院作为首批学院入住浑南校区。三年多来，我们见证了东北大学及浑南校区的不断发展与变革，见证了东大人践行"献身、求实、团结、创新"的精神，见证了一代代东大学子求知求学的逐梦过程。在学校领导及各部门的指导及大力支持下，中荷学院也取得了较大的进步。

2014年生物医学工程学科成功申请国家博士后流动站，2016年获批建设"双一流高原学科计划"，2017年获批"人工智能临床医学"二级学科博士授权点。

我们的目标，我们的梦想，我们的工作：

比如医疗，人类医生有千万之众，但医生之间常常沟通不畅，若换成AI医生，那就不是几百万名不同的医生，而是一个单一的医疗网络，监测着世界上所有人的健康状况。计算机还能解读身体发出的信号，这一点人类医生就办不到。只要在体表或体内安装生物识别传感器，计算机就能诊断出你的情绪状态，准确性胜过任何人类。因此，即便在这种情况下，AI都是有优势的。我们正在开始重新改造过时的"生命软件"，即人体内被称为基因的23000个"小程序"。通过重新编程，我们将帮助人类远离疾病和衰老。到2020年左右，我们将开始使用纳米机器人接管免疫系统。到2030年，血液中的纳米机器人将可以摧毁病原体、清除杂物、血栓以及肿瘤，纠正DNA错误，甚至逆转衰老过程。

我们正在与这些非生物科技融合起来，我们把这台微小的安卓手机戴在皮带上，虽然它还不在我们的物理身体内，但这种内外之别不过只是人为的区分罢了。它已经成为我之外我的一部分——不仅是这台手机本身，也包括它与云端的连接，以及我能在云端接入的一切资源。

难道自然给予我们的还不够吗？人脑的能力有限，至少比电子计算设备慢一百万倍。在我们的大脑中，用于思维的部分被称为新皮质。它是大脑周围一层很薄的结构，大约在两亿年前与哺乳动物（当时均为啮齿动物）一同出现。一个重大的创新在两百万年前来到，当时，类人猿进化而成，并拥有了很大的前额。你去观察其他的灵长类动物，它们的额头都是倾斜的，它们没有额叶皮质。这个额外的新皮质被我们用来增加更高层次的抽象，也正是这个层次使我们具备了发明的能力。我们首先发明了语言，同时也发明了幽默、音乐之类的东西。没有其他动物能打出节拍，也没有其他动物能讲笑话。所以将大脑接入机器，就会使我们的聪明程度呈指数式提升，并让我们变得更有魅力。到了21世纪30年代，纳米机器人将可以透过毛细血管，无创伤地进入我们的大脑，与我们的新皮质连接起来，同时，基本上将它与云端上的以同样方式运行的人造新皮质连接起来。如此一来，我们就拥有了一层额外的新皮质，就像我们在200万年前进化出了额外新皮质一样，而我们也会像利用额叶皮质一样，加入更多的抽象层次。我们将打造出更深刻的通信形式，我们将创作出更深刻的音乐和更好笑的笑话，我们将变得更风趣、更性感，我们也将能够更自如地表达爱慕之情。

这些技术如何让我们活得更久呢？我们先来说遗传学，即现在所称的生物科技。它已经开始为临床医学带来一场革命，而在未来的一二十年内，它将让医学彻底改头换面。我们正开始对落伍的生命软件进行重新编程，这些软件即是我们体内的2.3万个称为基因的小程序。我们正在通过对基因的重新调校，让它们远离疾病、远离衰老。

有人因为缺少一个基因而患上一种名为肺动脉高压的绝症，我们可以为此类病人添加那个缺少的基因，此项治疗方案已经在人体实验中取得了成功。我们可以删除基因。我们可以更改干细胞，以达到预期效果，比如当一些心脏病患者的心脏受损（半数心脏病发作的患者均是如此）后，重新为他们的心脏赋予活力。

如今，医疗已成为一项信息科技，它和其他科技领域一样，都遵循着同样的加速和进步法则。很快，我们将能重塑体内一切组织和器官的活性，并能够开发出药物，直接锁定一种疾病背后的代谢流程，而不必再采取试探性的治疗手法。而纳米科技是一个真正在超越生物学的领域。

惟知行合一方为贵，惟自强不息方登高。
爱校、爱乡、爱国、爱人类。

东北大学在95年的办学历程中，始终服务于国家战略和区域经济发展，瞄准人类命运重大课题，合理布局新兴学科，高起点进入生命健康领域，充分发挥在大数据、云计算、信息技术等方面的学科优势，创建信息科学、材料科学与生命科学跨学科交叉技术平台，实现了生命科学的高起点、跨越式发展。2018年4月23日，东北大学与沈阳军区总医院签署医学与生物信息工程学院共建协议，共同建设医学与生物信息工程学院，以服务"健康中国"、探索医学新知、培养医学人才为使命，面向新兴智能医学等未来领域抢占前沿方向，通过优势互补与学科深度交叉融合，增加新的学科增长点和学科发展的内生动力，发展"新医学"与生物学科，支撑一流大学建设。

中荷学院将紧密围绕学校综合改革重点任务、"十三五"规划阶段目标和"一流大学"建设宏伟愿景，继续坚持产学研医相结合的国际化办学特色，以体制、机制创新为动力，以建设新医工学院为契机，瞄准科学前沿和产业重大需求，不断努力，助力东北大学一流大学建设，为区域经济社会发展做出更大的贡献！

期终达于世界大同之目标。
啊！使命如此其重大，能不奋勉乎吾曹？

走过95载的光辉历程，东北大学将承载着更多的责任和梦想，以新的姿态站在新的发展起点上，祝愿东北大学的明天更加美丽辉煌！

———————————

钱唯，东北大学中荷生物医学与信息工程学院院长。

春满校园传雅韵，浑河南畔劲芬芳

徐长文

　　二十年前的浑河南岸，荒无人烟，一片茫茫；二十年后，在与东北大学主楼遥遥相望的浑河南岸，东北大学浑南校区已巍峨屹立起来。漫步在幽静怡人的校园中，仰望着气势恢宏的图书馆、现代典雅的四大教学馆，东大人自强不息仿佛一幅幅动人的画卷，和着不同时代的气息，沉淀在这充满活力的现代化校园之中。

　　2012年11月27日，在东北大学近90年的发展史中，是具有里程碑意义的一天。这一天，东北大学浑南新校区奠基仪式在国家大学科技园隆重举行，随着第一锹奠基土的培入，我们亲眼见证了浑南校区建设的顺利展开。浑南校区自奠基以来所走过的不平凡历程，这89万平方米土地上的卓然变化，是东北大学跃升发展的最好诠释。江河建筑学院作为首次搬迁的学院之一，师生能否顺利、安全、平稳地入住，关系到学校未来的整体战略布局，关系到全校师生的福祉。在这个重要的历史时刻，学院全体师生全力履行自己的义务，积极承担应尽的责任，为了东大的明天，超前思考、超前谋划。群力谁能御，齐心石可穿，在搬迁入住后，师生攻坚克难，同心协力，最终，学院圆满完成各项搬迁工作，为实现东北大学建设高水平研究型大学的奋斗目标迈出坚定步伐。

　　校企相连，产学研深度融合。浑南校区作为沈阳国家大学科技城的重要组成部分，与东北区域超算中心、东软集团、东北区域大数据中心、东网科技有限公司等大型基地毗邻，优越的地理位置能够进一步发挥学校产学研相结合的办学特色和优势，促进地区产业结构升级和经济增长方式转变，成为集高质量人才培养、高新技术研发与转化于一体的重要基地。破解发展空间瓶颈，改善办学条件，实现协调发展的战略布局，浑南校区建设是东北大学历史上创造的前所未有的重大奇迹。科学民主的学术校园、信息快捷的数字化校园、高雅优美的文明校园、健康环保的绿色校园、与社会和谐互动的开放校园，它必将助推东北大学成为中国新型工业化道路的引领者和开拓者，为东北地区老工业基地全面振兴，为国家经济发展方式转变、建设创新型国家发挥重要作用。

优质资源，现代化校舍初成。浑南校区89万平方米用地建设，采用高起点统一规划、高标准分期建设。一期建设项目全部由国内著名设计院的顶级大师设计完成。时间紧、任务重、责任大，浑南校区建设破解了数不清的困难，创造了看似难以实现的纪录，一切都只为了给广大师生提供更优质的现代化的教育资源和生活环境，让教师乐业、学生乐学。怎样让国内八大著名设计院的作品真实如期呈现，实现美感与功能的有机融合；怎样让校园建筑文化风格历经风雨仍然能禁得起检验，成为学校历史文化的传承者缔造者……浑南校区建设者似乎每天都在书写一部业界难以相信的神话。图书馆、信息科学大楼、生命科学大楼、文科1楼、文科2楼、风雨操场、学生生活服务中心、学生宿舍等拔地而起。当初醒的朝阳还未露出地平线，整洁宽敞的广场上，清幽僻静的小路边，都已回荡起琅琅书声。当夕阳西下，灯光荧荧，校园内又会出现自习的人流。从各个宿舍不断涌出青春勃勃的学子，夹着书本的，提着水杯的。傍晚时分，学校几座主要的楼馆里灯光闪耀，坐落于校园正中心的图书馆里更是坐满埋头苦读的学生，虽人头攒动，却鸦雀无声。东大师生应倍加珍惜东北大学当前的优越条件，努力工作、用功读书、发愤图强，为创造东大更加辉煌灿烂的明天而努力奋斗。

凝心聚力，共同实现美好蓝图。每一个东大人都是浑南校区未来发展的参与者、见证者和建设者。这不仅是每一个东大儿女律己的追求，也是对学校未来尽责的觉悟。浑南校区师生昂扬向上的精神面貌和锐意进取的奋斗气质正是东大精神的最好体现，有了这种团结一心、攻坚克难的精神，东北大学的事业就会无往而不胜。全体浑南师生应继续大力弘扬东大人团结协作、爱校奉献、敢打必胜、顾全大局、务实担当、自强不息、知行合一的东大精神，实实在在转化为建设新家园的坚定意志、实际行动。作为东北大学这个大家庭的一员，自从步入东北大学的一刻起，东大的标签就将追随我们一生。分享东大的名誉、利益、设施、环境的时候，每一个东大人都应扪心自问："我能为东大做些什么?"在浑南校区的建设、东北大学未来里，每一个东大人都应继续贡献自己应尽、能尽、必尽的力量，守望相助，共赢共享，以浑南校区参与者、建设者、见证者的身份真正实现"我与母校共成长"。

开创浑南校区充满生机的新校园，让发展东大、强盛东大的梦想有了延伸、寄托和承载。美好的蓝图要靠建设者去一笔一笔地描绘，美丽的梦想要用辛勤的劳动与汗水去浇灌。相信不久的未来，一代又一代东大人的青春将在这里尽情绽放，一页又一页东大的历史将在这里精彩定格。积淀九十五年文化传承，孕育新世纪时代精英，自强不息的东大人必将在这片充满生机的土地上谱写出东北大学"双一流"跃升发展的新篇章。

徐长文，东北大学江河建筑学院党委副书记、副院长。

写在创新路195号

郭　飞

"九五华诞"，我们共同为东大庆生，回忆曾经峥嵘岁月，憧憬未来无限精彩。

孩提时，东北大学一直都是祖辈、父辈口中的"气节之校"，其高大形象只存在于模糊的记忆里，但当在高考志愿填报表上毫不犹豫地落笔"东北大学"四个字的那一刻，这种记忆突然变得真实可触，有一种莫名的兴奋，而父母当然是一种独有的自豪。

东北大学自1923年建校以来已走过了95个春秋，有过辉煌耀眼的时刻，也有过颠沛流离的彷徨，但不变的是爱校、爱乡、爱国、爱人类的情怀，更是东大人为祖国发展和民族复兴而努力奋斗的信念。95年里，东大师生是一二·九运动的主力和先锋；95年里，东大研发出国内第一台模拟电子计算机、第一台国产CT、第一块超级钢……95年里，东大一直都在不遗余力地发挥着自己的光和热，为祖国发展输送着一批又一批人才，殚精竭虑，坚韧如铁。

2004年，我来到了心中憧憬过无数次的东北大学。从入学开始，一年的时间都在基础学院学习生活。虽然现在基础学院早已不复存在，但已然成为我记忆深处最美好的地方，篮球场掩不了的活力四射，宿舍内留不住的欢声笑语，西阶一堆不下的青葱岁月，那里是我的东大人生开始的地方。

一年后，我们集体回到了南湖校区（本部），在这里我深切地感受到了东大的魅力，南依浑河，北傍南湖，苍松翠柏，绿草如茵。四大学馆深厚的历史积淀令我心驰神往，优美的校园环境让我心旷神怡，厚重的文化底蕴吸引着莘莘学子前来求学。在这里，我度过了最美好的大学生活。

东大给予了我人生最美的四年，我也必定将一生交付给东大。2008年毕业后我毅然决定留校工作，为东大的发展贡献微薄力量。在校从事三年学生工作，之后一直负责学校修缮管理工作，我看到了东大的渴望，经历了东大的成长，见证东大的辉煌。

2016年，我来到浑南校区工作，新校区建设的一期工程已全部完工，设计风格别出心裁，建筑布局错落有致，基础设施先进完备，细节设计以人为本，不由感叹东大建设者的鬼斧神工，感谢东大建设者的辛苦付出，烈日下、酷暑中，他们用汗水诠释着"干"字精神。正是因为有了他们，浑南校区的建设成为了全国高校新校区建设的奇迹，成为了建筑行业的标杆，诠释了"自强不息，知行合一"的东大精神。古朴典雅的图书馆，现代大气的一号教学楼，气势恢宏的四大学馆……东北大学浑南校区的特色建筑群——赏心悦目；漫步之地小南湖、绿树成荫景观带、小桥流水花溪地——清新优美；先进的教学设施实现了多媒体教室全覆盖，科技感十足VR教室极大地丰富了学生的学习形式——科技育人；完善的基础设施，完备的生活配套，为师生提供优质学习生活环境——温馨舒适，浑南校区已然成为一个既有文化，又有情怀的现代化高校校园。

浑南校区一步到位地将运行保障服务社会化，这对于南方多校区运行的高校来讲可能并不稀奇，但是对于东大来说是一种全新模式，也面临着诸多挑战。开始总会觉得这种"一步到位"的做法是否有些过于激进，但当我真正工作在这个校区，看到管委会成立之初厚厚的调研资料和各种研讨会议记录时，很确定这个决定的做出就是水到渠成。这让我看到了东大对于改革创新的决心和谋求发展的渴望。来到浑南校区不得不提到管委会的王义秋老师，她在我心中是一位具有人格魅力的女强人，我是打心眼儿里敬佩她，她带领着几个人从对这种模式的一无所知到搭建出整个运行框架，一步一个脚印走出如今的管委会。王老师愿意和年轻人在一起，工作之余，总会和大家开开玩笑，拉拉家常，谈谈人生。和她在一起，我们毫无拘束，敞开心扉，总是有说不完的话。王老师看待工作，眼里容不得半点沙子。物业招标需求的编制，王老师带领管委会反反复复进行了数十次的探讨修改，甚至对每个字都要深度揣摩，为的就是能有更符合学校要求的好企业来为校区服务。我们说她就是总"闲不住"，感觉有使不完的劲儿，校园的每个角落她都很清楚。王老师鼓励我们年轻人多走出去看看，多汲取，多锻炼，要有创新意识，不然只能循规蹈矩，永远转不出那个圈。我庆幸来到浑南校区工作，与这些有梦想的年轻人同新校区共同成长；庆幸加入这个和谐、奋进、有战斗力的管委会，这里有一群为新校区默默奉献的东大人；庆幸遇到王老师，能够带领我们踏踏实实地干，为新校区的建设运行献计献策，勾绘美好蓝图。

感谢东北大学，感谢浑南校区，感谢管委会，这里有我的青春与热血，这里才是我梦想开始的地方。

东大未来的道路悠悠漫长，"使命如此其重大，能不奋勉乎吾曹"，我辈定当奋勉求进，共创东大的百年辉煌。

"百年华诞"，我们相约一流高校之巅，执杯把盏庆辉煌。

郭飞，东北大学浑南校区管理委员会修缮管理办公室主任。

你如此多娇，我如斯幸运

——记录我眼中的浑南校区

郭文希

2014年，东大浑南校区一期建成，部分学院学生搬迁到浑南校区，那时我正在读研一，和室友约定毕业之前一定要去浑南校区参观一次，毕业了以后不知道会不会有时间回来。后来找工作、忙毕设，每天充实而忙碌，参观浑南校区就一直没有机会成行。2017年1月，我硕士研究生毕业，选择继续留在东北大学工作。5月，我来到浑南校区图书馆轮岗实习，终于可以和她相遇。

一、谱写新篇章

1. 新图书馆

我没有太多华美的词藻来形容我们的新图书馆，但它就是我理想中图书馆的样子。丰富的馆藏，现代化的设施，古香古色的书桌书架，多元化的服务。漫步其中，你的心会不自觉地沉静下来，远离了浮华世界，远离了内心喧嚣，它会带给你世外桃源般的宁静。书页翻动的声音，书车摩擦地面的声音，电脑敲击键盘的声音，学生低声交流的声音，一切美好而平和。

2. 新食堂

食堂菜品品种多样，价格合理。学生食堂设有小火锅、冷面店、甜品店、奶茶店等特色小店。教工食堂提供早中晚的自助餐，菜品种类丰富，经常增添新菜品，味美价廉，受到老师们的一致好评。新食堂逐渐成为浑南校区的一大特色。

3. 新宿舍

在图书馆值晚班的时候就住在浑南新宿舍，住宿环境一流。学生寝室四人一间，卫生间、热水机、洗衣机、公共空间等配套设施齐全。配备活动室供学生自习、学术交流、健身、会客、班级团日活动等。

4. 新环境

早上八点的浑南校区，生机勃勃。下了班车赶去食堂的教工，拿着包子赶去教室的学生，图书馆门前排队等待开馆的学生，人流如织，朝气蓬勃。

上午十点的浑南校区，天高云淡，惠风和畅。校园里行人很少，工人在浇花，流浪狗在晒太阳，空气中仿佛都弥漫着青草香。

晚上十点的浑南校区，温馨浪漫。大批的学生走在回宿舍的路上，或交谈，或笑闹。行人道上偶尔有情侣牵手走走停停。甬道上轮滑班的同学在练习轮滑，动感的音乐飘荡在校园上空。

5. 新人文关怀

在浑南校区，你会收到很多人文关怀。端午节的粽子、中秋节的东大定制月饼、圣诞节抽奖活动，还有每天中午的教工健步走、教工绘画班，食堂前每天都有丰富的社团活动供学生参与，更有设施优良的健身房和羽毛球场馆等供师生使用。东大浑南校区为学生和教工提供了丰富的活动平台。

二、传承与发展

1923年，东北大学诞生在盛京大地，95年育英才，嘉树喜成列。她走过了烽火连天的抗战岁月，经历了改革开放后的日新月异，见证了一代代东大人走向辉煌，成就卓越。南湖校区像是慈祥成熟的母亲，用她的宽广和博大包容你，用她的智慧和经历感染你。浑南校区像是年轻的母亲，你能感受到她的成长和进步，变美了，变强了，变成熟了，变平和了。她一边供养着我们，一边坦然地让我们看到她不断完善自己的过程。而身处其中的东大人始终发扬着东大传承的"自强不息，知行合一"的精神，使浑南校区和南湖校区紧密相连。

传承了东大精神的浑南校区将带着自己现代化的风貌茁壮成长。她会和南湖校区一起培养出一批批优秀的东大人，为祖国教育事业添砖加瓦。她终将成为文明、绿色、开放、数字化的学术乐园，以她卓越的风貌屹立在沈城，屹立在世界大学之林！

你如此多娇，我如斯幸运，岁岁年年，与你常相伴。

我愿陪你风雨兼程。

郭义希，东北大学图书馆老师。

追忆似水年华，喜迎东大95周年华诞

郭　宇

乘着时光穿梭机来到2014年8月，我被带到东北大学的浑南新校区，初见校园，一个个披着绿色外套的建筑物映入眼前，只听见叮叮当当敲打建筑物的声音。看见身边走过的忙碌身影，咦，这不是我熟悉的小伙伴吗？对呀，是浑南管委会的小伙伴们。时间在那一刻仿佛被定格，追忆和浑南校园共同度过的似水年华，迎接东大的95周年华诞。

一、首批师生顺利入住，开疆拓土不亦乐乎

2014年9月，新校区的建设收尾工作还在紧锣密鼓地进行中，各栋建筑还没有彻底地竣工，教学楼还没有进行保洁的开荒，地面还是尘土飞扬，建筑物周边还堆着建筑垃圾。而距离9月25日首批六个学院搬迁的日子越来越近，三栋宿舍楼、四栋教学楼以及生活服务中心的工程必须马上验收。我们组织上海宝冶、苏中建设和物业进行8栋建筑钥匙交接，包括三栋宿舍楼共2076个宿舍以及各楼公共区域包括消防通道、卫生间、管井、玻璃门等钥匙。为了确保学生顺利入住，对各个学生寝室灯、窗帘杆、电源、床、窗户、桌椅等基本设施，各个教室、办公室功能等逐一进行清查。从施工方手中接收宿舍楼钥匙2100套，贴上全校区门牌3395个。还依稀记得检查完宿舍眼神都已变得呆滞，宿舍白白的墙还在眼前晃动，已经完全不记得自己去过多少宿舍，只有通过本上清晰的数字和写满了A4纸的正字来记录。与物业相关负责人沟通进行楼宇的开荒保洁，实时指导开荒，反复检查。新校区搬迁前的准备工作时间紧、任务重、工作量大，我们科室的四个女生丝毫没有退缩，不怕脏、不怕累，凭着为师生全心全意服务

的坚定信念圆满完成了工作任务。走在宽敞明亮的教学楼里，看到师生开心的笑容，身体的疲乏早已褪去。

二、用合约精准定位，助推物业服务标准化引擎

伴随浑南校区一期工程的正式启用，迎来了浑南校区第一批学生及教师入住，东北大学发展的崭新一页就此开启。我们的工作也到了一个新的节点，准备迎接新的挑战。我们开始制定《东北大学浑南校区物业服务质量检查制度》、《东北大学浑南校区物业服务质量考核制度》、《东北大学浑南校区商贸服务质量检查制度》和《东北大学浑南校区商贸服务质量考核制度》。日常检查是质量监管办公室每天必不可少的工作，要对浑南校区物业服务包括楼宇管理、保洁服务、值班服务、维修服务、浴池运行和各商贸服务的服务价格、服务过程、服务品质等合同执行情况进行监督管理，无论严寒酷暑小伙伴们总是奔波在检查监督工作的第一线，检查、记录、反馈、整改、再检查，做到检查物业每周走遍各个楼馆、各个角落，不走过场，不留死角。良好的校园环境有利于学生健康情感的熏陶和培养，有利于学生审美情趣的形成和提升，有利于文化知识的渗透和传播，通过加强对物业服务的监管，提升服务自律性，不断优化校园环境，美化学生心灵。

三、行走在校园的测量仪，向浑南校园这片热土送上问候

两个红外线测距仪，一个手推轮式测距仪，是我们测量物业保洁面积的神器，我们与物业相关负责人员一起历时近一个多月的时间，对新校区室内、室外每一寸土地进行了实地测量，并对数据进行了反复核实。2014年，校园的室外绿化还未完全建设好，好多地方还是方砖路面和土道相间而成，所以测量的那段时间里，每天回到家从鞋底上还能闻到校园清新的泥土味道。在双方测量核算过程中，我们与物业相关负责人也会有学术分歧，对于不规则的面积，要运用多个数学公式，经过反复讨论和多次测量进行验证，才得到最后结果。与此同时，我们自学了建筑学知识，学习CAD绘图软件，

标记图纸，又增长了一项新技能。

四、以服务师生需求为导向，营造富有人文气息的校园营商环境

秉承"以人为本，服务至上"的原则，关注市场，实施服务价格监控，定期组织市场调研和价格对比，保证提供经济实用的服务；重视广大师生诉求，定期走访学生宿舍，和学生面对面交谈，及时了解学生服务诉求，制作、发放商贸及物业服务满意度调查问卷，拓展沟通渠道。校园商业环境既要符合整体的校园规划，又是构成校园文化的重要组成部分。通过对商贸的日常监管，在满足在校师生日常生活需要的同时，督促商贸提高品味及形象，完善服务，营造良好的具有人文气息的营商环境。创设一个具有丰富内涵、和谐育人的文化环境，把浑南校区打造成东大学子的活动乐园、求知学园、精神家园。

时光机又把我带回到2018年！再看看现在的校园，又有新成员加入，崭新的一号教学楼、两栋宿舍楼、体育场馆中心、图书馆都已投入使用，更有美丽的小南湖，浑南校园的一年四季都充满青春的诗情画意，迎面扑来书香的味道，东大人抒写东大的故事。

———————

郭宇，东北大学浑南校区管委会质量监管办公室老师。

奋斗者的答卷

——忆"浑南"

韩丰琨

"江南好，风景旧曾谙。日出江花红胜火，春来江水绿如蓝。能不忆江南。"

白居易的这首《忆江南》，历经千百年岁月洗礼，不知涤荡了多少人的魂灵，勾引起万千人对江南的魂牵梦绕。其实，在东北大学，从南湖校区，到浑南校区，都与"南"有着不解之缘。提起"南"，现在我们更多想到的，是浑南校区，也就是我们东大人口中的"浑南"。比之江南，一"江"一"浑"，同依水傍江，虽一字之别，却也都毓秀钟灵。细一想，这"浑南"落成，已近四载。今年又恰逢东北大学建校95周年，是时候好好地品味一下四载"浑南"了。

第一次去"浑南"是在2013年11月5日。追逐着即将退场的瑟瑟秋风，我们一行人从南湖校区驱车"南下"，第一次踏上了浑南校区的土地。已近隆冬，本应是建筑施工"歇冬"的最清闲的时候，浑南校区的工地上依旧干得热火朝天，这令我十分震撼。时任基建处副处长金畅接待了我们，带我们考察了建筑学馆（当时叫"文科2楼"）。"工期紧，现在各个楼主体都已封顶，我们现在考虑先把门窗安上，采取一些措施供暖，这个冬天，先干室内安装的活……"金处长边走边向我们介绍。交谈中，我们体会到基建处的同志们的艰辛与不易，我们也清晰地感受到东北大学浑南校区的建设者们肩上沉甸甸的责任与担当。

再去浑南校区的时候，已是春雪消融，每次去浑南校区，总能看到一个与上一次不一样的"浑南"。时间很快就到了2014年9月，入住浑南校区，成了我们那段时间工作中最最突出的主题。为了师生能顺利入住，我们提前进驻文科2楼，"分配房间、搬运桌椅、安装设备、清扫卫生……"，那段时间，我们突然明白：有一种距离，叫做"我们进了楼，却不在同一个房间里"。刚入住浑南校区，手机信号差，进了楼，手机信号基本消失，又没有网络。那段时间，对讲机成了我们最有效的通信工具。9月30日，江河建筑学院师生与其他五个学院一起，顺利入住浑南校区，而通信，却成了一大难题。国庆节，联通的工作人员进驻，为各个房间安装电话，调试网络！七天假期，靠着"浑南"人执着地坚守，终于，每个房间的网络通了，每张办公桌上的电话铃声响起。很快，校园WIFI覆盖整个校区，无网岁月迅速成为"浑南"的过去。

轻轻旋动岁月的转轴，我们把时光调回到1928年，梁思成、林徽因在东北大学开辟了中国建筑教育的第一块试验田——东北大学建筑系。中国的这第一个建筑系虽然仅存了3年，却培养了一批像刘致平、刘鸿典、张镈、赵正之、陈绎勤等卓有成就的建筑学者和大师。新世纪的东大建筑人，在这片梁、林曾经奋斗过的土地上开垦，复建了东北大学建筑系，2013年7月，江河建筑学院成立。2014年，暂居"南湖"一隅的江河建筑学院搬迁浑南校区，为东大建筑学科的建设和发展提供了机遇。"复兴东北大学建筑学科"写入学院"十三五"规划，自强不息的东大建筑人再一次接过历史的爬犁。今已非昨，中国建筑教育的格局留给东大建筑人的，除了机遇，更多的是挑战。"复兴东北大学建筑学科"，这不仅需要智慧，更需要勇气。困难，是意料之中的事，但困难的程度，却大大出乎了我们的预料。新时代的东大建筑人，咬定青山不放松，在困难和艰辛中扎根，任尔千磨万击，抱定"黄沙百战穿金甲，不破楼兰终不还"的决心和意志，孜孜以求，誓以实际行动，复兴东大建筑学科，向东北大学、向关心和支持东大建筑的社会各界，交一份满意的答卷。

留不住的是时光，看得见的是改变。四年，何其长？一千四百多个日日夜夜。四年，又何其短？只不过人类历史长河里的一瞬间。匆匆四年，而今

筑梦

东大·那份情怀和期盼

257

已非初见。四年里，我们见证了浑南校区从无到有；四年里，我们亲历了浑南校区日新月异。四年，我们品味艰辛；四年，我们感悟成长。小时候，遇到困难，父亲会对我说："没有跨不过去的坎儿！"现在，我依然笃信，困难只是暂时的。君不见，小南湖畔，团花翠柳已争春；君不见，图书馆里，万千学子竞弄潮。相信，靠着我们浑南人的坚持与奋斗，在不远的将来，桃李花开会有时。

也许，许多年以后，当我们这些曾经亲历过浑南校区诞生和建设的人们日渐老去，在"浑南"的日历里，也许不再有艰难，而留下的，只有耕耘、奉献，还有回忆。虽然后来的朋友们再也看不见你曾经腼腆的容颜，因为开拓者在这里开篇，奋斗者在这里答卷。虽然这份卷现在还没有答完，但我们有理由相信，这必将是一份交给全体东大人的满意的答卷。因为这里镌刻着开拓者坚实的足迹。

也许，多年以后，每一个浑南人都会如白居易当年一样，轻轻地吟起：

浑南好，风景旧曾谙。日出山花红胜火，春来池水绿如蓝。能不忆浑南。

是啊，能不忆浑南？我们又怎能不忆起：

这，奋斗者的答卷……

韩丰琨，东北大学江河建筑学院综合办公室主任。

山一程，水一程

——浑南校区图书馆工作感悟

鲁　超

写在前面的话

浑南校区图书馆自2017年伊始投入使用以来，作为图书馆的一名员工，亲眼见证了这一年多时间里，图书馆整体翻天覆地的变化。这种变化不仅仅体现在图书馆馆舍建筑的开放和应用，更体现在图书馆各项业务建设中。值此东北大学建校95周年之际，回顾这一年多以来浑南校区及浑南校区图书馆的发展，思绪纷飞，众多场景和情节涌上心头。

一、纸本资源建设：筚路蓝缕开局艰

俗语说万事开头难，一切事物的开端都需要经历千般艰难、万般磨难。2017年刚过农历新年，图书馆工作人员以加班的方式到浑南馆进行图书拆包上架工作。当时正值春节过后，节日的氛围仍旧浓烈，天气还很冷，工作人员每天天不亮就坐上了从南湖校区开往浑南校区的班车。到浑南馆后，又开始马不停蹄地进行图书拆包、图书上架、排架工作。看着空空的书架最终被摆满了整齐的书籍，可以为读者提供借阅服务，虽然很累，但是心情还是欢喜的。

为满足读者利用图书馆的需求，从2017年3月1日开始，浑南校区图书馆实行半天开馆，一方面积极为读者提供服务，满足读者利用图书馆的需求；另一方面加紧推进各项施工项目实施进度，完善馆内各项设施。还记得

当时几位刚到馆的新入馆同事，还没来得及熟悉图书馆的环境，就被拉去干体力活。正是这些温婉小女子们，凭借着自己的力量，采用最原始的方式，将众多报纸架、期刊架、各类保存装订的期刊报纸，从建筑馆一楼的临时图书馆搬到了浑南新馆里。在来回奔波搬运的路上，看着大家穿着白大褂，一路磕磕绊绊的身影，众多感慨五味杂谈。无论图书馆开馆初期的各项条件多么艰苦，同事之间互相支持、相互勉励，共同克服各类困难，走过那段时光。现如今浑南图书馆二楼A、B区为读者提供报纸和期刊阅览服务，看着整洁的环境、舒心的学习氛围，看着读者在这些空间区域利用各类期刊报纸资源在努力学习，就觉得建设初期的辛苦和付出都是值得的。

筚路蓝缕，以启山林。经过一年多的不断建设和完善，浑南图书馆纸本图书馆藏建设以浑南校区各个学院和专业需求为基础，按照学科分布情况有针对性地安排馆藏，同时对于读者需求较多的外语类、文学类书籍也加大采购力度，力争满足浑南校区师生读者的纸本图书借阅需求。同时也积极开展各类图书选购活动，由读者根据自身需求推荐购买各类书籍，也邀请各学院的多名专业教师推荐专业书籍或提供专业图书目录，图书馆依此为依据开展各类图书采购工作。读者可以通过微信、图书馆主页等多种形式进行图书推荐采购。图书馆每年都会举办几次图书现场采购，读者可以通过图书馆发布的图书现场采购信息报名参加图书现场采购。

东北大学图书馆对馆藏图书采用了三线典藏制的馆藏方式，分为一、二、三线馆藏。其中，一线藏书多为利用频率最高的图书，一般采用藏、借、阅一体化的方式，既可以直接阅览，也可以外借；二线藏书多为利用率较低的图书，比如工具书、参考书等；三线藏书是指利用率极低的书，用密集书库中的密集架存放。三线典藏制最为突出的一个表现就是密集书库，而密集书库最为突出的特点与功能就是"藏"与"密"，其主要承担着图书馆三线藏书功能。经过为期2个月的图书拆包、上架、排序等工作，2017年8月末，浑南校区图书馆密集书库正式启用。

二、技术服务支持：几多殷勤为探看

早在2015年3月，图书馆就已经实现跨校区（浑南校区、南湖校区、沈河校区）图书借阅的统一管理，各校区图书实现通借通还。在2016年末，图书馆又推出了远程借阅服务。同时，读者可以通过图书馆管理系统，进行图书的预约/续借等操作。

与此同时，也为浑南校区图书馆申请建设专项，按照计划实施了图书流通设备扩容、门禁闸机系统、博看自助阅读系统、办公用计算机、打印机、创客空间电脑、云终端、光纤交换机、投影仪、磁盘阵列、学习空间服务系统、电子白板、服务器、培训教室扩声设备、影音教室播放设备、IC空间虚拟化系统、培训教室桌面虚拟化系统、数据中心机房监控管理系统、信息播放平台、检索终端设备、IC空间视听设备、自助文印系统、读者咨询电话、浑南校区图书馆WIFI建设，这些设备和系统平台的应用保证了浑南校区图书馆的正常运行，为提升读者服务水平提供技术支撑。

三、读者需求服务：先读者之忧而忧

浑南校区图书馆积极开展各项业务满足读者需求，从日常读者借阅图书常见问题解答和服务，到有针对性地开展博硕士学位论文提交工作、毕业生离校工作、读书月读者活动、新生入馆教育等多方面的立体化的服务，更加高效精准地践行"读者第一、服务至上"的办馆理念。

东北大学的师生群体的需求在不断变化，对图书馆相关业务需求也在不断提出新的要求。图书馆针对各类读者特色需求，以技术为支撑，紧跟技术发展趋势，不断完善各类服务体系和服务方法。比如，根据浑南校区图书馆纸本期刊订购情况，在版权政策支撑下，浑南馆二楼期刊区提供电子期刊借阅服务，读者可以根据需求扫描纸本期刊对应二维码，阅读电子刊，为读者提供便捷的借阅服务和良好的借阅体验。

2017年11月11日，一个特殊的日期，除了是网购节日"双11"之外，还成为了东北大学浑南校区图书馆的正式开馆日。这个日子成为浑南图书馆发展与建设总结和见证的时刻，也许会镌刻在东北大学的发展历程上。至此，图书馆各楼层区域全面为读者提供全方位的服务。但是浑南校区图书馆建设与发展的脚步并未停歇，现如今读者需求变化日新月异，图书馆根据不断变化的读者需求，逐步完善各项业务服务，提升自身服务水平，力争为读者提供更加高效、满意的服务。

结语：不忘初心，方得始终

浑南校区图书馆建设至今，得到了校内众多部门的支持和配合，正是各部门的通力协作，才有浑南校区图书馆今天的面貌，窗明几净的幽雅环境，配合校区学科发展规划的馆藏布局、提升读者服务体验的各类设备和系统平台……看着现如今浑南校区图书馆的发展和各项建设成就，我会很自豪地说我参与了其中的建设，为浑南图书馆的建设贡献了自己的热情和力量。

时光如流水，转瞬即逝，可能对于整个浑南校区的发展、对于浑南校区图书馆的发展建设来说，我们每个人的贡献也许会被时间的流水一点点冲刷掉，一点点地被遗忘掉，也许多年后，再回首时已经无法找到当年奋斗过的痕迹，但是我相信我们自己的心里会记得，同事们会记得，所有参与过浑南校区建设的人们会记得，我们曾经的付出、奉献和收获。

白日不到处，青春恰自来。苔花如米小，也学牡丹开。浑南校区图书馆的工作人员们仍将继续饱含希望与梦想，不忘初心，继续为浑南校区图书馆、整个浑南校区的建设与发展贡献力量。值此东北大学95周年校庆之际，预祝东北大学的明天会更好，东大人的明天会更好！

鲁超，东北大学图书馆技术部副主任。

五年，三个校区，亲爱的，生日快乐

王　超

五年

故事，从一部电影开始。2013 年 8 月 29 日，一部名叫《被偷走的那五年》的电影全国公映，那天，我刚好 19 岁，那年，你刚好 90 岁。

19 岁那天，我来到你身边；24 岁这年，依然陪在你身旁；电影里的五年，像被偷走了，毫无痕迹；但我们的五年，点点滴滴，记忆犹新。

十九岁，与君初相遇，你让我知道学生会可以举办各种丰富多彩的活动，你让我知道学习之余有各式社团可以加入，你让我知道再没有同桌在你上课睡觉的时候推醒你，你让我知道再没有各科老师占用自习课答疑，你更让我知道结识新友与联系旧友一样的幸福。

二十岁，与君初相识，我领略属于你的更多的风采，"白山兮高高，黑水兮滔滔……能不奋勉乎吾曹？"清晨伴着校歌去上课，夜晚听着五五体育场的喧嚣回宿舍，推开窗便是郁郁葱葱的杨树，打开门就会遇见最阳光的微笑，我们一起走过南湖畔的每条路，踏过南湖上的每座桥，向往的生活不过如此，谢谢你。

二十一岁，与君犹相识，一如既往却好不厌倦，就像离开了两年的朋友，每天视频通话还是会开心的笑。三年，才发现，想念一个人，也很幸福，我把所有的幸福都留在那个夏天和那个高高帅帅的男孩。

二十二岁，与君终相离，与你相离，与他相离。在最后的时光，经历了最多的第一次，第一次在知行广场看日出，第一次陪你骑脚踏车……吃遍校园附近的小吃，无数次的晚归，推杯换盏，撸串通宵，毕业季的我们，有过泪，有过笑，但那时的我们是最好的我们。

二十三岁，与君再相遇，以为从此一别两宽，是你的不舍，还是我的执着？有幸又在这里与你相遇，陌生又熟悉的校园，139路公交车连接的浑南与南湖，好久不见，请多指教。

三个校区

为你庆祝第五个生日的时候，我已经走过所有的校区。从基础学院的银杏路，穿过南湖校区的知行广场，到浑南校区的风雨操场，我知道她们的不同，也明白她们的相同，衷心未改，一路相伴。

最初，那个被称作"黄金学院"的地方，打破了我对大学校园的所有幻想和对大学生活的所有憧憬。虽然这是属于东北大学的，她叫东北大学基础学院，但是这只有一个食堂，只有两座教学楼，杂草丛生的操场，半小时就可以走遍的校园，让初出茅庐的我们倍感失望。但是一年后，我们离开的时候却都湿了眼眶。

没有宽敞明亮的宿舍，没有资源丰富的图书馆，没有设备齐全的体育馆，没有电影中大学校园一样的五彩缤纷，甚至没有高中校园的设备齐全，但是所有在这里生活过的我们都对她不能自拔，我们爱她春雨里洗过的新芽，我们爱她夏日喷泉的凉爽，我们爱她秋风扫落银杏的遍地金黄，我们爱她皑皑白雪两串脚印的浪漫。

我们走了，最后一群在这里开始梦想的人走了，她渐渐被遗忘，一年一年，越来越多怀有基础情的人离开。终于，最后的我们也离开了，那个六月，我们和她完成最后一张合影，以示告别。

后来，像所有的大学校园一样，你有红绿相间的运动场，你有鳞次栉比的教学楼，你有设备齐全的健身房、羽乒馆，你有各式美食的食堂……但你又和所有大学校园不一样，你有独一无二的校史馆，你有中国奥运第一人，你有无所比拟的南湖美景……最辛苦的三年，最幸福的三年，都是和你一起度过的。

现在，新的校区，新的环境，新的同学，一切从头开始，感谢有你们为我庆祝 23 岁生日。你就像一朵正在绽放的花，每时每刻都会带来不同的惊艳，越来越多的学馆，越来越多的指路石，越来越美的小南湖，每次走过图书馆陈列的规划模型，都会驻足，然后想想未来你的样子，可能没办法陪你走到最后，但衷心祝福一路风景有人相伴而视。

亲爱的，生日快乐

95 周岁，不唯年少
自强不息，知行合一
您的教诲，谨记于心
愿您，一路繁花似锦
愿己，归来仍是少年

王超，东北大学中荷生物医学与信息工程学院学生。

温柔时光里的浑南

尹世豪

如果在最平淡的光影里可以舞出不同的色彩，我想那些人是幸福的，而我们就是那些人的一部分。

"白日不到处，青春恰自来。苔花如米小，也学牡丹开。"确实，我们的浑南校区很偏，但是，这没有妨碍住它的绽放，在这个略显荒凉的新区，闪着并不微弱的独特的光亮。

浑南，嗯，是要生活四年的地方;东大浑南，是将会永远存放在心里木制盒子里的家。

我们来时东大九十五岁，浑南更像是他的儿孙辈，他还太年轻，容貌略显稚气，我想，再过五年、十年，浑南会变成什么样呢? 图书馆里的模型总归是模拟的，未来，又总是那么妙，那么古灵精怪。但时间总是会对浑南格外温柔和照顾的吧……想到这，内心不觉一暖，嘴角不禁一扬。闭眼，乳白色迷雾后是浑南长大的模样，看不清，才更向往。我想，到那时，无论在哪，我都会回来一下，看看这个孩子长成青年，就像是小时一起玩耍的那个人，久别后的重逢，有些变了，而有些却永远也不会变的!

因为爱，所以，会很直白地表露出对它的喜怒与哀乐，就像是你可以在闺蜜面前肆无忌惮地大笑或痛哭；可以一脸嫌弃地说穿这个衣服难看死了；可以在黑夜里拉着手一起缩着头小心地走着，不时还尖叫一声，吓它一跳……我们和浑南也如此，会吐槽周遭的玉米地，会将它和别的学校的校区比较，然后叹口气，翻个白眼……然而，依旧爱它，打心眼里地爱它。

浑南的图书馆、一号楼、生科楼、信息楼、建筑楼、文管楼，还有餐厅和宿舍，每一个角落，或有着洒下的米黄，或有着微垂的绿意……

有人说土砖红色的建筑难看死了，造型还差不多……那我就要第一个反驳了，"你不懂浑南，就像你不知道它的每一个建筑都有着独属于它自己的灵魂与诗意。"

如果一片土地有了生命的意义，那定是生活在那的万物精灵的功劳，包括人，但又不仅仅是人。浑南这片土地的生命包含着太多，在时光渐渐走过的小土路的两旁，有草有树有暖阳，有水有鱼有人家。

喜欢浑南的夜，不管天上的星星街灯，它太远了，照不亮我的路，而且，并不会每晚如约而至。浑南的灯却不同，它是地上的星星，微黄的，给人以暖意。尤其喜欢建筑楼旁的、伴着浅浅的一池春水，涟漪起半壁金波。

喜欢秋天浑南的天，特别特别蓝的"天海"上，倒挂着白色的帆船，那时的浑南，树叶都在，花也在，"树在，花在，大地在，岁月在，我在，你还要怎样更好的世界？"

喜欢冬天浑南的雪，或者是春天的，就像今年三月的那场小意外。一觉醒来，浑南变得如此恬静与安谧，一服银装，插着银色古钗，缓步轻移，留下身后的印迹，吸引着后来路人的注意。当南方晒着各种花草时，我们的"千树万树梨花"也悄然而至，却更震慑心灵，更达内心。

环着小南湖的褐色石头，枯黄的芦苇还静静立在时光与湖水里，而远处已无声钻出些许青绿意，"草色遥看近却无"的别番情趣。湖里的残冰是冬天的尾巴，但，你听，冰融化的声音是春天的脚步呀。

石板铺成的路，一节一节、一步一步走到最高处，眼睛的前方是整个浑南，沐浴在春天的暖阳中，时光在走着，我们在变着，浑南，也在长大着。九十五岁的东大孕育出的年轻的浑南，会在温柔的时间下渐渐长大，渐渐长大……

尹世豪，东北大学工商管理学院学生。

与东大共成长

卢　琳

静谧的午后，走入春日的暖阳里，漫步在校园的柏油小路上，东风轻柔而不浓烈，阳光温暖而不灼人。抬眼望去，我惊喜地发现，文管楼前的海棠花已悄然地绽放了。

层叠的、紧密的花朵纷繁地压在枝头，兀自地散发着馥郁的芬芳。或含苞，或绽放，粉色与白色和谐地晕染着，不远处的槭树绿意青葱，经历一冬的、玲珑的枝叶仍旧带着些嫩绿的颜色，但假以时日，它们定然要绿荫如盖，郁郁葱葱。

时光荏苒，岁月匆匆，不知不觉间，我成为一名东大人已有三年了。

在正式成为东大学子之前，我参观过东大南湖校区的校园，时逢初夏，校园的景色可算别致：小桥流水遇长廊，绿荫小路好乘凉；师生三五成群去，楼高景深闻书香。

彼时的我被南湖校区的风景人文所吸引，觉得东大正是我想象中大学的模样。在收到录取通知书之后，我却有些惊讶地发现，要与我度过四年大学时光的东大并不是我以为的南湖校区，而是新建的浑南校区。两个校区一个成熟，一个新生；一个地处中心，一个较为偏僻，二者相距甚远，大概需要一个小时的车程。

而初来浑南，最令我印象深刻的是浑南的校园环境。

也许是有了南湖校区的对比，我觉得浑南校区有些颠覆我想象中大学校园的样子。浑南校区的教学设施尚未全部建造完成，校园中也鲜有什么绿化，大片的荒地上杂草丛生，映入眼帘的，满是空旷与荒凉。

夏日时难有树荫庇佑，阳光炙热；冬日里难有高楼遮挡，北风凛冽。由于地处"偏远"，交通出行也受到限制，多有不便。似乎唯一值得慰藉的，就是教学楼和宿舍都是新建的，有着较好的教学条件，尚可让人感到舒适与便利，用父母的话讲，这是个能让人安心学习的好地方。

初来乍到，我固然有些许不满，但我也深知，罗马难以在一天建成，成长需要点滴的积累与时间的沉淀。东大从20世纪初到如今，有着丰厚的历史积淀，经历了近百年的发展，才有了今日的东大，但浑南校区仍是新生，呱呱坠地未有数年，仍在牙牙学语，仍显稚嫩与彷徨。

但这几年间，浑南校区一直在成长，她的发展速度比我当初想象的还要快些。

更多的学院搬入了校园，风雨操场和图书馆的建成也带给我们很多便利。平日里，我最爱坐在图书馆靠窗的书桌上学习，繁多的书目和明净的玻璃令人神怡，也令人舒适。闲暇时，便到风雨操场稍做运动，放松心情。

也有一些让人感怀颇多的改变。曾经唱响过嘹亮军歌的飘香广场，如今已改成了食堂；曾经荡漾在风中的那片半人高的苇草，如今已变成了停车场。虽有感叹，但这正是浑南加快了她发展步伐的体现，挥别旧貌，才能焕发新颜，才有空旷变高楼、芜地成绿茵的景致。

而曾经的荒地也都种上了各式各样的花木，迎春花、桃花相继开放，海棠与丁香争妍斗艳，尚未繁密的槭树和银杏兀自生长，于不知不觉间，抽出了青涩的绿芽，舒展了虬结的枝干；屋檐旁常有鸣声上下，枝丫间常有蛰音回响。

抛却旧事，喜迎新物。浑南的变化日新月异，虽尚有许多空地正在施工，但我们都愿等待，等待隆隆作响的机器声带来的是既有鸟鸣园幽又有欢声笑语的浑南校区；等待漫天飞扬的沙石沉淀后，是澄净的碧水云天与林立的高楼幢幢。

虽然发展迅速，但现在的浑南校区，仍是初生的婴儿，仍有很多地方需要完善。这是一个从无到有的过程，是一个从荒凉到繁盛的蜕变，是一个从微小到庞大的发展，所以需要时间的厚积与沉淀。

而我觉得，能见证浑南校区在白山黑水中，在阳光雨露下，日渐成长，日渐丰腴，也不失为一种难得，一种幸运。因为我能与众人共谱东大的序章，能与东大共度这段弥足珍贵的岁月与时光，能在毕业之后，告诉学弟学妹，我曾与她共成长。

　　时光易老，逝者如斯。我相信，不论时光如何荏苒，我们始终都是东大人，在经年之后，我重返东大，重返浑南后，我能为那时绿意漫漫、生机盎然的东大而欣慰，我能为硕果累累、桃李满园的东大而自豪，我能为见证从蹒跚学步、百事待兴到茁壮成长、羽翼丰满的东大而骄傲！

　　卢琳，东北大学文法学院学生。

风居住的时光

付　悦

一场南风过境，吹梦盛京。

十七年偏安小城的岁月，对未知的一切既害怕又期待、既不安又欢欣。漫长的火车旅途，一路欢歌，一路惶恐，忐忑与紧张。在踏入东北大学浑南校区的那一刻，尘埃落定，仿佛时光凝滞，微风拂过发丝，看着周围陌生的一切，知道这里将是自己未来四年所生活的地方，也是故事和梦开始的地方。

以梦为马，不负韶华

怕年华虚度，空有一身疲倦。不怀旧，正青春。

"请下一名面试同学做准备。"主持人的声音将我拉回现实。院会的招新面试上，看着身穿正装、干练精神的学长们，心中不由升起一股向往之情。深呼吸，抻了抻白衬衫，走上台去。

在院宣传部的生活忙碌而充实。打小对写作的热爱，支持着我一直走下去。而在院宣传部，一点一滴看得见的成长，更令人欢喜。从零散地写一些心情文字到顺利地写出一篇新闻稿，从没有接触过微信排版到看着自己排的微信阅读量不断增长，从不会拍照到参加活动时自己拿着相机满场找角度拍照……没有做不到，只有不想做。

有时候，也会因为事情堆积得太多而颓废，什么都不想做；也曾有过在宿舍突然情绪爆发不管不顾地哭出来；也曾有过绕着学校跑到精疲力竭的无力感。记得那天，我认真地对舍友说："千万不要把兴趣变成工作，相信我，你会失去你的兴趣的。"那一段时间感觉情绪没有出口，没有人懂我，整天在微博上放飞自我，在自己的那个小小的世界里逃避着。直到有一天，看到凌晨两点还在一舍楼下赶PPT的舍友回来，才猛然惊觉，好像大家都在为了自己的梦想、自己的未来在奋斗，从未抱怨只是一心朝前走。才发现，工作是因为兴趣使然，是多么的幸福啊。就像那种在房间里闹脾气的小孩，大叫着把所有的东西都砸向地板，卸完全身力气后，又默默一个人把房间收拾好。我想，这不单纯是一场歇斯底里的发泄，更是如涅槃重生的蜕变。

十八而志，年少未歇

十八而志，志在奋斗，不知年少轻狂，只懂胜者为王。

2018年5月4日，第一个成年后的五四礼，显得格外有意义。在南湖校区刘长春体育馆，见到了群星闪耀的青春东大，见到了如我们一般平凡却通过自己的努力闪闪发光的东大人！是坚信"山再高，往上攀，总能登顶；路再长，走下去，定能到达"的费腾教授，是"代表民族工业，担当国家角色"的青年先锋，让中国的青年力量闪耀在国际赛场的周文涛学长；是把青春留在祖国的蓝天里的邹存邀学长。他们，代表着东大，用青春为东大增添荣光！

九五芳华，东大华诞。小南湖旁的美景，是四季变换时光流转的浪漫。从清晨的第一缕阳光独自练习口语的身影，到夜晚以星光为衣散步的情侣，这里总是吸引着大家的目光。生命学馆、建筑楼、文管楼、图书馆……这里的每一砖每一瓦，见证了蓬勃发展的青春东大，也将与东大一起在未来风雨兼程。

身为一名东大人，创建一流大学，共筑东大百年腾飞梦想，是我们不懈努力的动力！十八成人之际，我谨以青春的名义，郑重宣誓：争做"爱国、励志、求真、力行"的新时代青年，走在时代前列，走在青年前列，自强不息、知行合一，实干报国、创新卓越！

往昔不悔，来日可期

世上有万千种美好，最好的一种，叫来日可期。

也许未来遥远在光年之外，也许过去深藏心底无法忘怀。但无论往昔荣光如何、遗憾几多，但期待着闪闪发光的未来，活在当下才是最重要的。

也许梦想它存在的意义，不仅仅只是为了拿来实现的，而是有一件事情在远远的地方提醒我们，我们可以去努力，可以变成更好的人。享受每一刻现在，你还可以去实现梦想的可能吧。在通往月亮的路上，也许你并不能摘到月亮，但你可以摘到一颗星星。

初入大学时，并不太适应这种快节奏的、更多自学为主的学习方式。泡在图书馆每一分每一秒，都在自我怀疑，我能不能做到，能不能把那些晦涩难懂的知识点弄懂，只有晨曦和月光知道答案。也许是见过了热闹的模样，有时会更渴望一个人独处。偏爱在图书馆五楼，看阳光洒落窗枢，亲吻每一张书页，窗外的风轻轻地吹着，闪成青春的样子。书香的味道经久不散，刷刷落下的字迹力透纸背，没有什么比此刻更美好。

清华直博，保研浙大，哈佛耶鲁……优秀的学长在前面为我们做出了榜样。别人的故事带着些许传奇色彩，似乎这些可望而不可即，带着期许，幻想着自己的故事，又害怕自己的能力不能配上自己的野心。

东北大学，"985"高校、"双一流"大学，自1923年建校至今，为国家培养了一代又一代的人才。平台、机会、资源丰富。是出国还是考研？是工作还是深造，未来要成为什么样的人，在每一个夜晚，这些问题都盘旋在我的脑海。然而，计划赶不上变化，这一秒的我和下一秒的我不同，不想为未来束缚太多，剥夺了太多的可能性。只有为了更优秀的自己不断努力，看到成果时，才会觉得格外喜悦吧！

在东大的四年生活，也许转瞬即逝，所幸，我还在青春的时光里，在风居住的日子里，不断努力，不断奋斗，时光不负有心人。

273

付悦，东北大学生命科学与健康学院学生。

最美浑南

庄　琳

东北大学——我的母亲，她出生于上个世纪，在将近百年的历史中，她历经沧桑，几经波折，走过炮火隆隆，走过满目疮痍，走过百废待兴，如今她即将迎来95周岁的生日。随着她的年龄不断增长，她也变得越来越繁荣昌盛。2011年，我在浑南诞生了，带着大家的希望和母亲的祝福，我的身上不仅有活力与生机，我也承载着母亲所沉淀的文化与精神——自强不息，知行合一。

我并没有陪在母亲的身边，而是在浑南新区的核心地带，地处沈阳市浑南新城国家大学科技园内，东至白塔一街，南至创新二路，西至沈营大街，北至创新路。虽然不在母亲身边，但是母亲并没有因为我地处偏远而对我照顾不周。

刚刚出生的时候，我听见了周边人很多的抱怨声，对于荒芜的环境，对于出行的不便，对于教学设施的不足，慢慢地我开始怀疑自己的出生是否是正确的，我开始变得自卑内向，将自己的耳朵堵起来。我的母亲看见之后并没有训斥我，只是将我紧紧地抱在怀里，她和我说如果想要变得更好，就必须长大，长大总是会磕磕绊绊，要多听取他人意见，不能闭门造车。

我慢慢地懂了，开始打开自己的耳朵，睁开自己的眼睛。大家抱怨环境太差，绿化太少，那我就多种树，修缮草坪，建造小南湖；大家抱怨出行不便，我便专门设置从我这里到母亲那里的校车，增加公交车、有轨电车，在我的周边还有沈阳南站；大家抱怨教学设施不足，我便建造一号教学楼、图书馆，让大家有读书增长知识的地方；害怕大家冬天太冷夏天太热，我便在教学馆设置中央空调。我要为我的学生营造一个最好的环境，因为他们是祖国的栋梁，他们身上寄托着我们所有人的希望。

不知道疲惫地工作了多久，我突然发现大家不再抱怨生活得不好了，大家开始说食堂的叔叔阿姨好暖，很友善；开始说图书馆的环境好贴心，细节设施很完善；开始说寝室的环境很温馨，楼下的宿管阿姨总是无微不至地照顾着大家；开始说校内设施很方便，哪个学馆都有电梯；开始说校园网很稳定，基础设施越来越完善。看见大家的笑脸，听见回荡在每个教学馆的欢声笑语，我也慢慢地展开了笑颜，重拾了信心。

我现在正在建设二期项目，致力于推进校园环境的整体提升，本着实用、生态、品味和质朴的设计原则，以师生的使用需求为基本导向，充分利用植物，打造自然、绿色的校园环境，不论是总体布局还是重要景观，我都要体现母亲的人文精神，从多方面成长与发展。

看到孩子们每天总是从一个门出行，我深感他们的不便，因此在校园北面，我准备修建北校门，也是科技成果展示中心。这是最重要的礼仪性的入口，由两个对称的小单体建筑组成，与校园围墙相结合。周边的景观也是不容小觑的，绿化面积达26005平方米，主要栽植油松、圆柏、冷杉、青扦云杉、红皮云杉、北美香柏、沈阳桧、白蜡、元宝枫、国槐、美国红槲栎、美国红枫、银杏、小叶椴、红肉苹果、五角枫球等树木。除北门之外，我也决定对西门进行修建，这会成为我的又一"门面担当"。

其实绿化景观不仅如此，看到大家对小南湖的喜爱，我决定再增加自然花溪景观，水声嬉戏，从一号楼西侧南北中轴线一路向南直到小南湖，溪边栽种红皮云杉、平顶油松、垂柳、桑树、山杏、红叶等树木。有此美景做伴，小南湖就不会孤单了。

在读书学习之余，漫步广场，欣赏美景应该也是一种享受吧。看见每天图书馆里座无虚席，看见大家认真学习的样子，我便为他们在图书馆的南面和北面修建广场，他们学习累了，可以到广场中散散步，看着周边树木丛生，缓解疲劳，放松身心，一整天应该都会元气满满。除了二期项目之外，我还有未来规划建设项目，包括学院组团远期（信息学馆远期、生命学馆远期、建筑学馆远期、文馆学馆远期）、公共实验室、2号公共教学楼、体育馆、专家公寓、研发区（5栋科技发展中心）、远期景观等。

　　我的目标是成为一所SEMI-LATTICE型校园、人本紧凑型校园、结构集成型校园、环境友好型校园、区域协调型校园、科技人文型校园和功能互动型校园，全年24小时不间断地活动。未来的我就像是一个小型城市，图书馆作为我的中心，就像是我的心脏，它连接着我的两个主要的轴线，它同时也是知识交流的中心，它具备着从软硬两个方面整合调节的功能。

　　未来的我不仅内部环境适合大家读书、增长知识，与周边环境也是相得益彰。北、东和智慧的城市动向领域连接，南、西和日常生活领域接触，在我的北边设置了轻轨车站，车站对面建设国际医院，国际医院的东侧和沈阳音乐学院、文化创意区域相连，东侧有沿着从浑南新城东西轴延续下来的生态回廊(绿化水系)，数百公顷的国家大学科技城向东延伸着。科技型人才从我这里毕业后便可以进入科技园大展身手，未来的我不再是一个独立的个体，我会融入到周边的环境当中，我会与整个浑南校区一起成长，在母亲的悉心照顾下未来必定桃李芬芳，带着大家的期盼，我会全力向前。

庄琳，东北大学江河建筑学院学生。

最美遇见你，我的东大

李园馨

那一年，初见

遇见你的时候还未成年，站在你面前的我一副怯生生的稚嫩模样，怀着一种敬意走近你说"你好"，你那因太阳当空而热的发"红"的脸庞似乎露出一丝微笑来迎接这个初次离家的小姑娘，用轻柔的风卷起我微曲的长发，将我心里那一丝丝对未知的不安慢慢地抚平，让我在你的温柔中找到"家"的归属感。那天，似乎很多人都在忙着躲太阳，而我却记得那年阳光正好，正好与你相遇。

那一月，相知

原来你不总是像我们初遇时那般温柔，认识你以后，终于在这一月见到你的严厉。你要求我"三正，三平，三挺，两平，两贴，一顶"，由于我的一时懈怠被要求罚抄"站军姿要领"二十遍，你没有像以前宽容我的错误，委屈不满堆积在心头，我终于在那个雨夜爆发，而你却没有一丝一毫的安慰，回应我的是愈演愈烈的狂风暴雨。那时我才明白，再没有一个地方，没有一个人，像家人一般无限纵容我所有的任性。我只能"忍受"你的每一种情绪，在不快乐时自己寻找那一点点少得可怜的安慰。那一个月从未有过的心累、从未感受过的挫败、从未经历过的繁忙一一袭来，曾经的我是父母手中的小公主、老师眼中的乖孩子，可是认识你以后一切都变了，不会打理自己的生活，吃不惯食堂的饭，住不惯小小的寝室，忍受不了窄窄的床……我开始抗拒你的一切，甚至有了离开的冲动。那一月，每天度日如年，盼着放假，盼着回家。

那一日，希望

认识你已经几个月了，我的皮肤似乎变得更白了，有点沾沾自喜，和父母开视频时还向他们炫耀自己认为的"优秀"。他们的回答却是"你的脸色为什么这么差"，觉得他们啰唆就随意敷衍了几句。但是我很快发现了自己的不正常，胃病时常犯，体重不断下降，我开始整天感觉困倦无力，并不是一种做事导致的劳累，而是一种虚弱的状态，甚至开始吃不下饭。我该怎么办，害怕父母会担心，害怕同学对自己的"娇气"表示不屑。那一日，走在小南湖边上看着水里成群结队的鱼嬉戏，想到以前脸上总是洋溢着微笑的自己，似乎内心一下子平静下来，同时又充满着期待，期待着那个遇事冷静的自己的回归。那一日，阳光冲破雾霾，我发自内心地笑了，抛下原来的重担重新开始而已，其实没什么不一样，对吗？

那一时，勇敢

周围人不停歇自己的脚步，忙碌着自己的未来，充实着自己的精神世界，而我在认识你的这段时间里考虑的事情越来越多，似乎一下子变得胆小了许多，做事总是瞻前顾后。很羡慕他们站在讲台上展示自己的风采，在几百人面前激情飞扬地用流利的英语做着演讲，在各种晚会上舒展自己的身姿享受着众人的掌声，坦然接受一个又一个挑战自己的机会。而我只能露出羡慕而又嫉妒的目光，却无能为力改变现状。那时，深深的挫败感几乎要将我淹没，我开始怨天尤人，抱怨你不给我机会表现自己，抱怨你把所有的机会都给了别人。就在那时，我看到了你为"双一流"的不懈努力，加快步伐建设自己，所有人都在为这个目标而奔跑。理智尚存的我在你身边怎能不陪你一起奋斗，你的心中有理想，我的梦想也没有抛下我，我怎么可以自怨自艾而停滞不前。终于我登上舞台，面对所有人的注视想着你的坚定，那时，我的心中只剩下与你一起成长的勇气，只愿与你同心。

那一刻，欣赏

漫长的冬季终于在春风的催促下渐渐离去，在蓝天下一丝丝生机跃上你红色的脸庞，显得喜气洋洋。认识你快一年了，迎来了我们为你过的第一个生日，食堂里传来阵阵香味，为你庆生的"蛋糕"刚刚新鲜出炉，各学院积极举办活动为来参加你生日派对的"客人"提供最好的服务，展示他们良好的专业素养，工人们也在为生日派对的举办积极施工，丝毫不敢懈怠，只希望你的生日派对能够更加圆满。远方的"好友"们也送来了祝福，期待着你能不忘初心、坚定不移地朝着自己的目标前进，而你也不负众望，一直在前进。那一刻，我对你又多了一份欣赏，九十五年的风雨历程，你经历了常人无法承受的一切，而现在你又能在这个竞争激烈的时代不放弃追求，坚守着那么纯粹的执念，始终希望给我们提供最优越的环境，我们为这样的坚守动容，再也不后悔遇见你。那一刻，我想对你说"生日快乐"。

最终的，祝福

都说陪伴是最长情的告白，你会陪着我成年，见证我最美的年纪，看到那个怯生生的小姑娘完美蜕变。在你的陪伴下我收获了希望与勇敢，再也不会面对陌生时迷茫无措、面对未知时畏惧彷徨，这一切都源于你。当某一天我离开你的时候，或许会有不舍，或许无法抑制自己的泪水，但我不会停下自己前进的步伐。因为有你的祝福，因为曾经感受过你的坚守，所以我也会坚守；因为你的优秀，所以我会变得更加优秀；因为你曾是我的骄傲，所以我愿有幸成为你的骄傲，谢谢你的陪伴。唯愿你不忘初心，砥砺前行，像你曾经教导过我们的那样，永远坚守"自强不息，知行合一"，在这白山黑水间熠熠生辉。

有你陪伴的岁月，无论酸甜苦辣，都是那么难能可贵，那些回忆足够我细细品味一生。也许多年后再想起那一年、那一月、那一日、那一时、那一刻，我会笑着对你说："我们，好久不见"，在夕阳下走过小南湖，看着嬉戏的鱼，坐在山坡上感受熟悉的风，熟悉的声音，以及熟悉的你……

很幸运，在最美的时间遇上最美的你，我的东大！

李园馨，东北大学江河建筑学院学生。

一切都是最好的安排

杨鑫浩

心是人生的鼓点，不同的律动带来不一样的人生。生活的一切都是历练，笔直平坦，曲折坎坷，得来惊喜，失去惶恐，用不同的心来丈量，结果会完全不一样。但是不可否认，有这样一种神奇的力量，能将一个个不同律动的心跳通过一种诸如"春风化雨"般的方式达到"同频共振"。我想：在这样一种新的大气氛围之下，这种由不同到一致的变化，就是一种最好的安排吧！

——小序

"散"与"合"

在高考揭去了它的帷幕，出了成绩之后，面对不如意的成绩，心中不免会有一丝忧愁；但是，就如同驶向学校的火车总是坚定地向前方开去，人亦应该保持一种"逢山开路，遇水搭桥"的精气神，不断地继往开来！

于是，在"一系列的微妙的身体和心灵的双重选择之下"，我跨越半个中国来到东北大学的浑南校区。新生入学的喜悦冲淡了原来眉间的淡淡忧愁，外加天公作美——那天的天气很好，我的心情也格外的好。兴奋之余，特别是在对话自己心中的陌生人（内心的真我）的时候，虽然难免会想到曾经的感慨，但是在这样一种全新、全身心的感悟之下，我不断告诉自己"结束了吗？不，这是新的开始！"与此同时，一幅崭新的画卷正在积蓄着灵感，马上就要次第展开！

踏进寝室的那一刻，走到自己的书桌前，我忽然看到一本本为学生印制的精美的图书以及新学期的寄语等，也许是本能反射，我的脑海中不禁想起一句话："学生才是最温暖的初心"，毕竟"踏遍青山人未老，风景这边独好"。也许这就是突变的奥妙吧，我的兴致燃得更加浓烈了。放眼望去红色基本格调的校园，在热爱革命色彩的我的胸中，一腔热血燃烧得更浓烈了。正所谓"相由心生，境随心转"，在这微妙的变化之间，我知道我的心已"由内而外地被同化了"。

曾经紧皱的眉头又渐次疏开，曾经叹惋的眼神又逐渐富于灵气，既然新的"灵魂"被唤起，那就"敢于世上放开眼，不向人间浪皱眉"，用新的心态来面对这"大有可为的新画卷"吧！

"悟"与"契合"

"意识的进步总是要比习惯的吻合更进一步！"面对新的大学生活，首先我们必须客观地承认：在突然地从"高中教育模式"切换到"大学的自由模式"的过程中，"事事都是未知，而未知在一定程度上就预示着害怕和迷茫，特别是对于一个比较内敛的人来说，我忽然感觉到自己还是有一些封闭"。

如果具体地说"我的封闭"和"东北大学日益走向开放的大气格局"好像形成了一个"极端之间的对立"，我们不妨就叫它"极端之美"吧！这"极端之美"逼迫我深入地反思自己。在一次次围绕校园散步之中，我觉知了校园中美的奥妙——万象更新，正因为一切都在变化，所以才有一种生命的气息。最后我深刻地意识到"当外在的大气更加的开放而走向旷远和雄伟之时，如果仅将自己的心逐渐收缩，那么在心变小的过程中，是否会因为'走向单向夸张'而略失偏颇"。我觉得我需要变化，我需要"扭头并追上"更加开放的整体格局，在立足自己正确的初心的前提下，将自己的心和学校的脉搏一致起来。

于是，就如同"农耕文明和畜牧文明在战争和和平之间开始了斗争，锄头和马刀不断相遇，草场和农田开始了拉锯，等等，一个人的行为在前后剧烈的变化之中开始了对比"。从加入社联，到加入社团，抑或是参加班干部竞选，等等。新的面貌，新的思维，新的沟通和交流把我的心"通透"了，我要以新的崭新的姿态来走出自我，或者说是：我尽情地张扬，我想要放飞我的天性！

"觉"与"完全契合"

新的学期，新的春天已来到，新的春风以新一轮的方式劲吹。而与之交相呼应的是：整个浑南校区也投入到新的更大规模的建设之中。正所谓"不破不立，大破大立"。在一声声的机器轰鸣之中，我们不妨换种视角来进行觉知，也许这就是生命强劲的律动。不仅在建筑的建设方面，在诸多方面，东北大学都印刻着"自强不息，知行合一"的校训，向着更高水平的"双一流"高校迈出更为坚实稳健的步伐。

而对于如"山重水复疑无路，柳暗花明又一村"般经历了启迪的我来说，我坚持每天在小南湖畔散步，"清风徐来，杨柳依依，波光粼粼，宛如仙境"。迎着朝阳，周遭的树木在日渐地抽上新芽，路边的小草悄悄地焕发的生机，消失的金鱼又重新出现了。我感觉从整体细微印象的变化之中，我隐隐约约能感受到一种"生命大格局"。而整所学校又何尝不是这样呢？

在快步走动之时，在裤角飞扬之刻，在正气浩荡的歌声充斥耳间之际，"他"感受到"他"心中的正气正不断地汇聚，自己正一次次由内到外升华。也就是说，一次次地重获了新生。他的心变得更加坚定，他的眼神变得更加有神，那句"中国人民有志气，有能力，一定要在不远的将来，赶上和超过世界先进水平。中国，应当对于人类有较大的贡献"的人生信条频繁地出现在他的脑海里，而那句"自强不息，知行合一"的校训也正在一次次行动中更加深刻地融入他的血脉之中。

他脚下正处在"大变革"中的土地，此刻的心跳也正和他一样，它们共同迈着激昂的步调，一并从胜利走向胜利，从光荣走向理想。

然而，他忽地一转：夜深了，面对小南湖波光粼粼却又深邃如镜般的湖面，镜中永远是此刻，但此刻通向重生之门，那门开向伟大。从起初的"陌生"到"相互融合"而最终"臻于一致"，这一系列的变化，不正是"最好的安排吗"？

未来展望

大道之行，天下为公！今天，身为东大人的我和东大一并站在新的历史起点上。立足当下，吮吸着95载春秋积累的文化养分，浸润在浓厚的爱国主义传统之中，践行着"自强不息，知行合一"的校训；展望未来，将这种契合不断融通到一代代东大人的血脉之中，真正做到"众力并则万钧举，群智用则庶绩康"，不断聚合起一代代东大人的磅礴之力！锐意进取，埋头实干，共同把东北大学推向更高的高度！我想，这才是"最好的安排"，我们有理由相信"该走的自然要走，该来的一定会来！"

杨鑫浩，东北大学工商管理学院学生。

无声告白

吴　迪

　　伍绮诗在《无声告白》中写道："我们终其一生，就是要摆脱他人的期待，找到真正的自己"。于我而言，在这一场人生的旅途中，大学是最重要的一站。这一路的成长和收获都将化为我的无声告白。

　　这无声告白是为我从未见过的春秋冬夏，我看过很多个四季，却只在这两个轮回中沉醉，春风微醺，那是自由之风；杏花微雨，那是温暖的雨；秋月如珪，那是思念，更是陪伴；银装素裹，那是喜乐之雪。这是我眼中的东北大学，有时温润含蓄，如谦谦君子，有时娇艳明媚，如窈窕淑女。

　　我还是很喜欢你，我的东大，像风吹了九十五千里，不问归期；

　　我还是很喜欢你，我的东大，像雨下了九十五公尺，覆水难收；

　　我还是很喜欢你，我的东大，像火烧了九十五公顷，星火燎原；

　　我还是很喜欢你，我的东大，像白山黑水相触在梦里，魂牵梦萦；

　　我还是很喜欢你，我的东大，像南湖浑河见证着岁月，点点滴滴。

　　这无声告白给我爱着的东北大学，同时也给我生活和学习的校区——东北大学浑南校区。作为浑南校区第二批的见证者和经历者，看着荒地废墟慢慢变成绿树红墙，看着公共教学楼平地而起，内心充满感激与感动。而作为一个学生干事，参与到微信公众号的维护和创新中，我知道，我还有一个参与者的身份。但凡经历过，便不会忘记那句牢牢记在心里的"我们都是认真的新媒体人"。当我开始用文字和图片记录下浑南校区的蓬勃发展，当我开始为这里的点滴成长和从不止步而欣喜，我亦知道，前进路上，阻碍只会成为这里崛起时坚定的基石。

这无声告白是我的赤子之心，为每个镌刻着爱和善意而来的人，在每个孤独困顿的时候，给我最温暖质朴的感动。他们像是大学生活里的摆渡人，也是我整个人生的指路人。第一份告白给桃李不言、下自成蹊的老师们，第二份告白给我的朝气蓬勃、淑质英才的同学们，是你们温暖了我的整个大学生活。我知道，那微笑代表的不仅仅是礼貌，还是无声的"你好吗"和"我挂念你"；我知道，每次我生病或是受伤时的悉心照料和问候不是简简单单的善意，还是无价的情谊和青春里一抹温暖的光。一回忆起这些，就可以让那一抹抹阳光照进生命幽暗的缝隙，让整个青春熠熠生辉。

这无声告白是为我这一路上遇见的耀眼的榜样，他们的存在，正是我未曾放弃和坚定前进的理由。看到过深夜伏案学习的身影和荧荧之光，看到过为了科研工作废寝忘食的背影，看到过"衣带渐宽终不悔，为伊消得人憔悴"，看到过"自律使人自由"，我便知道，一切堕落都是罪过，是对青春甚至整个人生的不负责任。认真做人，努力做事，是这校园中的一切榜样和正能量给予我的青春准则。

纸短情长，诉不尽在东北大学的温暖，那温暖是在校医室里，语重心长的嘱咐和关怀；那温暖是在食堂里，一菜一蔬、一汤一饭的细心和耐心；那温暖是宿管阿姨为我们早出晚归的担心和生活上事无巨细的照料；那温暖是外卖员风雨无阻的一个个来回……犹记有一次发烧，外卖骑手牺牲自己的时间送来的一盒退烧药，没有收任何额外的费用，他那黝黑而坚定的脸庞让我每每想起还是会觉得温暖，不是七八月炙烤的阳光，而是南湖浑河傍晚七八点钟的风，那么温暖，吹进心坎。

那温暖无穷无尽，温暖得冬日似春梨花胜雪，温暖得韶光亦轻贱了岁月。那温暖捣碎了孤单，揉进生活的琐事里，铺成一道日光，化为繁花，开在青春的藤蔓上。让我的青春有你温暖着，我的青春有你陪伴着，我的东北大学。

青春是一条单行线，它是一种失去，一旦度过，便不会再有。但同时，青春也是一种品质，一旦拥有，便不会失去。我的青春遇见你——东北大学，是我青春里最温暖的品质。

———————

吴迪，东北大学计算机科学与工程学院学生。

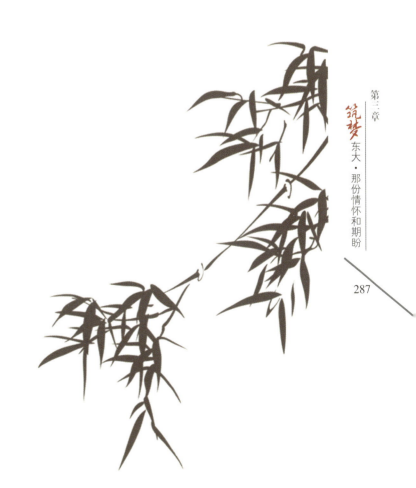

雨

邱鹏飞

雨不是从云中而来
雨是从风中来的
伴着玉洁凝华与晶莹澄澈
一滑滑过了叶尖
滴在纤草上
润在泥土中
留在学子的心窝
惊起片阵残阳
颤动满塘斜波

没有闪电伴舞
没有雷声相和
静默地诉说
诉说阴晴圆缺
诉说灯火阑珊
诉说每一个东大人的念想
留在北国的层云归鸟
留在江南的千里烟波
留在西域的大漠孤烟
留在东海的青风水澹
就是那一滴雨

滴落在你的脑海中
滴落在我的记忆里
想起九一八后的流亡
想起一二·九时的愤慨
想起奥运先驱
想起抗战烈士
想起如沐春风的教化

一滴滴雨
汇成江河湖海
流入九十五年的历史
流过白山黑水
流过万里长城
流过川府之国
流过败井颓垣
流到鹧鸪声中
化作南湖边的乐曲
化作浑河旁的篇章
在浑南破土发芽

挺立起四大学馆

挺立起风雨操场

挺立起新的东大

挺起东大人的脊梁

就是那一滴雨

在每个东大人脚迹所到之处

处处滴落

比最浅显的道理更浅显

比最渊博的学识更渊博

就是那一滴雨

滴落在一号楼的门前

滴落在小南湖的荷叶

滴落在宿舍楼的窗外

我们在听

我们在看

我们在吮吸母校的乳汁

我们在沐浴新时代的荣光

邱鹏飞，东北大学文法学院学生。

白山黑水，与我为伴

余琪星

2015年9月，第一次踏入了东北大学的校园，鸟语花香，茵茵青草，宿舍下的银杏叶散发的金色光芒，那分明是梦想的颜色。我带着神往迈进了这座象牙塔，誓要将这片白山黑水下的情怀刻进自己的灵魂。

初入校园，只觉得军训很苦，与清晨六点的朝阳做伴，又与夜晚九点的冷风和蚊虫为伍。但秉持多交朋友的本心，我还是在军训期间申请成为了班级的临时负责人，虽然知道事情很多，要比普通同学的军训更辛苦，但我还是坚持了下去。记得清晨的第一声闹钟，没有一丝丝的倦怠，准备迎接新一天的挑战和工作。记得每一个脚底酸痛的夜晚，都是同学一起相互的鼓励和温暖的陪伴陪我走过。军训的种种仿佛就在昨天。得到军训优秀学兵的那一刻，我感到无上的光荣。那时，我便决心在校园的每一个角落，都要留下自己的热情和奋斗过的痕迹。

军训之后，我成为了班级的团支书。大一年级每周二十节课，时间紧凑又让人难以把握。每天的生活三点一线。宿舍对面二舍食堂的馄饨，逸夫教学馆的闷热和同学们穿梭其中的身影，以及太阳落山后大成教学馆的宁静，只有沙沙的书声。这一年，我主演了学院的招生宣传片，下课铃声响，飞快地收拾好书包，随着摄影师的镜头，我的脚步也踏过了校园的每一个角落：图书馆前颇有年岁的石阶，小南湖潺潺的流水，还有南湖充满着欢声笑语的小石桥；至今，我仍能回忆起那个穿梭在各个教学楼、图书馆和活动中心的自己的身影，充满了热情和活力，充满了对东大这片土地的爱和崇拜。

大二伊始，我来到了浑南校区。如果说南湖校区是一个年岁已高却温柔又和蔼的母亲，时刻激励着你前行又时刻呵护着你，那么浑南校区就是一个风华正茂的忠实伙伴，时刻陪伴在你的身边，与你一起成长。南湖5月的春风再也不能抹平她的皱纹，而东大也正因为她丰厚的历史底蕴巍峨地矗立在莘莘学子的心中。而浑南校区明媚的阳光，的确为她的严肃和庄重平添了一丝活泼与娇俏。

来到浑南这两年，我不仅成为了学院的团委副书记，成为了学弟学妹的"成长发展指导员"，更是成为了一名光荣的中共党员。我至今仍然记得在发展对象动员会上，我对大家说的一字一句：要始终将对共产主义和对中国特色社会主义的追求放在心上，实现共产主义和建设中国特色社会主义社会不仅仅是国家的事情，是我们每一名共产党员的事情，更是每一名中国人的事情；要始终对我们的国家和民族充满爱意，不诋毁，无敌意，而是努力奋斗着与她一同成长；不要做一个精致的利己主义者，不把入团入党当作自己的政治投机；要明确自己入党后要做的事情，明确自己应当肩负的责任，不跟风，有担当。

如果说南湖的那一年给了我温暖和陪伴，那么浑南的这两年，就更让我懂得了责任和担当，让我明白作为一名东北大学的学生，要时刻扛着自己肩上的责任，因为我的背后，将会刻着陪伴我一生的，只属于东大人的骄傲和印记。

时隔一年，又来到了春光明媚的5月，浑南的早晨不仅柔和的风、和煦的阳光，还有着准备运动会的运动员们的声声欢笑，不知不觉我已经在此生活了两年，从最初的陌生到现在的熟悉，从原本的钢筋水泥，到现在崭新亮堂的一号教学楼。从原本只能远远观望的小红楼到如今书籍丰富、环境温馨又安静的图书馆。从荒凉的草地到逐步铺起的石板路、正在建设的广场、小桥、篮球场与设施完备风雨操场。浑南的每一个变化仿佛都在向正在这座象牙塔努力学习的莘莘学子致敬："看，我在和你一起成长。"

依稀记得去年此时，在浑南校区和南湖校区之间穿梭的自己，充满着奉献和探索精神的志愿服务、社会实践；充满着学术氛围和科技感的香山会议。东北大学让我感到无上的光荣和自豪。

三年的跋涉，东北大学不仅仅给予了我无尽的知识、给予了我丰富高贵的灵魂给予了我寻找生命意义的信念，更让我懂得了"纸上得来终觉浅，绝知此事要躬行"的深刻道理。步入东大时的坚定和热情，此生铭记在心，东大给予我的知识与财富，更将让我受益终生。

　　成长路上有东大为伴，有白山黑水为伴，幸甚至哉。

余琪星，东北大学计算机科学与工程学院学生。

我的大学

宋振浩

2015年9月12日，是我入学的时间。

这是我第一次来沈阳，在凌晨两点的黑夜里，我站在沈阳北站打量这座城市，能感觉到它的繁华里透出的一丝沧桑。从北站出发穿过一条条街道，看着林立的大楼不停地倒退，想象着将要在这里度过的四年，不禁开始期待我的大学生活。

在收到录取通知书到入学之前，这漫长的等待里，我经常会想象东北大学究竟是什么样的，作为一个传承近百年的高等学府，散发着怎样令无数学子着迷的光彩。但是毫不客气地说，刚到浑南校区的时候，难免会失望，学校周围是一个破旧的小区和一片片废弃的田地，学校里处处是施工现场，篮球场周边都是杂草，它给我的第一印象并不太好。然后开始在学校里按部就班地报到，在温柔的学姐和热情的学长指导下，逐渐开始认识这个校园每一栋教学楼、食堂，找到了自己的宿舍，真正地开始了我的大学生活。

从入学到现在，已经快要三年了，三年的时间对于人的一生来说，可能一转即逝，但对于现在的浑南校区来说，却是一个重要的阶段。

先是体育馆的建成，大一的时候，经常会在晚上看到在学校的马路上坚持夜跑的同学。浑南校区刚投入使用的时候只有四栋教学楼、三栋宿舍楼和一个食堂，没有体育场，只有一个水泥地篮球场，同学们的体育活动经常会因为天气而停止。而体育馆的建成改变了这个现状，同学们有了一个固定而合适的锻炼场所。体育馆刚建成，同学们的运动热情就被激发出来了，健身房里"人满为患"，篮球场、羽毛球场座无虚席，整个浑南校区的同学们都在这里挥汗如雨过。校园里夜跑的同学可能没有减少，但有更多的同学因为体育馆的建成而养成了坚持运动的好习惯。

然后是一号楼的建成，以前我们上课，需要在四个教学楼间来回奔波，大一大二的基础课又多，课间总是在匆匆忙忙地赶路。为了在教室里占一个好位置，经常需要早起甚至提前几节课去占座位，一天下来总是会觉得很累。一号楼的建成解决了教室紧张的问题，同学们不仅免于课间更换教学楼的奔波，也有了更好的学习环境。一号楼的建成，为同学们提供了更多的自习空间，四栋教学楼的用途也更加专业化，虽然浑南校区的建设还在起步阶段，但一切都在逐步步入正轨。

这三年最大的改变还是图书馆的建成，坐落在浑南校区中心位置的图书馆的建成可以说是浑南校区建设路上的一个里程碑。新建成的图书馆不仅给同学们提供了借书和读书的场所，还有电子借阅室、电影放映厅、礼堂，等等。宏大的图书馆成为了同学们汲取知识的新殿堂，同学们不用再为了找一个自习座位而四处奔波，也不用为了借一本需要的书三番两次跑到南湖校区。图书馆的建成才能说浑南校区真正地完整了。

在这三年之间，除了这三座楼的建成之外，校园内的环境也发生了许多变化：没有了之前裸露的沙地，校园里的树苗开始茁壮成长，学校里的绿色渐渐多了，经常能看到几只小狗在草坪上惬意地晒太阳。学校在逐步建设，同学们的业余生活也随之丰富起来，班级和社团有了更多的地方来组织活动。而经历过这天翻地覆变化的我，体会着这个学校一点一滴的改变。细细回想起来，觉得一切都令人惊讶，它的发展之快、之体贴，只有亲身经历的我们才能真正领悟到吧。

当然学校的建设还有不足，虽然满足了基础生活需求，但是我们还会在平常生活中遇到一些麻烦。一号楼的建成虽然为同学提供了更多的学习空间，但是出口太少，经常在上下课期间造成堵塞。只有一个食堂的问题也是同学们心中的"疙瘩"，中午的食堂总是人山人海，不只是排队买饭的人多，更多的是买了饭却没有座位的人。没有正式的操场也使得同学们没有正规的跑步场所。这些对于我们来说，都是亟待解决的问题。

2018年5月10日，是今天的日子，我在这里已经待了971天，虽然我没有在浑南建校伊始就来到这里，但我在这里度过了最美好的三年。一点点体会过学校的改变，虽未能献出一丝绵薄之力，但我也为自己见证这一切而自豪。

希望学校的明天越来越美好！

宋振浩，东北大学中荷生物医学与信息工程学院学生。

昨日浑南今日我

张少帅

　　春犹未尽，夏而伊始，傍晚时分，独自一个人，倚风独醉涟漪水，又起回忆似波澜。小南湖还是那个小南湖，我还是那个我，但是心底却多了一抹回忆。

　　在东大浑南校区，已然度过一个春秋又多了半载，而如今，恰逢建校95周年，着实应当怀念一番。她留给我很多，也教会我很多。两年的时间里，笑容或是眼泪，汗水或是酣睡，都化作点点滴滴，在春夏秋冬的轮回里逐渐消融，慢慢沉淀在心底，历久而弥香。

　　小南湖还未名的桥上，蓦然回首，在夕阳的余晖中，恍惚间又看到从前，那时候少年多青涩，初来东大，还曾抱怨过浑南的偏僻，说这里地广人稀。可是谁又曾料到，恰恰是在这里，留下了属于大学的难忘回忆；谁又会料到，这一如明镜的南湖水竟是心灵的托依？或忧或欢，或喜或悲，都从青丝发隙、从指间滑落，坠入那一潭秋水里。以至于，每天来此，俯首便能看到过去，看得到自己，感慨一番。

　　那时，大学生活刚刚开始，灼热的暑气将尽未尽，还有秋风似有还无，等待自己的是陌生的校园、班级，是陌生的教室、宿舍、床位，照照镜子，觉得连自己都陌生了许多。

　　汗水挥洒的军训是大学的第一课，虽然苦了点儿累了点儿，但精神上得到了锻炼。清晨天微微明，已然响起嘹亮的口号声，傍晚月初悬，校园里的热闹才刚刚开始。那时的我走在浑南的主干道上，看着或是轮滑或是跑步的学生，心里有说不出的羡慕，莫名对这个开放的学习环境生出好感。略显内向的我，竟是记住了班上所有人的名字，偶尔还会窃窃自喜，向老同学炫耀一番。奈何这样的生活轻吻了一下酸酸的鼻尖便一去不复返，取而代之的是每日穿行于各个教学楼之间的无聊枯燥。

即便如此，在浑南依旧留下了许多小插曲。苦读熬出一对熊猫眼，课堂上却一不留神趴倒在座位上而酣睡到下课，没被老师发现，心底竟还有一丝小庆幸。偶尔搞丢一件东西，把自己弄得手忙脚乱，引得舍友一番"嘲讽"，最后方知，不过是他们的恶作剧罢了，愤怒慌乱一下融化在笑容里消失无影。听到过楼下隔着宿舍的表白，看到过南湖傍晚的对对情侣，嘲讽过每天打游戏的同学，也羡慕过日日夜夜都在学习的"大佬"。这段时间的我，仔仔细细地看遍了浑南的每一个角落。

逢一场秋雨，天气骤然转凉，看向窗外时，突然发现浑南的建筑也挺漂亮的，干干净净，落落大方，有着想象中北方的开阔明朗，还有意料之外的工巧精致。到了傍晚，随意拿一件外套，便又是一场小南湖之旅。雨后空明如许，灯光月光融合在一起，远望教学楼，一个个明亮的窗格，映出一些学生自习的身影，这样静谧的环境，这样平和的气氛，大概不仅仅吸引着我一个人吧。回忆的水滴总是聚集在这里，漾起涟漪，一圈圈搅入每日有些枯燥的学习里，宜人而又养性，确实很难得。紧张的生活里，不时应当放慢脚步，好好地享受一番，这大概是东大给我上的第一课。

期待更多的还是这里的冬天。某日舍友告诉我说，到了冬天，这里的雪会下得很大、很厚。记得那天晚上，兴奋地睡不着觉，梦里似乎还看到了漫天飞雪，看到了山舞银蛇。如此日日夜夜，我对浑南的印象越来越深，直到第一场雪从天而降。纷纷扬扬，如丝如絮，我第一次看到学校里的雪，落在黑色大理石的窗边，落在绿消红灭的枝头，落在发呆之中我的肩上，白雪映着撑着伞走过的行人，倘若时间能够静止，多想把它裁剪下来，装裱一下挂在床头，每天都能看到浑南冬日的美丽。

每年的这个时候，应该是一波又一波的复习，准备最终的期末考试，所谓压力越大动力越大，果然不假。干了这杯咖啡，清晨就会悄然而至，迷迷糊糊地到了考场，这是谁都有过的经历，任谁也忘不掉啊。当一切尘埃落定，三省吾身的时候才恍然发觉，懒惰与勤奋是学生的常态。而浑南的常态是勤奋，她正在日臻完善，越来越好，开放了的图书馆，新开启的教学楼，崭新的学习环境，亲身经历之后才知道，我们真的好幸运。

幸运之余，还有一场元旦晚会的盛宴，师生欢聚在一起，没有高低，没有差别，这样的气氛，再次刷新了我对于浑南的印象，这里能静能动，能热热闹闹地庆祝，也能安安静静地学习。记得那个时候，最纠结的就是成绩，考完试成绩不就会马上出来，此时需要等待。等待的过程着实不好受，好在有活泼的舍友，善解人意的知己，还有能安抚学生的老师，他们都很好，此生可遇，着实幸运，开心伤心的事情都能够分享，学习生活的问题也一并都能解决了。

终究是挨不过时间的推移，当学校建设正在推进的时候，专业分流时向往未知的心情竟是被同学离别的伤感所遮掩，心酸而又无语，很是难受。也正是这个时候，盛夏开始，雨霁生荷，这份不愉快才得以缓解，暮色里阳光穿透荷叶，无声无息打在因风而动的水面上，浮光跃金，每一次波动都牵引着灵魂。身心融入到了东大的校园里，含泪对大一多回忆，展颜对大二多笑容，虽然不知道接下来遇到怎样的人，但我知道，无论怎样的人，他同样也渴望着我优秀、从容、美好。

命运真是难以捉摸，大概这就是在东大的浑南，每个人都会得到的眷顾。这是一个全新的寝室，这里留下了更多的回忆，这里能够正视一切，能够很开放地去评论，这样的寝室环境逐渐影响着每一个人，在相互调侃或赞叹的时候，大家都在进步，学习如此，生活更是如此，大抵他们嘴上不说，心里也会这么想。

许许多多的回忆，即使不用白纸黑字去表达，不用诗词歌赋去赞美，它都在心底，与东大一起，将陪伴我余下的大学生活，同时也将指引我前进的方向。每次想起过去，都会有很多的感悟，知道了学习抑或生活，都需要一个向前向上的态度。这些美好回忆如同久思不得的心上人，多少次忍着将其抛诸脑后，又多少次忆起，愈加深刻，愈加清晰，越来越释然，想得开，放得下，不管发生了什么，总会有同学、有老师、有学校陪伴，这里应当致以敬意还有感激。

学习的生涯，看似很长，但同时也很快，静下心来想想看，入学似乎就在昨天，恒久的土地上，正在发生难以预料的变化，总会有一处能触碰到你我的心灵，总会有一处能够指引你我正确的方向，确实应该借此机会，好好地努力一把，既不负众望，又能够充实自我。东大给了你我一个好的环境，一个拥有无尽知识以及经验的环境，你我身在其中，自然应当好好地珍惜，努力地汲取，并不时地反馈，这样她才会显得更加美丽。

感悟了，回忆了，余下的便是我想对东大、对浑南校区说的话：四年不长，但有你陪伴，大学才会圆满，生活才会充实，我们看到彼此的进步，互相追随，伴着时光，纸短情长。

———————

张少帅，东北大学软件学院学生。

逐梦东大，不负韶华

张 利

透过历史的眼眸回望，在列强环伺、态势险恶之际，在求独立谋解放成为时代最强音之际，自白山黑水之中，东北大学应运而生。我们不会忘记，一二·九运动中的东大学子，振臂高呼，冲在队伍的最前端；我们不会忘记，张学良老校长"流离燕市，转徙长安，勖尔多士，复我河山"的呐喊；我们不会忘记，建校初期，她也曾无限辉煌；我们不会忘记，她也曾几经迁徙、背井离乡，却依然弦歌不辍、再续华章；我们不会忘记，东大在中国现代科技史上树立的一个又一个"第一"的丰碑，及那一代又一代的民族英杰。这里的历史源远流长，这里的发展举世瞩目。百年风雨，桃李满园。时光荏苒，沧海桑田。变的，是岁月和地点；不变的，是我们那"自强不息，知行合一"的坚守与信念，它将一直伴随着我们，度过宝贵的大学时光，走向新的天地。在这里，我们拥抱未来，笑对风雨。

东北大学，有着丰富的历史、宝贵的精神和广阔的发展前景，她永远是养育我们的母亲，永远是我们的根和魂，无论走到哪里，我们都不能忘记她。自来到东大的第一天起，我就告诉自己，要有为人民而奋斗、为复兴而拼搏的远大志向，以青春之我构筑青春之家国。作为马克思主义学院学生，传承红色基因、怀揣信仰之心是我们义不容辞的责任。身为学生，我首先应该做的，就是刻苦学习科学文化知识，提高自己的综合能力，珍惜大好年华，低调做人高调做事，一步一个脚印，克服一切艰难险阻，从而为自己未来的发展打下知识之基，不负光阴不负青春，更不愧对自己身处的伟大时代。

"勤学修德，明辨笃实"是我们奋斗的目标，"爱国励志，求真力行"是我们要求自己的标准。作为东北大学的一员，我们每个人的发展同学校的发展密不可分，只有将每一个东大学子的努力汇集起来，才会同我们的母校一起，走好新时代的长征路。新时代，新气象。在历史上，无论是我们的祖国，还是东北大学，还是我们每一位东大学子，都从未像今天这样如此接近实现中华民族伟大复兴的目标。这对于我们来说，既意味着机遇，更意味着挑战。新时代，我们来了！

"唯知行合一方为贵，唯自强不息方登高"，校歌悠扬的旋律仿佛还回荡在我们的耳畔，激励着我们行动起来。我们要以审慎的态度、负责的精神和广阔的胸襟彰显"爱校爱乡爱国爱人类"的东大精神，让历史的接力棒在我们的手中传承下去。战鼓隆隆催人奋进，扬帆启航恰当其时。让我们为学校建成在中国新型工业化进程中起引领作用的"中国特色，世界一流"大学而努力奋斗！

张利，东北大学马克思主义学院学生。

浑南之情，研途之梦

张泽茗

韶光流转，盛世如约。四载浑南，九十五年历练，值此盛夏光年，我们满心喜悦迎来母校九十五周年华诞。

九十五年岁月长河，九十五年风雨兼程。东北大学浑南校区在2012年奠基，四年砥砺耕耘，求索进取。四年时光，我们有过艰辛、有过挫折、有过感动、有过收获。回顾四个春夏秋冬，我们感慨良多。母校的办学条件在四年中不断发展。校舍温馨，教学设施、设备不断前沿化，风雨操场、学生活动中心、塑胶跑道即将竣工。母校的师资力量也在稳步提高，吸引了一批又一批的创新型人才为母校注入新鲜血液。母校的教学成绩再创新高，赢得了社会各界的一致好评。作为母校的一员，我有感而发，步入东北大学校门的那一刻，我便把爱深深种在这里。

四年的时间如白驹过隙。对于时间来说，四年只是时间的更替罢了。而对于我而言，对于东大的学子而言，却是见证喜悦与收获的四年。我们迎来了母校九十五岁的生日。经历过曲折，又获得了赞赏。回眸之间，我们敬仰您筚路蓝缕、艰苦奋进的美好品质。您立志弥坚，以一种昂扬奋进的姿态马不停蹄与时俱进，书写着只属于浑南东大人春华秋实的精彩华章，让人敬仰，给人荣耀。

浑南！博学而慎思，明辨而笃行！为营造浓郁的学术氛围，弘扬人文精神，带动研究生整体科研素质和学术能力的提高，浑南校区广大研究生们积极开展了一系列精彩纷呈的学术活动："我的学术我做主"研究生学术竞演大赛，"学术应用大起源"学术软件知识讲座等。浓厚的学术氛围使得每一位研究生受益匪浅、学以致用，身在其中我也是备受感染。

浑南！志愿在心，服务在行！志愿者，一个响亮的名字，一个充满温情与感动的名字。在这个名字的呼唤下许许多多相同情怀的人聚在一起，散发着希望与梦想。他们充满激情、组织有序，他们辛勤忙碌，他们灿烂明朗，他们便是东北大学研究生志愿者团。志愿者们先后承担了浑南校区搬迁、校园植树绿化、浑南校园义务家教等多项志愿服务活动。尽管天气寒冷，但他们热情不减；尽管工作艰辛，但他们甘于奉献。在新校区建设伊始便为研究生同学和新校区的后勤人员送来了无尽的关怀和温暖。

浑南！研梦飞翔，扬帆启航！为了拓展经验交流平台，促使研一学子能够更好、更快地适应研究生生活，浑南校区开展了以"薪传承，心交流，新启迪"为主题的研究生经验交流会。针对正在求职、备考、升学的研究生们先后举办了"国考备战教育讲座"、"未雨绸缪 决胜司考"司法考试指导讲座、"中华英才杯"模拟应聘大赛等。通过这一系列的讲座、比赛，更多同学及时了解了国考同考最新动态，充分备战，促进了研究生求职观念的转变，增强了研究生的求职能力。学子们更加正确认识自我，把握现在、挑战未来。

浑南！炫彩校园，跃动青春！在研究生会组织下，我们开展了一系列精彩纷呈的文体活动。研究生寝室文化节，汇聚东大学子浓浓的同窗之谊，彰显我们朝气蓬勃的豪迈之情；诗词大会，传承诗歌文化、彰显语言魅力、品味文化经典、弘扬时代精神、提升人文素养；元旦欢庆盛会，辞旧迎新、继往开来；首届研究生师生运动会，弘扬奥林匹克精神，传承中华文明……这一幕幕精彩活动都为浑南描绘了绚丽的风景线。

栉风沐雨、春华秋实、砥砺耕耘、才俊满园。回顾过去，浑南四载风雨兼程，革故鼎新，砥砺前行；展望未来，我们无比自豪，我们信心十足。我们相信，母校的九十五年华诞中我们将承前启后、继往开来、开拓创新、再创辉煌！

张泽茗，东北大学研究生会学生。

此处安心是吾家

张　钰

初　见

第一次来校区这边的时候，计算机学院还没有和信息学院分开，我们也还没有搬家。那是在大二的夏天，那年夏天真的很热，自习室和寝室都让人待不下去，只想去东门外的麦当劳吃着冰淇淋上自习。听说浑南这边有空调自习室，十分羡慕，于是我和室友潇潇在没有课的周末第一次搭上了传说中的139路公交车，来到了梦寐以求的浑南校区。我的妹妹在软件学院，比我们早搬来一年，问了她我们应该在哪下车去自习室。第一次自习的地方是在信息学馆，人很少，可以说一个教室里只有我们俩。空调吹着是有点冷的，还好当时穿的是长裤还带了外套。空调自习室还是让人惊奇，自习环境真的很舒适。那天晚上回去前，第一次吃到了浑南食堂的美食，清楚地记得我吃了肥牛煲还喝了一杯绿豆水。超级喜欢浑南的绿豆水、浑南的食堂、浑南的自习室。感觉浑南的一切是那样美好，唯一美中不足的地方就是小树们还没长成参天大树，为人们提供阴凉，但终究会有那么一天的。

再相见

2016年9月2日，计算机学院搬到了浑南。我们住到了一舍二楼，四人寝，上床下桌。大三的我们开启了教学馆（信息学馆、建筑学馆、文法学馆），食堂和寝室三点一线的生活。浑南的教室桌子很大、学习很舒服，可是如果来晚了，坐到后面就会和黑板讲台离得很远，甚至有些看不清。大家学习的热情都很高涨，占座也像大一一样激烈。有时候起晚了，我们就只能坐在后面，用尽全力看黑板和课件上写的到底是什么。

大三可以说是学习最忙碌的时候，那个时候希望课少一点，可是当大四下学期一节课都没有了的时候，又无比怀念当年和室友一起上课的日子。喜欢那段和大家一起上课认真听讲、下课讨论老师讲的内容和作业难题的时光。

浑南校区还有着南湖校区没有的滑冰场，冬天的时候可以随心所欲地在上面玩耍。当时的我和喜欢的人体验了一次滑冰，第一次滑非常紧张，但这美好的回忆着实令人难忘。

蓦然回首

现在看着建好了的图书馆、一号楼和停车场，还有在建的大学生活动中心和足球场，有一种恍如隔世之感。我在这里和小伙们度过了最美好的时光。在东大我认识了最好的朋友，还有我在南湖、浑南的室友们。我们可能来自不同学院、来自不同省份，是东大让我们相聚一堂，让我们相识相知。我相信每一个东大人都热爱这个学校，每一个浑南的小伙伴都热爱这个校区，这里是我们内心的净土。此处安心是吾家。

张钰，东北大学计算机科学与工程学院学生。

三载软件人，百年东大魂

张超贺

　　韶光流转，盛世如约。在东北大学度过第三年时，东大九十五周年华诞悄然来到。三年于九十五载不过是沧海一粟，不过三年之间的所见所闻所感确是融于九十五年沉积的底蕴中，也融入了我们的一生。

　　在那个略带炎热的夏天，我义无反顾地投入了东大的怀抱，这一所母亲一样的学校，就这样安定了我的生活，充实着我的生命。这时候的浑南校区正是快速发展的青少年时期，一直不断地成长扩展，不断地进步进取。这样的校园充满着青春的气息，充满着拼搏的冲劲。"自强不息，知行合一"的校训从入学开始便如烙印一般烙在了每个人的心上，"使命如此其重大，能不奋勉乎吾曹？"的校歌从军训起便像一声警钟回响在我们的耳边。烈日下，沙场的我们显得更加坚毅。使命如此，岂不奋勉？

　　如果说军训是我们的第一堂课，那么第二堂课毫无疑问是辅导员的引导。记得那时，我们拖着军训完疲惫的身体来到充满未知的教学楼，马老师早已等候我们多时，他讲到"大学，是梦开始的地方；为了不使这个梦在毕业时落空，那就要用一种认终为始的心态去规划与度过大学生活。大学也是我们人生中最集中的能够扬长避短的时期，早能够尽情折腾的时期，所以如果谁的大学默默无闻了、平平淡淡了，那他就没有真正地理解大学的含义与作用。因为一旦失去青春的激情，便永远也找不到了，所以大学必须要且行且惜"。这一段文字在当时的我们眼里是那么晦涩难懂，也许只有经历过的人才会更加明白吧。不过巧合的是，这三年本科生活，就是这段话的再现。

　　正式的学习生活旋踵而至，与高中时憧憬的轻松惬意、"醉生梦死的天堂"不同，大学生活充满了艰苦与奋斗。高数的第一课便如当头棒喝，敲醒了一堆堆在三个月的放纵中迷失了的脑壳儿，把我们拉回到按部就班的学习生活之中，狂野年轻的心也沉静了下来。回想当年的自己，未来就如霓虹般在眼中流转，明日似朝阳般在若即若离的前方的地平线上。大一的我们，是校园中最鲜活的血，是新的年岁里的第一缕晨风。学生会、社团、俱乐部，那些过去只是听到的新鲜事儿眯了眼，翻过军训的一章，大学生活便如万花筒斑斓缭眼了。

大一的生活是令人难忘的，我们常言大学是跨向社会的一道门，那么大一的生活便是那道门槛，高中的青涩与懵懂逐渐褪去，社会的压力又尚未降临，脱了缰的骏马便可以撒开四蹄在广袤的原野间奔骋。而大一同样也是真正塑造我的一年，学习上夯实了基础，思想上斧正了世界观，生活上独立了，这固然有自己的努力，却更得益于老师学长们悉心的照顾。决如凌空飞腾、踏云而行，如水中击磬、峒中鼓瑟，如饱尝醍醐妙味而冷暖自知。

至大二时，我们俨然改头换面，成了最标准的大学生。大二开始展现出不同的风采，也正是此时，我才真正知晓了校训中"知行合一"这四个字的厚重意味。随着专业学习的深入，广袤的知识海洋显出了那迷人的一隅，永不餍足的求知欲撩拨着躁动的心，胸中难填的渴求策动着我加入了老师的实验室。如是这般，几首没有了课余的空暇。幸运的是，李老师接受了我进入实验室的请求。实验室仿佛又一所大学，没有特定的课程，只有特定的目标，而通往目标的路要自己一步一步发掘。进入实验室伊始，我便被Google的一个项目难住了，仿佛突然触碰到认知的边缘一样。还好有老师和学长指引着方向，告诉我如何去学、如何去尝试。所有的知识都是新的，都需要自己去搜索、去实验，不过疲惫之中竟有一丝甜意，摸爬滚打中也算是走出了自己的路。每一次项目结题时，慰藉与成就感并存，而对于下一个挑战的期待也就更多了些。

日居月诸，转眼本科的四年已经流去了一多半的时光，入学倏忽远去，毕业悄然迫近，大三行军似的庄重而不可阻遏地到来了。校外实习、立项研究，社会的先锋军叩开了象牙塔的门扉，同一平面内的两条线终究愈走愈近，交汇一体而不分彼此了。仿佛与社会、工作只有一道校门的距离，而这薄纱般的隔离也在课业的推进中愈来愈淡，终至消失不见了。几日前的一场考试，同学们才忽然发现，这大约是我们班全员参加的最后一场考试了。考试后大家去聚餐，这才勾起了对整个大学生涯的回忆，嗟叹岁月荏苒，光阴如箭，掐指算来已是聚日无多。不久后便是听闻已久的实训，心中五味杂陈，说不上是兴奋还是惶惑。

蓦然回首，发现身上早已不知何时打上了东大人的烙印，有了东大的魂。三年似乎平淡的大学生活中包含了各种各样的跌宕起伏。每一次面临困境、逆境的时候也都未曾想过放弃，深知唯有"自强不息"才能创造机会，唯有"知行合一"方能终始弗渝，不忘初心。今年，东大也迎来了她的九十五华诞。在这九十五年里，东北大学经历了风风雨雨，但同时也创造了一个又一个辉煌。

三年的学习历程于东大近百年的历史自然是微小的，但这其中每个学生对于东大的情感却是组成了东大在我们心中的缩影。值此九十五周年校庆之际，谨以我个人的所见所感行此文，祝愿东大在未来的路中"实干报国、创新卓越"，凝心聚力、攻坚克难，奋力实现跃升发展。

张超贺，东北大学软件学院学生。

生逢斯世，东大逐梦进行时

张　翼

我踏上了这里，东北大学。

每个人听到这个消息时不外乎两句话："东北呀，这么远，冬天一定很冷吧。""东北大学？东北哪个大学？"但不得不承认的是，北方，对我来说也同样是一片陌生的土地。此前，我到过最北的地方就是大连，记忆里，大海浩荡无涯、吞吐天际，正如这里的人们，率直而热情。《在我青春中留下浓墨重彩一笔》的作者写道："北，是一个念起来平实厚重的字。人与大地皆有着淡定朴素的容颜，昭示着千百年的平凡历史。他们在日光的抚摸和岁月的亲吻中亘古不变，生死枯荣轻得无从察觉。"而当我听到校歌里"白山兮高高，黑水兮滔滔。有此山川之伟大，故生民质朴而雄豪。地所产者丰且美，俗所习者勤与劳"这几句歌词时，这份平实与厚重的情感也慢慢在我的记忆里洇染开来。从这歌声开始，我对扎根于这片土地的大学便充满了向往，我满心欢喜，愿同她一起成长。

我终于站在了这里，看着这里饱经沧桑却仍具生命力的土地。这里，张学良曾中流击楫经天纬地；这里，梁思成曾孜孜不息鸿儒硕学；这里，刘半农曾指点江山激扬文字；这里，刘长春曾挥洒汗水拼搏奥运。我们有著名学者，我们有革命烈士，我们有爱国将领。他们，是散落的星骸，光明在东北大学汇集，东北大学，也因这光明，而成为了历史长河中一颗璀璨的夜明珠。纵使，这里的气候干燥而多风，却依然温和地润泽着我的心灵。

东北大学，在这里，我们每个人都是一条小溪，在这里，来自五湖四海的思想交汇、融合成壮阔的波澜。它浩浩荡荡，它奔向远方。那是我们的未来，那也是东北大学的未来。

东北大学是我们的梦想启航地。初来乍到、对前途充满向往又带着迷茫与恐惧的我们，在学长学姐细致的介绍、各式各样的社团组织招新、琳琅满目的课程里，寻找着属于自己的一片天空，展开自由翱翔的双翼。

东北大学是我们的梦想助力器。这白山黑水的世界，不仅给我们勾勒出梦想的轮廓，更是教会我们如何去描绘出梦想的形状，渲染着我们青春的色彩，来画出在这四年的时光里，最绚烂的风景。

东大是我们梦想的启明星。赵继校长对大一新生的演讲里提到："愿你们在时代的大潮中逐梦前行，立天下之志，怀苍生之情。" 爱校，爱乡，爱国，爱人类，东北大学，就是我们立志逐梦的平台。

张载说："为天地立心，为生民立命，为往圣继绝学，为万世开太平。"这是我们每个东大学子的使命。生逢斯世，东大逐梦进行时，我们的梦想正在扬帆启航，不枉青春，激扬人生。

张翼，东北大学马克思主义学院学生。

东大浑南

陈学涛

或许是与东大有缘分，又或许是命运使然，不知怎么就来到了东北大学，来到了这个浑南校区。虽然从好几个地方看浑南校区都像个建筑工地，虽然伴随大风的是飞扬的尘土，但正是在这个正在建设中的东大校区带给我许许多多的感动。

有一种感动叫作住进崭新的宿舍。初到东大，第一次出省上学，第一次来东北，多少会有点对家乡的思念，以及对亲人的不舍，只身一人"闯东北"，也多少有点对未知环境的恐惧与不安，但是当我走进这宿舍看到这么多崭新的东西，似乎一切的不安都在悄悄地淡化，剩下的只有对未来研究生生活的无限期望。

有一种感动叫作大学有这么酷的图书馆。第一次漫步在图书馆，我就感觉这里的书籍比我以前去过的图书馆更加琳琅满目，却依旧飘逸着书卷油墨的清香。站在书架前面，仿佛面前是一片无边无际的知识的海洋，一个需要我们用一辈子去遨游的知识的世界，仿佛只要站在这里，便会感到平添了很多的智慧。

有一种感动叫作既实惠又好吃的早餐。一个大学本科没吃几次早餐的人竟然会被这里的早餐吸引，一个鸡蛋四毛多钱，一碗粥两毛多，哇，干脆白送好了！自从第一次吃东大浑南的早餐似乎就爱上了它，自那以后我竟然几乎天天吃早餐，而且从没有为早餐吃什么而发过愁，因为我每次都是两个包子一个鸡蛋一碗粥，似乎吃一年都吃不腻。

有一种感动叫作不一样的英语课。东大的英语课与我以前的有很大的不同，老师更注重学生的自主发挥，于是我们排练了我人生中的第一个英语话剧，第一次用英语演讲，第一次用英语拍视频，英语课变得有趣起来，我第一次意识到原来学英语是用来说的，而不是用来应付考试的。

有一种感动叫作老师们真的很认真。每一次坐在宽敞明亮的教室里上课，老师们都会把全部精力倾注在我们身上，他们似乎是在用知识的甘露孕育鲜美的果实。在每一位老师身上我都感觉到了他们对学生的认真、对学术的尊重。每一次上课都像是遨游在知识的海洋里，令我流连忘返。

有一种感动叫作我遇到了最好的室友。在家里，我们怎么样疯怎么样闹都没有关系，因为我们心里知道父母永远不会怪自己。但跟室友在一起久了，多多少少都会产生摩擦，有时候会看不惯其他人的行为，但却无法说出口，怕室友情被破坏。但是在东大浑南的宿舍，我感觉找到了真正的朋友，我们在一起想要说什么就说什么，我们一起吃饭、一起睡觉、一起学习。伴随时间的流逝，我们的感情变得更加深厚。

有一种感动叫作发现校园的美。建设中的浑南似乎与美沾不上边，但是东大浑南从来都不缺少美，这种美或许只是夕阳的余晖，或许只是漫天的云朵，或许只是一只小动物，或许只是秋天的落叶，或许只是冬天飘舞的雪花，又或许只是中秋时节树枝上的月亮，只要善于发现，东大浑南的美真的无处不在。

有一种感动叫作功能齐全的体育馆，有一种感动叫作宿舍的小花每天都能茁壮成长，有一种感动叫作能跟舍友一起过生日，有一种感动叫作冬天的宿舍真的很暖和，有一种感动叫作……

不管是与东大有缘，还是命中注定，能来到东大浑南学习真的是一件很开心的事情，希望浑南校区越来越好，希望浑南校区感动常在。

陈学涛，东北大学工商管理学院学生。

我在浑南校区

林同茂

2016年9月10日，我第一次踏入了东北大学浑南校区，这个校园给我的第一个直观感受就是——这里建筑怎么都是红色的？我在内心吐槽："这校园可真喜庆。"

在入学军训的"阴霾"下，我对这个校园充满了不满的情绪：为什么这儿没有独立卫浴？为什么食堂永远都那么多人？为什么每栋楼结构都千差万别，让人找不到教室？在那时候的我看来，这个校区真是"槽点满满"。

经过了大一的校园生活以后，我对浑南校区这个地方慢慢熟悉了起来，从找个宿舍楼都需要问路，到知道每一栋楼的名字，再到对每一栋楼的内部结构了如指掌，我开始爱上了这个地方，之前我对这个校区的偏见也都被一一抛到了脑后。这个校园里，活跃着各式各样的人：有传道授业、谈笑风生的老师们；有来自五湖四海、各有特色的同学们；有每天几次打扫宿舍楼公共区域的辛勤工作的清洁工大叔大妈们；还有亲切、热情、负责的楼管阿姨们——正是这些鲜活的人，让这个校园成为一个温暖的、有气息的地方，而不是几座冷冰冰的建筑。

2016年11月7日，沈阳下了第一场雪。我——一个第一次见到雪的南方人——外表装作波澜不惊，实则默默地拍了许多照片。冬天的浑南校区是另一片气象：一场大雪过后，道路和草坪全部被白色覆盖，融为一体；行道树的树梢上挂着雪，与地上厚厚的白雪交相辉映，格外美丽。这儿的冬天还有一种很独特的味道——混着雾霾味儿的人情味儿：在下雪天和同学打雪仗；踏着雪回到有暖气的宿舍楼，听到楼管亲切的问候；在大冷天吃上一碗麻辣烫……这些都是在浑南的冬天可以感受到的幸福。

2017年3月，建设已久的浑南校区图书馆开始试运行，开放了部分楼层和阅览区。在那之前，"偌大一个校区竟然连图书馆都没有"是同学间最经常吐槽浑南校区的话，所以得知图书馆开放的消息我十分开心。在进去自习了一个下午以后，我仿佛打开了新世界的大门——在图书馆自习和在宿舍的氛围截然不同！于是我就这样从一个天天宅在寝室玩的"咸鱼"变成了一个爱跑去图书馆自习的"学霸"。浑南的图书馆有几个难以忽略的优点：首先，它冬暖夏凉，尤其到了夏天，图书馆就是避暑的最佳去处；其次，它配备的设施都十分"豪华"，从各式桌椅到沙发；再者，它馆藏图书众多、应有尽有。在这里学习，我总能沉下心来。图书馆是我在浑南校区最喜欢的地方，没有之一。

浑南宿舍楼的学生活动室也是一个好地方。作为软件学院的学生，每学期为了在实验课取得好成绩，我和小伙伴们都会选择在自习室熬夜敲代码，完善自己的实验作业。自习室奋战的日子总是煎熬难忘的，但往往也是值得的。正如普希金的诗中所说："而那过去了的，就会成为亲切的怀恋。"我爱浑南宿舍的学生活动室，因为它见证了我的努力和收获！

时光荏苒，不知不觉中，我已经在东大、在浑南校区学习、生活了快两年了。在这期间，浑南校区变了许多，我自身也成长了许多；我收获了许多知识，结识了许多真挚的朋友。我爱东大，我爱浑南校区。

林同茂，东北大学软件学院学生。

浑南印象

荆　贺

　　"这会是一个环境优美的校园,优雅舒适,恬静而安详。我可以悠闲地走在校园里,自由地享受时光。会有树叶落下,踩上去有轻微的响动,在每个位置留下我走过的痕迹。我会遇到很多有趣的人,学到新的知识,对生活有新的看法。"这是我在最初畅想《我的大学》里提到的话。

　　作为从南湖搬到浑南的一批学子,初到浑南,看到新栽种的小树苗和显得空旷的校园,其实心里还是有些落差的。

　　但这些年,看着她一步步地发展,新教学楼的建立、图书馆的投入使用,环境的美化,她变得越来越好,只觉没有什么比自己参与了她的成长更让人高兴。更重要的是,"人"的活力和创造力。这里学风优良,坚守着"自强不息,知行合一"的优良传统,有着一种自上而下的强凝聚力。这都是她的标签,也是我心中的"浑南印象"。

一、我双脚丈量过的土地

　　初到浑南,还分不清各个教学楼的红墙是怎样的区别。走进文管楼,特色的楼梯、特别的布景,记下了它是距离食堂最近的教学楼。在生科楼,悄悄往实验室里望,各种各样的仪器,些许试剂的味道,都让人好奇、神往,这是最神秘的教学楼。建筑馆的教室很特别,完全是一个开放的像走廊一样的空间,一张张大桌子拼接在一起,上面有未完成的设计图纸,密密麻麻,旁边地上摆着建筑模型,像是一个展览馆。在信息学馆的机房做实验,需要横跨西南到东北,是离宿舍最远的地方,会有很多人骑着自行车前往,一路上被风吹起衣角,我想会很惬意。

经常走动，逐渐对整个校园有了更多的了解，也深觉她的魅力。我曾在东门和"东北大学"石柱拍照，拍下青春里的一幕，曾在小南湖看鱼儿游来游去的自在。在建筑楼前东边的小道上散步，观察过夏季晚7点会亮起路灯，在亮灯的一瞬间跑完整条小路，就像是灯在追着我跑一样。我最秘密的地方是文管楼背面通向建筑的小门，下雪的日子，因为那个角落没人走动，会积下一地没有脚印的雪，大多时候我都喜欢第一个踩出脚印，回头望会有种世界都是我的之畅快。

二、见证了我的成长的你

去到没有父母的城市，遇到形形色色的人，独立地处理大小事务，无疑是大学生活与过去相比最大的区别。从第一次在班级里和同学们进行自我介绍，新环境不可避免地让我有些拘谨，到后来更大场合下的发言，更多机会的表现，去磨炼自己，用充足的准备和自信的态度面对一些挑战。也曾早起去小南湖大声晨读，学着坚持、学着勇敢。第一次穿上西装，看着镜子里更有精气神儿的自己，是一件令人充满自豪感的事。当我代表我们团队去答辩，拿着演讲资料，伴随着高跟鞋"嗒嗒"的走动声，感觉有什么东西真的不一样了。

三、攻坚克难，建设浑南

从2014年第一期建成入驻开始，浑南校区带给了我们东大人新的期待和新的体验。至今近四年时间，在各方面共同努力下，成功进行了教学楼建设、教学设施配备以及环境的优化，解决和克服了一个个的问题和困难。未来我们期望的新格局——浑南与南湖两校区南北呼应，传统学科与新兴学科和谐发展的战略格局——已初显真章。仍然记得我们进行搬迁工作时，领导集体亲切的慰问以及提前进行的多方面的沟通，让我们有更高的责任感和使命感去参与浑南的建设。无论是南湖的师生群体还是浑南的师生群体，在搬迁过程中都展现出我们东大人的担当。随处可见的志愿者，定点安排的服务人员，随行车辆、安全预防措施，一切一切都是妥善合理的。

　　一直进行的校区建设，也带给了我们更多的惊喜。新建成的体育馆规模宏大，庄严肃穆。风雨操场经过后期建设也已经完善成包括篮球场、网球场和冬季天然大冰场的大操场，是集体育课堂教学和休闲健身于一体的场所。投入使用的一号教学楼，新的白板设备，左右分布的投影幕布，悬于讲台上方的扩音器，给老师同学们带来了更好的教学体验。还有为学习和科研服务的现代化大学图书馆，开放式的图书阅览区区区相连，营造一种人性化、开放式的现代大学阅读氛围，任你遨游书海，思绪飞扬。图书馆内还设有大型展览区、报告区，惬意的书吧咖啡厅，给人更好的体验。我相信在不久的将来，浑南校区将成为东大人的向往、骄傲和自豪，成为沈城南部靓丽的风景，成为又一片科技、文化、人才的热土。

　　在青春年华里，我遇见了你，你陪伴了我。感恩有你。

荆贺，东北大学计算机科学与工程学院学生。

"似时"而飞

姚 谦

2017年9月，我走进了东北大学浑南校区的校门，进入工商管理学院金融学专业。入学时我是充满期待与激情的学子，渴望得到东大的教育、关爱和指导。时光随着青春流淌，当我再次回想跨入校门时，她都引起我无限的回忆与追寻。我在这个承载我的梦想的校园里度过了一年的时间。在这里，我谱写出自己走向成熟的小调，东大已经成了我生命中一个重要的地方，而今年，她迎来了她九十五岁的诞辰。

九十五年，对一个人来说，似长，对一所大学来说，亦长。东大人常用校训提醒自己："自强不息，知行合一"。校训激励着我们每一个东大人不畏困难，勇于进取，在自己的人生规划中敢做、敢为、勇于发挥自身作用。校训也指导着我们的教师在学校改革发展中勇于开拓、不断创新，时刻警示、指导我们在谋求更大的发展过程中要敢为当先，从而实现学校的发展与壮大。九十五年的呕心沥血，培养了一批批优秀的东大毕业生，也培养了一批批优秀的教师、行政团队。

2017年第一次接触东大，我依然清晰地记得第一走入东大浑南校区的感受：全新的教学区、高耸砖红的主教学楼、嫩青的草坪、规划中尚不成熟的区域，一切都充满了年轻的活力和生机、好奇与期待。偌大的校园，有时候从宿舍出门晚了，和同学一起跑到教室气喘吁吁地笑着，而今想想那份纯真的感觉，依旧觉得温暖。

弘扬"实干报国、创新卓越"的东大文化，践行"自强不息，知行合一"的校训精神，海不辞水，故能成其大。您，一位接近百岁的智者，骄傲而慈祥，冷静中充满霸气。在追随您的日子里，我会平静而充实地生活着。

我知道，平平淡淡的生活不管像咖啡还是像茶，都会弥漫着一丝的苦。但我更知道，苦中有乐是您不懈的追求；苦中作乐是您前进的动力，于是，苦并幸福着，便成就了我无悔的人生。我会淡然地放弃本不该多有的那些名利，而您会聚拢您所有的光环；我会为我的前行选择冷清寥落的跑道，而您却会为您的驰骋选择铁马金戈的战场；我会为人生的经历画上安静的句号，或者一个逗号，而您不会，您是激流勇进的感叹号加永不停歇的省略号。

九十五年耕耘，几多收获，您用汗水和泪水浇灌这一亩方田，带着笑容和苦涩培育您所有的理想和信念。我们是您的儿女，也是您的希望，总有一天也会像那些为学校增光添彩的学长学姐一样，成为您的骄傲。白云奉献给蓝天，花朵奉献给草原，青春奉献给朝阳，希望奉献给理想，您把您的一切奉献给了我们，我们拿什么回报您的慷慨大方？我说，我们一定不负您的期望，努力学习，茁壮成长，争做国家的栋梁。是雄鹰就要在苍穹中翱翔，是骏马就要在草原上奔驰。我们要做雄鹰，在知识的天空执着滑翔，我们要做骏马，在理想的草原自由奔腾！对未来，我们从不轻言放弃，因为您教导我们，人生要拼搏才有收获，是您给了我们理想，是您给了我们知识，我们拼搏和奋斗的动力，都来源于您对我们的支持、教导和鼓励。

当我轻轻地走在小南湖清静的小路上，您已悄悄地为我们铺就了成长之路。

当我聆听校园中爽朗的嬉闹声，您的心也和每一颗年轻的心一样泛起涟漪。

当我拾起主干道掉落的黄叶时，那是您经历无数沧桑的见证。

当我面对着校园那灿烂无比的月季花时，您的容颜依然绽放着荣光。

当母校东北大学，您悄悄地度过了第九十五个春秋时，我知道，您并没有因此而放慢了脚步。

九十五周年，东大会陪着全体师生，越走越好，越飞越高。

姚谦，东北大学工商管理学院学生。

花落有声，挚爱无言

贾菁怡

凡事都有偶然的凑巧，结果却又如宿命般的必然。或是出生时命运便与东大紧密相连，抑或是高考考场上碰巧做对的那道题点亮了我的东大之路，携手共度四年时光的命中注定，让我终与东大来了一场美丽的邂逅。心中仍有那份初识东大时的悸动，我们素昧谋面，但一见如故，在花样年华中吐露真心，共同奋进。

初恋那件小事

檐角风铃浅细雨，恰有清逢笑依依。倏尔挽素裙，卿眸染星韵，嫣然花几许。光影斑驳生欢喜，轻蝶曼舞陌上栖。彩云着锦衣，苇草丛中戏，与尔共佳期。

那份沉寂在青春岁月中青涩的萌动，在遇到东大时终于迸发。前所未有的小鹿乱撞，涌动着丝丝甜甜的气息，空气粉粉的。我想，这就是初恋的感觉。初恋如一阵轻风，缓缓吹来，遍地花开。东大姣好的容颜，衬托出优雅的内在、纯粹的初心。九十五载，辗转经年，更显风韵。没有饱经沧桑的痕迹，仍迈着昂扬坚定的步伐。初来乍到，我震撼于东大生命的强音，心醉于红砖黑瓦的独特魅力，感念于困境之中的援助之手。于此时，一光一影，已成难忘，一砖一瓦，已成兴味。伯牙子期般默契的故事，在我和东大之间上演。腐草为萤，大雨时行，寻一匹不羁的马，载经行的记忆，且行且珍惜，成诗成清韵。

激情思维碰撞

风细柳明读书时，研墨提笔年少事。云树巧生姿，流风逐佳日，书卷手中持。锦烛轻曳映案纸，微雨空濛难掩志。幽月映楼台，低首凝神思，岁月当如诗。

最爱便是在东大学习的时光。浓郁的学习氛围最让我陶醉。斑驳树影摇曳，散不尽几段澎湃的光年。最喜便是与同窗共同奋斗的日子。陪伴是最长情的告白。浅隙清风徐来，吹不灭数点闪亮的萤火。最乐便是在实践课上大展身手的机会。实践是检验真理的唯一标准。明媚日晖斜映，抵不过一腔求知的热忱。悠悠年华，以梦为马。携一束不散的光，照奋斗的岁月。书海漫无际，执笔享年华。

充实点缀闲暇

日光倾散沐和风，闲落棋子听梧桐。雨过天初晴，陌上已亭亭，信步游繁城。晨露未晞叶葱茏，轩窗半开暗香盈。抚琴听乐声，巷角影潼潼，怡然觅佳景。

久在"樊笼"里，复得返自然。高考重压下的我们仿佛已失去了洋溢的激情，错失了享受慢节奏生活的机会，但东大给了我们"灵魂的救赎"。丰富的活动充盈了我们枯燥的生活，给予了我们能力提升的空间。图书馆、风雨操场的吸引力尤为强烈，它们静立校园，仿若林宇深处宁谧的花海，让我的生活绽成如梦的玫瑰。志愿活动涤荡心灵，体会人间不诉薄凉的真情；学科竞赛活跃思维，感悟科学亘古不变的魅力；运动会强健体魄，聆听青春意气风发的声音。浅浅时光，落花听雨，咏一阕深长的词，抒简淡的快乐。信手拨琴弦，墨香正缱绻。

来日共拥芳华

鹰隼振翅骋中原，前路遥长影漫漫。不弃青云志，长啸镇九天，雄气冲霄汉。过尽千帆何曾倦，势如破竹风姿敛。与君拥芳华，执剑共雪寒，险峰亦足攀。

在飞速发展的今天，一切都有无限可能。沿着时光经行的轨迹，看着浑南校区不断建设完备，内心感到自豪的同时，我仿若看到不远的未来：东大浑南校区楼宇林立，草木益然，脚下的土地少了泥泞，变得愈发平整，一切都褪去了略显青涩的模样，在更加有条不紊地进行着；钟灵毓秀，人杰地灵，东大学子在多领域彰显风采，传承着自强不息的精神，挥洒着一马当先、舍我其谁的豪情。花香与欢笑，点缀着美好与温暖，呵护着璀璨耀眼的光芒。愿我们携手共进，为东大美好的明天助力。踽踽前行，翻山越岭，燃一盏莹亮的灯，驱前路的黯淡。挥袖斩荆棘，来日终有时。

珍重着命运的馈赠，怀揣着灿烂的明天。所有晦暗都留给过往，从遇见你开始，凛冬散尽，星河长明。无须煽情，仅一个眼神，心意已定；往后余生，谱一段佳话，执手天涯。

贾菁怡，东北大学中荷生物医学与信息工程学院学生。

在东大留学是怎样一种体验

高慧婷

你是否曾听过海外留洋同学的抱怨？人烟稀少缺乏繁华感、中国胃适应不了国外的食物、讲师的英文太快且带有口音、无法融入本地人的圈子。然而，在东大也有这样一群人，他们是校园中一道靓丽的风景线。他们同样心怀家乡，同样体会着异域风情，同样适应着这里的为人处世方式。为了研究生会微信公众号的专题推送，我在浑南和南湖的各个角落蹲守这些"老外"小伙伴们，打算进行一场专题采访。

我的采访计划分为两个部分，目标一是在浑南校区采访几个自己平时比较熟悉的外国朋友，目标二是去南湖的留学生公寓。这是考虑到自己缺乏相关的采访经历，直接采访陌生的同学会遇到诸多不便，应先从熟悉的地方入手，再慢慢逐渐深入、循序渐进地完成采访。

第一天采访的是以前一起上英语课的同学，印象中他的中文说得十分流利，考虑到我学习多年仍然无法交流自如的英语，他简直是个完美采访对象。这位朋友来自喀麦隆，据他说，他这一口纯正的东北话得益于在中国生活时间久。采访中得知，受其妻子的影响，两人一同来到了东大这片白山黑水之中。这是妥妥的夫妻档啊。他向往东大的生物医学工程专业，同时对中医非常感兴趣，来到中国学习中医也是他的梦想之一。对他来说，东大是实现梦想的地方，他已经在中国医科大学学习了中医专业，对中医非常感兴趣，希望来到东大继续深造，回国在家乡当一名医生。第二天采访的是一位来自叙利亚的小伙子，他的汉语说得不怎么流利。他从朋友那里得知，东北大学是一所历史悠久的大学，有非常浓厚的文化底蕴，他希望来这里了解中国，了解中国文化。他表达了对东大的美好祝福，相信有一天东大能成为世界一流的大学。

印象最深刻的是采访我的同班同学，他来自加拿大，是一位非常努力的留学生。他说他非常喜欢在学校的体育馆运动，既方便又免费，这是学校给健身达人们最大的惊喜。他渴望和东大的中国学生交朋友，可是除了日常上课，没有太多和中国学生交流的机会。而且大部分留学生的汉语水平还处于初级阶段，不能流利地运用汉语来交流。所以他希望学校可以开设一些汉语课程来提高留学生的汉语水平，也希望学校倡议学生社团组织多多举办一些中外学生交流的活动，为双方增进相互了解提供更多的机会，使得留学生和中国学生能一同成长、共同进步。

　　接下来的几天我都在南湖的校园里"伺机而动"，重点区域是留学生公寓附近，寻找机会和各国的留学生小伙伴搭话。在路边我遇到了一个女孩，她来自越南，"汉语八级"的她称当初选择东北大学像是命中注定，也是东大选择了她，给了她机会来学习、来进步，所以她学习很努力，希望有朝一日用自己的知识为建设家乡做贡献。这次还有幸采访到一位来自印度尼西亚的同学，也是唯一一位自称中国朋友非常多的留学生。他说在东大学习和生活最深的感受就是东大老师和同学们的热情和友好，让他在异国他乡也感受到家的温暖。他说每一位东大学子都应该珍惜在这里的每一天，让每一天都过得丰富多彩、不留遗憾。最后我被大家邀请去留学生宿舍里做客，干净、整洁的宿舍环境让我眼前一亮，我看到了，每一位留学生都在很认真地学习生活，大家相互分享着各自在东大的小故事。

　　每天穿梭在红砖深瓦校园中的同学们，有不同的肤色，来自不同的国家，拥有不一样的文化背景，但是我们有一个共同的名字——东大人。坐在东大的课堂上，我们有莫大的幸运，我们都以最真诚的热忱希冀着这所学校的光明未来。所谓母校的意义，就是等到若干年后，身处社会的无尽变化之中，每当突然间听到母校的消息，心里都会油然而生一种无比安定和发自内心的认同感吧。对美好生活的向往，不分国度；对知识与真理的追求，不分国度；对东大的爱与祝福，也不分国度。

　　高慧婷，东北大学文法学院学生。

锦绣东大情，泱泱中国梦

郭中凯

浑水之南，绿萝红樱，风和日丽。或至月朗星稀，友薄光对弈，娓娓而谈……呃，这些目前还没有。

君莫叹，君莫愁，北国学府，奉天雅堂。东方有智慧的刻印，那是东北大学的科研创新基地正拔地而起；西方是自然的画卷，有夕阳美如画，有夜景星漫空。

成为东北大学的一分子，在浑南校区生活了整七个月。刚好在浑南校区度过了清秋红夏、寒冬绿春的我们，初来乍到的我们，对这里一切的新鲜事物感兴趣的我们，对这片"城中雅阁"，绝对有着别样的情感。一个月可以养成一个好习惯，三个月能够练成一个技艺或者本领，而来到这里整七个月的每一天，栽种了我的一个信念，自强不息的力量，知行合一的准则，成为贯穿我的一生的精神。

和我以前骑行不同——我从前偏爱自由行，就像谪仙人早期的诗句，有韵律却不存规矩，有大义却没有束缚，浩荡于天地之间，洒脱于尘世之内，吹过不一样的风，路过不一样的风景。而那天，我来到这里，属于我未来四年的青春牧歌，在那个未建成的校园里，我读到了一个"成熟"的诗仙，读到了满腔的抱负，读到了拳拳赤子心的热情，读到了胸怀天地的气魄，读到了静谧优雅的广袤文化。被一所百年老校的文化内涵所震撼，那是我发自内心的敬佩。

所以我不知道要去哪，骑行着，看过那个不知名的湖，看过那个还在建造中的教学楼，看过宿舍楼下陆续回校的学长学姐，我感觉自己就像一个偷穿哥哥大衣的小男孩，心里激动着，对未来能够自己拥有这一切而盼望着，看着镜子里的他们，就把他们想象成自己。这一切的美好，对大学生活的奇妙幻想，就好像明天就会到来，而确实，就是明天。

《劝学》中有一句："君子知夫不全不粹不足以为美也，故诵数以贯之，思索以通之，为其人以处之，除其害者以持养之。"君子先知不足，而后知进取，这句话不论对如今正蒸蒸日上的东北大学浑南校区来说，还是对东北大学这万余学子来说，都是恰当的。在浑南校区学习的时间永远是飞快的，学习如逆水行舟，不进则退。早上6：00，就有同学早早地来到小南湖、宿舍楼下以及校园的小径上，捧着英文书练口语，戴着耳机练习听力；中午的食堂，同学们看着实时播报的新闻；锻炼自己丰富他人的志愿活动，精神、技艺与文化的成长，在这里得到完美的促进，何为教育，德化也，礼教也，何德何礼？那是东大校德，浑南仪礼。人聚以建城郭，心聚以成文化，学风的优秀淳朴，带动了学子的学习风尚，进而丰富了校园的多彩文化，浑南校区日新月异，不仅仅体现在学生服务设施的日渐完善，更体现在校区文化的发展建设，生活在浑南，优秀在东大，报答在国家。

"德操然后能定，能定然后能应。能定能应，夫是之谓成人。"多少人成人在东大，多少人成德在东大，一部文化篇章即将付梓，浑水之南，奉天雅堂，尚缺亭兰楼阁，却有百花争艳，也有百鸟争鸣，有谦谦君子，也有窈窕淑女，有高谈阔论，也有载经大道，有锦绣前程，更有泱泱大国情！

郭中凯，东北大学生命科学与健康学院学生。

东大印象

郭欣睿

这是因为我上大学而拥有的一部手机，里面的照片，虽谈不上摄影，但我想每一张照片都会有着一个故事，或者一种情怀，对我来说都弥足珍贵。就像贤良说的，抓住了我万千思绪，定格了我的记忆。于是，我边翻边回忆着，回忆着过往，畅想着未来。

坐标，距沈阳1000公里；时间，2017年夏。

那是一个很安静的夜晚，路边法桐上的蝉彻夜长鸣……我，就那样在窗边坐着，手上捏着那张印着蓝色天空的录取通知书，看了一遍又一遍。

彼时的我，脑子里对未来一无所知，不知道我所面对的五年时光是什么颜色的，画着什么又写着什么，不知道在这个小县城待了12年的自己在那个遥远的城市将遇到什么。夜色渐深，蝉鸣声更大了，街边的路灯也灭了。

坐标，沈阳上空；时间，2017年8月24日。

穿过山，越过河，舷窗外，云层渐渐散开了。农田、工厂、高楼大厦，一步步地接近黑土地，接近这个城市，也一步步地离开了我生活了十几年的故乡……车，行驶在高架桥上。盛京大剧院、三好街，一点点接近着那个梦中的象牙塔，浑河的水正平静地流淌着，车也一路飞驰着，载着行李，也载着一个人的蜕变……

坐标，浑河南岸的东大；时间，2017年8月27日。

一进校园，便忍不住拍下了她的红砖，还有长得正欢的草。树还没有很高大，但却是十分的清新。风，时不时地吹得它的影子摇摇晃晃。

爸妈帮我放下行李，晒被、铺床，一点一点，就像我还是那个十几年前什么都不会做的孩子。

然后，就那样，突然，他们转身，留下了一声——"我们走了"。留下我，这个不知自己是孩子还是成年人的人，呆站在那里，怅然若失。不一会儿，又好像忽然想起了什么，跑到窗边，等着父母出现在楼下，想挥手告别。手，却终究没有举起。

一别，便是将近半年。

半年里，你会渐渐发现自己、身边人从原来那个"一心只读圣贤书"的孩子，开始在耳边讨论那些曾经从未有时间、有心思想的东西。一句为什么，答案便已不再是先前那般的统一。五湖四海的人聚集在一起，价值观、世界观、人生观的激烈碰撞产生的火花难以泯灭……这是这片白山黑水给我们的第一分收获。

叶，渐渐开始黄了，再凋零、飘落。

相册里的照片也随着时间的流逝变得丰富了起来。

抛掉了过去两点一线不敢停歇的生活，我开始学会了走走停停，学会体味之前不敢也不曾体会的心境，会俯身捡起一片落叶慢慢看它的纹路，会抬头仰望天空慢慢欣赏云朵的变幻。时间，说慢也快。自己，开始爱上了东大的一草一木，一砖一瓦。那些手机相册里的照片，至今都不舍得删去。因为过去了，便再没有了。

喜欢东大的傍晚，夕阳的余晖下，草丛里、广场上的地灯一盏盏亮了起来，一看到它们，你就似乎能感受到一种说不出的温暖……

喜欢图书馆，是的，我拍过她的红砖，她脚下的盏盏灯，我拍过她的桌椅，也拍过她的书……但她的美丽不仅仅是外表，不仅仅是泛着光的大理石地板，不仅仅是一张张古朴的书桌、一盏盏优雅的灯，更是她安静、庄重的气质和有趣的灵魂。

喜欢东大的雪，平坦的广场上、草坪上铺上一层白白的棉被，零星地散落着几个脚印，让我总忍不住想起张岱的那一句"天与云与山与水，上下一白"，又想起木心拄着拐杖，在茫茫雪地里渐渐远去的身影。

还喜欢曾经在建筑馆里值班的大爷，会在夜晚关灯时跟我们聊会儿天，

"哎呀，这是做的什么呀……""哎呀，你画得真好，太像了……"一句句朴实的话，让我们赶作业的压力仿佛得到了舒缓，人情味儿慢慢弥漫在空气中，不论深秋寒冬，都留下了温暖。

还有……

如今，四月的东大，迎来了她九十五周岁的生日，而浑南也正以矫健的步伐为她注入了新的活力。丁香花开了，雨后，泥土的清香扑面而来。没有了大片的荒草地、加紧建设的工地，让我知道，东大正努力地前进，而我也将随东大共成长，一起定格青春美好的瞬间……

郭欣睿，东北大学江河建筑学院学生。

爱在浑南

曹沙沙

风雨兼程九十五载，弦歌不辍奏响华章。东北大学迎来了建校九十五周年华诞，在此，向东北大学献上最真挚的祝福，表达最崇高的敬意。

天时地利，幸运我来到了有着悠久历史和深厚底蕴的东北大学读研；温馨暖暖，幸福能有机会在崭新美好的浑南校区生活；拂风舞润，幸好遇到东北大学九十五周年华诞。

初来东大，最大感受是崭新的浑南校区真像是一个年轻力壮、充满朝气的小伙子，一切都是新的，一切都散发着朝气蓬勃的气息。几年来，东大人本着"自强不息，知行合一"的精神，励精图治，砥砺耕耘，有了今天令我们啧啧称赞的美丽浑南。

每一位浑南学子，在心底无数次表白，心之所向，爱在浑南。

图书馆，说不尽你的美好

九十五个春秋，踏越山穷水尽，路窄行艰；九十五载岁月，迎来柳暗花明，海阔天空。一年又一年，浑南校区给了我们一个又一个惊喜。在蓝天白云皑皑白雪中的图书馆更加端庄典雅。

浑南校区图书馆2017年投入使用，总建筑面积为4.37万平方米。散发着高端豪华气息的图书馆带给了东大学子意外的欣喜，温暖的暖色灯、柔软的沙发、宽敞的自习桌、高标准报告厅……

博尔赫斯说过"这个世上如果真的有天堂，那应该是图书馆的模样"。不错的，东北大学浑南校区的图书馆真真切切是我们每位学子的天堂。

9月份入学，怀着无比激动的心情来到了这所位于浑南新区的东大校区。那时的我，怀着憧憬，怀着希望，怀着对新学校的无比热爱来到了这片热土。一切安排妥当后，便迫不及待去了图书馆。由此，便一发不可收拾，爱上了环境设施都高大上的图书馆，爱上了心驰神往的书的海洋。在落叶纷飞的日子里，静静徜徉于书香里，不单说是一份惬意，更是一份享受生活美好。

于此，我们开始徜徉书海，打发时间的不再是手机电脑，而是一杯水，一本书，悠然坐于图书馆一隅，享受图书馆的静谧、书籍的芳香。

在环境清幽的图书馆，疲倦感都会淡去，对学习的热忱一直高昂。图书馆的每一位工作人员都细致耐心地呵护着图书馆的每一本书、每一株花、每一片叶。

作为东大的学生，能有如此瀚如烟海的书籍供我们免费借阅、供我们不断深入汲取学识，我们感到深深的荣幸。

今年东大九十五周年诞辰，在新的校园，我们不断充实学识，积极进取，在东大的怀抱中沐浴五月暖阳，徜徉清风花语。

小南湖，经久徜徉的地方

经过万千东大人励精图治，浑南校区，从建设到投入使用，我们见证了利于师生学习生活的变化，感受到了让我们生活更便捷更充实的各项设施的完善。在浑南，学校不光是为我们建设了现代化的高规格教学楼等建筑，还为我们提供了如诗如画般的小南湖——供师生闲庭信步的清幽之地。

生活在浑南校区最大的感受就是清新爽朗。每天学习之余徜徉于小南湖畔，流连于清风之中，我们忘了疲惫，消了困倦。学校为我们创造如此优美的环境，无数个日日夜夜抓紧施工，学校相关部门日夜操劳，给浑南校区带来了活力，带来了诗意，带来了师生的心旷神怡。

漫步于小南湖畔的花木之间，有弯曲着蜿蜒向远方的小道，有葱绿的松柏，有开满枝头的小花，有小湖中自由自在成群的鱼儿……

九十五华载，南湖校区依旧昂扬向上，而浑南校区不断开拓进取，生机勃勃。见证着浑南校区的一砖一瓦起于垒土，爱恋着浑南校区的一花一木。

高富帅的风雨操场

九十五年来，东大经历了风风雨雨，但同时也创造了一个个辉煌。东大的成长见证了整个中华教育事业的蓬勃之势。同时，浑南校区已经真正地完善起来，新增的校舍，满眼的绿色校园景观，不断增加的图书馆藏书量，还有足以让师生时刻挂在嘴边赞不绝口的风雨操场。

东北大学紧随世界一流大学的脚步，不断为全校师生谋福利。风雨操场的开放使用，给了浑南校区全体师生一个大大的惊喜，惊于她的宏伟外观，喜于她的功能完善，有跑步机、动感单车、各种器械的健身房，瑜伽室，舞蹈室，乒乓球室，羽毛球馆，篮球场，台球馆，等等。东大，让我怎能不爱你！

依稀记得，第一次接触台球就是在我们的风雨操场里，班里男生耐心教女同学打台球，怎样握杆，怎样瞄准，怎样发力。这些散布于学校各个角落的回忆伴随着浑南的美丽经久不衰。

崭新的场地窗几明亮，干净整洁。很多同学刚开馆就被吸引到这里来，锻炼身体，挥洒汗水。每次得意洋洋地给异校的同学炫耀我们的健身房，满满的自豪感。

感动于学校能让我们凭着学生卡就能自由出入风雨操场，免费使用这些器材。可以说在进入东大的学生，有很多因为东大的健身房爱上了健身，爱上了运动，更爱上了生活。

东大是增长我们学识的地方，更是培养我们生活习惯的地方，教会了我要以极大的热忱投入到生活中去，教会了我要以自强不息的精神去面对学习生活中的坎坎坷坷，教会了我要以知行合一的态度去为人处世。感谢东大，感谢东大为我铺就的通往未来的路。

生命本是漂泊的浪漫之旅，遇见谁都是一个美丽的意外，遇见东大却是我生命的情缘，事业的导航。一种缘分、一种幸福，在去年金色的9月里，我迎着火红的朝阳，踏入了东大的大门，从此，我便深深地喜欢上这里。在这个崭新自由的天地里，我找寻到了快乐，找寻到了学习的方向。

如今，东大已经95岁了，承载着优良的传统，开拓着崭新的明天，革故鼎新，以超强的生命力和创造力继续成长。"自强不息，知行合一"这八个字的校训深深印在东大培养出来的代代英才心中，让众多学子为之振奋，不断进取！

现在，我们的浑南校区仍在紧张施工中，所有建筑都将铭记我们的光荣，镌刻着我们的喜怒哀乐，承载着我们的薪火相传，记录着我们的一点一滴。变化的东西是身边的风景和人，一岁岁一年年，时光里容不下任何静止的瞬间，然而总有些东西不会随着年华流逝而变淡，总有些东西一如既往，在时间的打磨下变得更加闪亮，东大的精神力量将一直催人奋进。

我们既爱东大的一草一木，也恋东大的粥面饼菜，爱在东大，爱在浑南。

曹沙沙，东北大学工商管理学院学生。

日 夜

董元翀

从平原到山川再到平原。

从阔叶林到落叶林到针叶林。

从日出到烈日当空到日落。

我跨过祖国的大半土地，来到了您的脚下，转眼已是200多个日月轮回。

从初见时的朦胧到如今的了然于心，日夜生活于此的我们最能了解您的一举一动。我们是您的子女，在您的怀抱下生长，也经历着只有自己理解的莫名伤感。

不记得何时起一辆辆挖土机开进了校园，只知道从那时起仿佛再无一日宁静。校园中那零星的几只小狗，刚熟悉自己的新家却被迫迁徙，就像每一个背井离乡的游子，不知何时才是归途。

来时我们都是少年，我们怀着憧憬与希望走上了这条漫漫大道，它绵延而曲折、起伏而布满荆棘，它从不是一条康庄大道，时刻充满埋伏与未知，是只属于我们的长征路。

学习，在每一个学子心中都是庄严而伟大的。也许在某段特定的时期你并不热爱学习，但回头看时，过去仍充满了学习的快乐。

2018年是东北大学创建95周年的日子，也是我来到这里的第一年。对于建筑系学生的我来说，也许很有幸，我将陪她度过百岁生日。

每一个百岁老人的成长都是格外不易的，每一所百年高校的传承也都显得格外珍贵。

当那片绿油油的三叶草地不见的时候，当路上不再只有狂风还有灰尘的时候，一台台车辆机器运行发出轰隆隆声响的时候，当你在食堂吃饭却要排着很长的队的时候，你一定会有些许的抱怨，心想为什么这些不在我来时就已经建好了呢？

可是，你不知道，生活在浑南校区的我们，真的很幸运。我们有新投入使用的图书馆，有全新投入使用的一间间教室，夏天来临我们还会有空调呢。也许如今的你会因为远处不时传来的噪声而感到不适，但我们不要把自己想成施工建设的遭受者，而应是东大发展的见证者，这个称呼是否会让你有些许的洋洋自得呢？是吧，这种感觉关键在于我们如何看待这件事情，也许多年以后你会自豪地说："我是看着这些建筑建起来的！"

一所学校的发展总会在一段时间遇到瓶颈。就像沉迷于学术研究的你总会发现，自己遇到属于自己的瓶颈，那段日子真的很难熬，加油！

一号楼门前的牌子上写出的二期景观工程的截止时间是 2019 年 6 月 30 日。那时，我大二快结束了。仔细想来似乎也就一年不到的时间，其实很短，短到可能无法学到这个专业的深层次的知识，短到不经意间大学阶段已经过完了1/4。

学习的日子总是特别快，特别是那段焦头烂额的日子。每天起床的第一件事不是刷牙洗脸，而是想想今天再不做哪些事就来不及了；每天睡觉前不再是刷空间微博，而是伴随着英语单词或文档演讲稿入睡。也许这才是我们这个年纪应该的模样吧。

或许两年之后，当所有的设施已经健全，当再也不用为了吃饭而排很长的队，再也不会在狂风来临时漫天灰尘，那时的我们应该会很开心吧。

我们漫步在文管门前的树间小道，躺在图书馆前的广场上看漫天繁星和飞机起飞降落，那时的我们可以自豪地对学弟学妹说，你看我们东北大学浑南校区有多好。

这绝不是一种奢望，而是经过时间沉淀可以亲身经历的事情，时间会抚平你内心的伤痛，也会带你看到更多奇妙的情景，让我们共同期待吧。

日夜轮回，总有一些事情是期望的，总有一些力量是信仰的。

"自强不息，知行合一"的校训始终铭记在每一个东大人的心中，这不仅仅是一句话，更是一种力量，鼓励着每一个人前行，鼓舞着每一个黑暗夜晚中的你继续挑灯夜战。在东北大学建校 95 周岁来临之际，我们更要传承这种精神、继承这种力量，才能使我们很好地应对挑战，迎接未来，也迎接浑南校区美好的明天。

让我们共同期待这一天的到来！

董元翀，东北大学江河建筑学院学生。

筑梦东大，梦想启航

景彦舒

"梦想无论怎样模糊，总潜伏在我们心底，使我们的心境永远得不到宁静，直到这些梦想成为事实才止；像种子在地下一样，一定要萌芽滋长，伸出地面来，寻找阳光。"这是林语堂先生的散文《谈梦想》中的一段话。我很喜欢这个比喻，更喜欢那颗不断向上生长的种子，也感动于它找到阳光的那一刹那的，那种世界停止喧嚣，天地间只有阳光、只有生命的完美的画面。所以今天，我要与大家分享我的一颗种子，而我们脚下这方坐落于白山黑水间的校园，就是那吸引着种子不断汲取营养，只为破土而出的阳光。

初见东大是在一个冬日的清晨，没有鸟语花香，没有水碧天蓝，薄雾轻轻遮盖着白雪覆盖的松树，模糊中看见几座建筑的轮廓，那是些风格各异的建筑，回廊、石阶，还有表面已经生了铜绿的排水管，这些都告诉我，眼前的这方土地上的百年名校，饱经沧桑，历史的长河洗尽了多少铅华，松辽平原冬日的寒风吹去了多少辉煌。然而，九十五个春夏秋冬，东北大学历经种种，却始终不忘初心，用满腔的热血哺育一代代学子，一步步走到今天。在那个冬日里，在那淡淡的阳光下，那次邂逅，让我对这所"神秘"的大学产生了好奇，可以说，我们的故事，从此开始。

2017年1月，同样是一个寒冷的冬季。高考越来越近了，除了铺天盖地的卷纸，紧张和焦躁也在我的生活中，难以挥去。匆忙与慌张中，又见故人。雪后，地上还残留着泥泞，我看到东大的学生还在奔走，还在忙碌，那真的是一种神奇的感受，站在校园里的我第一次在学习这件事上感受到了热血沸腾。从那时起，"自强不息"这四个字就深深地刻在了我的脑海里。直到今天我仍然坚信，人活在世上，就要不断地去充实自己，既然有幸来到这个世界上，就一定要活得出色，活得精彩。我一直是个胆大的人，是个敢做梦的女生，我相信梦本就是用来圆的，我永远不会忘记见到刻在石头上的东大校训时的那种亲切感，从那时起我就知道这里能带我做梦，而且绝不是黄粱美梦、南柯一梦，而是我们青年人想要实现自我价值最大化的理想之梦。梦是对未来的一种期望，终于，这份梦想带我来到了东大自招的平台，我也因此将梦延伸进了校园，东北大学的校园。

梦，总是会动情的，第一次翻看东大校史时，我非常惊讶，从师生一齐担任一二·九运动的主力和先锋，到应社会之需要，开创中国历史上男女同校之新纪元；从研发出国内第一台电子模拟计算机、第一块超级钢，到大批高水平科研成果的涌现，我发现，东北大学自始至终走在前列，敢于创新，我发现东北大学紧跟国家脚步，紧应国家需求。正如校歌中所唱"爱校，爱乡，爱国，爱人类，期终达于世界大同之目标"，这让我真正地开始思考，国是什么，爱国又是什么？我想，国，是我们的先辈不懈奋斗出的这片幸福而富有生机的土壤，是我们这些流着炎黄血液的人齐聚的土地。爱校爱国，要为之付出，梁启超先生在少年中国说中慷慨出言"今日之责任，不在他人，而全在我少年"。那么，如何化语言为行动呢？我想，首先，作为今日之少年，必须严修自身，身上的技能越多，能力越强大，对校对国，资本就越雄厚；其次，我想，是要丰富阅历，读万卷书，行万里路，经历得越多，经验越丰富，处理事情也就会更加得心应手；最后，也是我认为最重要的一点，就是一定要坚守梦想，一个有梦想的人，清楚地知道自己要什么，也就会自然而然地朝着那个理想去努力，一个有梦想的人，会为了追求梦想毫不退缩。

我曾想过，也许人生的意义就在于，做一个美梦，并通过不懈地努力让它成为现实，我的大学——东北大学——就是梦的土壤，生梦，圆梦。九十五年来，一个个梦想在这片沃土上像种子寻找阳光，吸收那最夺目最灿烂的一缕，而东北大学，也随着一个个梦想的实现变得越来越好！九十五载风风雨雨，九十五载砥砺前行，东北大学今日之辉煌，源于其内生精神动力的生生不息，每一个东大人都明白自强不息的笃实，每一名东大学子都深谙知行合一的内涵。

我坚信，东北大学定会带着我这个爱做梦的女孩，不断圆梦，创造奇迹，一直到我们国家实现中华民族伟大复兴的中国梦，期终达于世界大同之目标！

愿从此，扬起风帆，劈波斩浪，情系东大，梦想启航。

景彦舒，东北大学中荷生物医学与信息工程学院学生。

浑南情，东大魂

程玺瑶

君不见，百年绵延求知路，薪火相传焰炽仍。

君不见，变迁数载添新址，朝曾平地今已盛。

壬辰方才奠基毕，新城新校百待兴。

甲午却已初长成，设施兆建迎师生。

而今戊戌将立夏，读书声声伴虫鸣。

老校规，新精神，舞翩跹，话峥嵘。

为君书几行，不及诸君几日功。

自强不息汲学识，知行合一誓为栋。

良师授业详解惑，门生折节夜挑灯。

春日花香秋风送，夏月凉风冬雪盈。

翠阴绿水宜漫步，黉舍明亮读书浓。

破荆棘，踏巨浪，九五春秋东大魂，山水一程梦一程。

程玺瑶，东北大学中荷生物医学与信息工程学院学生。

贺诞辰序

谢　蝶

奉天旧址，辽沈新区，芄野已逝，大厦俱起。依浑河而傍桃仙，通南湖而连自贸。物阜民丰，欲将起腾跃之势，莘莘学子，鸿鹄怀凌云之志。佳师益友，盛会之期。值建校九十有五，贺桃李名满天下。风雨兼程之漫漫，铭以入史；时代复兴之欣然，资以新篇。九十五载，学子如云，顺应洪潮，德化一方。

芳菲四月，土膏微润。斥巨资而始筹建，各科兴而迎昭昭。研高深之学术，育专门之人才，应社会之需要，谋文化之发展，学者纷至，专家沓来，少帅继任，长云出岫。

兴协会，遣留学，礼重金，聘名士，首创以建筑系，力倡男女同校。体育之重，斥东亚病夫之谬论；刘长春哉，为中国奥运之首将。

时局动荡，九一八变，日寇之蛮横强占，师生之悲愤流亡。流离燕市，一二·九担先锋；转徙长安，勖多士复河山。少帅集资，复建校舍。经始维艰，师生痛国之殇；请愿游行，宣以爱国抗日。迫战事，复辗转，迁天府，并工学。待抗战之大捷，返故乡之初旦。学术科研，欣欣向荣，历数佳绩，不胜辉煌。

改革开放，建学科园于众先，复名之时，礼聘少帅任校长。盛哉！放眼中华，跻身名校。自强不息，积学养气于胜地；知行合一，自迩行远于大同。

柳絮翻飞，万物时序怡情；缓踏浑南，新室焕然齐貌。

学子何幸，谦以此序，请献母校，感怀载育。赋诗而曰：

欲耕辽东平野上，恰逢故园陷泥潭。

拿云千里求是去，奋勉复归黑水畔。

桃李润雨应春华，熏风南来拥白山。

吾曹拟为新松势，日夜行将九天揽！

谢蝶，东北大学江河建筑学院学生。

让我怎能不爱您

詹帮贵

校园的歌，如山间的清泉，徜徉山水里，穿流在心间。

——题记

春随冬来，秋随夏至，年轮不断更迭，带走了时光的浮华，留下了岁月的积淀。我说，我终将离您而去。您说，您始终待我在原地。我经历过您成长的时期，您也见证过我的青葱岁月。我们对彼此承诺，永远都是对方最爱的模样。

啊，沈城南边那座知识城堡——东北大学浑南校区，让我怎能不爱您？

往事如烟，随着时光飞逝，世事变迁，荒芜在岁月里，湮没在尘世间。唯有关于校园的记忆，会让你存在那片专属的记忆天地。那是一种既遥远又贴近的思念，那是一种既温暖又感伤的情怀。

时光的列车，会在某年某月载你驶向东北大学站，也会在某时某刻播报通知你要到站离开。我们终究只是彼此人生行程中的过客，但却在最好的岁月里见证了彼此最美的年华。即将毕业的我，时常幻想我们彼此分开的样子，或是害怕离别，便会时常想念。我会想，校园的西门与北门建好的模样；我会想，小南湖里的鱼儿是否在那依水嬉戏；我会想，我在四大学馆里穿梭身影；我会想，食堂一二三楼的可口饭菜；我会想，留在图书馆的充实时光；我还会想，与您在一起的点点岁月。

到了您的怀抱，每天都是充实的一天，我喜欢那种努力提升自己的拼搏，爱您陪伴我的每个晨起日落，也更爱有您陪伴的每个春秋冬夏。那时的天空那么蓝，阳光那么暖，一切的风物都青青如是。我明白，原来，一切的岁月静美都留在和您一起的四季里。

春和景明，一切都是新的模样。冰雪消融，柳条新绿，我看到小南湖边的桃花开了，草坪绿了。春风和煦，阳光明媚，我看见食堂边新起了地桩，深挖了路框。穿梭花间草丛间的同学，或是拍照，或是读书。我想，他们或许都想抓住在东大春天里最美的时光吧。看那工地机器的轰鸣，或是加快，或是减慢。我想，他们只是想让您更快成长吧。我喜欢您渐渐变好的模样，也心有遗憾自己不能看到您最后的新装。

夏日炎炎，一切都是活力的模样。除去春风的温柔，沈城的夏天不比南方的炎热。校园里的梧桐树已经是叶子深绿，柳树的枝条随风摇曳，它们仿佛在说自己是名运动健儿。学累之时，我也会穿戴上我的运动装备，在风雨操场里一展新时代的活力。我喜欢您夏天的郁郁葱葱，也会有些许失落多年后不能再见此景。

秋波盈盈，一切都是收获的模样。金色的秋天是丰收的季节，天空明净，云朵悠闲，您也迎来了新一届的小伙伴。此时的我总会有些惆怅，害怕您不会爱我依旧。我总会像个孩子一样，向新来的学弟学妹说这是我最爱的母校。秋风拂过，校园里洒满了金黄色的银杏叶，片片桃心，装载了您满满的思恋。我喜欢您此时的落叶纷飞，也会感慨不再有当年入学的模样。

冬雪皑皑，一切都是贮存的模样。北方的冬天不及南方的温柔，凛冽的寒风带走秋天最后一片落叶。不管你是北方的娃还是南方的孩子，总会期待着东大冬天的到来。温暖的教室里琅琅的读书声，白雪皑皑的校园里的打雪仗游戏。总会发个朋友圈说：你在南方穿棉袄，我在北方吃雪糕。我喜欢您童话般的冬的世界，也会心伤不能为您绘出爱的形状。

在东大浑南即将三年的时光里，我渐渐成长，但终有一天会离开这片我深爱的土地。不知是离别的临近，还是什么道不清的原因，总会在梦乡里回忆与您在一起的日子。

有一种记忆，时常荡漾在我的脑海里，那是校园的永恒记忆；有一种声音，时常回荡在我的耳边，那是东大之声的旋律；有一种情怀，时常映入我的怀抱，那是对校园深深的眷恋。

啊，沈城南边那座知识城堡——东北大学浑南校区，让我怎能不爱您？

詹帮贵，东北大学计算机科学与工程学院学生。

九十五载，国有成均

裴馨毓

国有成均，沈水之滨；启真笃学，求是育英。戊戌年、丙辰月、戊子日，值东北大学建校九十五周年，适戊子之逢双，肇华诞之隆庆。

北有东大，生于民族浩荡之际、创于国家存亡之时。后东北自治，大帅纳肱股之言，由是创东北大学。后大帅之子汉卿任祭酒，银万两黄千两洋百元引俊杰李大钊、梁思成、林徽因尔曹俊杰。沈阳设校，经始维艰，中更国难，生灵涂炭，悲怆欲绝，罹遭摧残，被发徒跣，西迁路长，流离燕市，转徙长安。至一二·九，首当其冲，示威游街，长歌当哭，高呼："勖尔多士，复我河山。"痛国难之未已，恒怒火之中烧。东夷兮狡诈，北虏兮矫骜，灼灼兮其目，霍霍兮其刀，苟捍卫之不力，宁宰割之能逃？惟卧薪而尝胆，庶雪耻于一朝。唯知行合一方为责，无取乎空论之滔滔，唯积学养气可致用，无取乎狂热之呼号。少年中国壮志飞扬，大任担当，为我栋梁，立东方，百废兴，开天光，河山修复，治疗创伤，自强不息，奋起宏章。然时过已境迁，覆地而翻天，政通人和、国泰民安：今我中华无人敢犯，今我中华民主富强，今我中华腾飞世界。虽逢世有盛衰之别，然求真无旦夕或忘。岂惟创新不辍，拳拳亹亹；遂今薪火相传，赫赫煌煌。斗转星移，沧海桑田，唯博学、审问、慎思、明辨、笃行代代相传；今古贯通，中西荟萃；融理汇文，有教无类；攻关必克，迭报探骊。

书香翰墨，桃李芬芳，涅槃浴火，风雨沧桑，白山高高，黑水滔滔，自迩而行远，自卑而登高。九十五载，励精图治，前途似海，来日方长，初心犹在，路在前方！

裴馨毓，东北大学生命科学与健康学院学生。

春风十里，有幸与你

穆晨阳

春风送暖，百花竞放争天端；光勋耀煜，九五流芳至浑南。值此东北大学建校九十五周年之际，作为东大学子，我衷心祝愿东北大学踵事增华，日新月异！

九五春秋，峥嵘岁月淘沥出灿灿金光，爱国情怀从战火枪炮中传承至今；荏苒时光雕铸了白山黑水，东北沃土哺育滋养着历届东大学子，助他们成才，为国效力。"自强不息，知行合一"的精神薪火相传，"中国特色，世界一流"的誓言振奋人心。皇姑旧址尤矗立在北陵街上，浑南校区已在建设使用之中。经过大一上学期在浑南的生活，我对于浑南校区有着道不尽的感激与对它未来的美好期待。

情满浑南，热情永存。忘不了刚进大学的我们在活动室里开展的团日活动，大家来自五湖四海，共聚一堂，意趣盎然地分享家乡趣闻；忘不了军训的夜晚凉风习习，我们坐在建筑楼南边路上一起学唱校歌，优美的旋律、青涩的脸庞和月光如水的那个夜晚永远留存在我的记忆中。还记得那些如火如荼的社团活动，看到同学的踊跃参与和积极交流，我深知每一个活动的策划和展开都凝聚着他们的心血与热情，那是来自青春的朝气。

作为新时代大学生，浑南的现代化设施能够及时地为我们带来最新资讯，每天坐在餐桌前看电视新闻播报，这不失为一种幸事。图书馆报告厅《厉害了，我的国》的展演让师生更加深入地了解国情，那国旗冉冉升起，伴着国歌振奋人心。爱国热情在这里从未淡去，它永远激励着东大人砥砺前行。

爱满浑南，温情永驻。还记得初到东大时是一位学姐给我们介绍的浑南校区，从初来乍到的新鲜陌生到如今对每个地方了如指掌、生活得舒适自在，这其中少不了学姐学长的经验分享和辅导员的体贴关心，感谢你们，在我迷茫的时候鼓励我寻找方向，给予我坚持下去的力量。

衣食住行是我们学习生活的基础，说到食，不得不提到浑南餐厅的丰富菜肴，多样化的食物充分照顾着来自天南海北的学生们，使我们不会因为水土不服而食不下咽。餐厅不仅有专门设立的学生伙委会负责监督，还有餐厅负责人与学生频繁互动交流，以及时收到反馈，积极整改，力争使浑南的餐饮服务向好发展，这些向上的态度我们都看在眼里。还记得在校园卡余额不够的时候餐厅叔叔的关心和理解，寝室宿管阿姨每天温柔的微笑迎接和亲切的招呼，甚至餐厅还有不知名的同学制作的小纸盒，盒子上贴着便签解释这是回收蛋黄喂附近流浪狗的。这些日常不易察觉的幸运使我发觉，太多的幸福是那些日复一日的坚持，那些习以为常的爱的倾注。

全新时代，全心期待。夜晚望向图书馆，每个窗里那点点暖黄的灯光微醺，仿佛从这温暖的光中也能嗅到那字里行间散发出的书生意气与文质墨香，从前沿学科期刊到浩如烟海的古籍，从手不释卷的纸质阅读到便利环保的电子图书，浑南图书馆的现代化与人性化吸引了不少学生早早前去，沁润在文字里，获取知识与精神的力量。如果长时间看书累了，还可以到朗读亭选择倾心的诗歌文段进行朗读，感受诗人与名家的心路，借以抒怀。还有一号楼那些自习室里埋头苦读的同学，浑南为每一个立志成才的学生提供它所能给予的最大的支持，窗明几净的教学楼一眼望去就令人神清气爽，偌大的教学楼居然也能做到每一个角落都不藏污垢，在此也感谢那些每日辛勤劳作的保洁阿姨和及时检验排除故障的工人师傅。每个人都各司其职，尽自己所能，将自己的未来与浑南的未来紧紧相连，不忘初心，坚持梦想。

虽然浑南不及老校区那般地处繁华市中心，但浑南的确有它自己独特的魅力所在。身处僻静之地更有助于我们静下心来，抛去浮躁，潜心学习。现在的浑南绿植遍地，五舍的白玉兰亭亭玉立，小南湖的山梨花初着白裳。每天都是满满新意，正如现在的我们，每天收获知识，汲取营养，等待有朝一日厚积薄发。一号楼西边施工场地的安全警示和作业轰隆鸣声，让我不由得期待建成后更加完善的浑南校区，已不仅是建筑楼别具一格的匠心，不仅是生科楼的咖啡麦香和信息楼先进的多媒体实验室，不仅是文管楼里历史氛围浓厚的文化长廊，不仅是风雨操场应有尽有的健身器材和舒适专业的运动场地……未来还会有更多服务于师生、有利于教学的场地相继建成、投入使用。在这里我们享受着顺畅便捷的信息交流，通过网络空间在世界范围内任意遨游。每一个学生都能在此施展自己的才华，这是一个自由开放的服务平台，这是一处充满魅力的文化聚集地，它以最大的包容助我们成长发展。我很羡慕未来我的学弟学妹们，他们将享受更多浑南校区的便利资源，等待他们的将是更加丰富多彩的浑南校园。未来还有更多值得期待的精彩，或许藏在我们看不到的转角，等我们走到了那儿，它自然会给我们带来雨后新芽般的惊喜！

花开不过两三日，绿叶常青四季时。周年庆典的盛势如锦簇花团，而东大前进的步伐不会因为满足于现状而停滞。我们深知泱泱老校站在新的历史起点，要想紧跟时代步伐，成为"中国特色，世界一流"当然不是一苇可航，但也绝非俟河之清，对此，要有九万扶摇腾风而上的劲头，有长风破浪直挂云帆的心力，我们才能在日益激烈的竞争中保持前行。

迎百年，我们砥砺奋进，这正是我辈"能不奋勉乎吾曹"的重大使命，相信东大人的"自强不息，知行合一"终会将这一伟大蓝图照进现实！我们有一股子的青春热血澎湃于心潮，在东大，面对每一个旭日东升的清晨，总会不由从心底发出感慨：朝阳正好，未来可期！

有幸在此度过大学时光，感激不必再多言说。最后再次祝福你，我亲爱的东大，我挚爱的浑南！

穆晨阳，东北大学软件学院学生。

后　记

东北大学在九十五年的发展进程中，在"自强不息，知行合一"的东大精神引领下，历经磨难而愈坚强，面对挑战而更奋进，沧桑砥砺，弦歌不辍，谱写出一部爱国强校的历史华章。新时代的东北大学启动了跃升发展的引擎，浑南校区的建设，打破了学校发展办学空间不足的瓶颈，为办学规模的扩大、新学科的发展创造了条件，为学校的"双一流"建设奠定了坚实的基础。

浑南校区从基础建设到稳定运行，历时七载，当代东大人在这片土地上务实担当，拼搏奉献，圆满地完成了校区建设运行的历史任务，取得了学校长期战略规划的预期成果。回望浑南校区的建设发展历程，当初建设所经历的处处艰辛已成为我们心中的历史勋章，当前发展所取得的个个成绩更是我们不断前行的激励与希望。在东北大学建校九十五周年之际，特编写此书，为校庆献礼，也为记录下当代东大人建设浑南校区的一路行程，以抒情怀。

本书共分为三章，分别为"聚力浑南·那片沃土和风景""逐梦浑南·那些人物和故事""筑梦东大·那份情怀和期盼"，以图文并茂的形式，真实地描写了浑南校区的建设发展历程和师生为校奉献的精神风貌。第一章聚力浑南，记载了从学校做出建浑南校区的战略决策开始，到校区的基础建设，再到建立现代化的管理运行模式全过程的事件，体现了师生为实现学校跃升发展而凝心聚力的责任担当。第二章逐梦浑南，讲述了在浑南校区建设发展过程中，一个个先进集体和先进个人的事迹，讴歌了一批批东大人为浑南校区建设甘于奉献、自强不息的东大精神。第三章筑梦东大，记录了师生回望来路，直面挑战，攻坚克难的心路历程，抒发了憧憬学校未来发展的美好情怀。翻阅此书，浑南校区的建设历程一幕幕重现，一个个鲜活的故事、一个个清晰的身影浮现在脑海，眼前仿佛又出现了建设者们不辞辛劳的匆忙脚步，耳畔又响起了学生们励志求学的琅琅书声，当代东大人办学强校的锐意进取，为国育才的拳拳之心跃然纸上。艰难困苦，玉汝于成，浑南校区走过了七载不平凡的艰辛道路，也必将在未来为学校的一流大学建设注入新的力量。

本书在编写过程中，收录了东大师生的先进事迹和情感抒怀，出于对文章原作者真情实感和写作初衷的尊重，我们没有对稿件进行大的增删或改动，部分文章中保留了写作时期的特定时间和称谓。在本书付梓之际，我们对文章作者、文献资料的提供者一并表示真挚的感谢和崇高的敬意，对党委办公室、宣传部、组织部、对外联络与合作处、图书馆、东北大学出版社等部门给予本书的大力支持表示真挚的感谢。

由于时间仓促且编者水平有限，虽然书稿经过多次反复修改，但事件评述、文字描述等方面难免存在着不足与疏漏，敬请广大读者谅解并批评指正。

历历过往，纸短情长，唯愿东大百年更加辉煌。

编 者
2018 年 8 月